한일 역사 갈등과
역사인식의 변용

(1980~1999)

일러두기
• 이 책은 2020년도 동북아역사재단 기획연구 수행 결과물임(NAHF-2020-기획연구-20).

동북아역사재단
연구총서 111

한일 역사 갈등과 역사인식의 변용
(1980~1999)

이원우 편

■ 책머리에

한일 역사 갈등과
역사인식의 변용
(1980~1999)

　한일 간 역사문제를 생각할 때 1980·1990년대는 중요한 의미를 갖는 시기이다. 이 시기에 세계적으로는 냉전체제가 무너졌으며, 한국은 민주주의 발전과 더불어 경제적으로 성장이 두드러졌다. 냉전체제의 붕괴로 한일 양국이 국가를 뛰어넘어 공동보조를 취해야 했던 제약이 철폐되어 여러 문제를 자유롭게 발언할 환경이 조성되어 갔다.
　이에 더해 전후 세대 비중의 증가는 한일 양국에 있어 전쟁과 식민지 지배 반성에 더해 인권, 젠더 문제 등에 대한 논의를 가능하게 했다. 1980년대 초반까지 한일 양국은 제2차 세계대전 사후 처리 결과의 끝자락에 위치해 있었다. 일본과 연합국 사이의 샌프란시스코강화조약 체결(1951년)과 한국과 일본 사이의 한일기본조약 체결(1965년)은 법적인 사후 처리의 형태를 취하였으나 많은 문제를 남긴 국가 간 조약이었다. 개인이나 시민단체들이 이 조약들의 문제점을 지적하고 새로운 대책을 요구한 것도 1990년대의 새로운 현상이다.

한국의 1980년대는 두 개의 흐름이 한 시대를 엮어 낸 시기였다. 표면적으로 보면 권위주의 정권인 전두환 정권(1981년)·노태우 정권(1987년)으로 이어졌으나 국민들 사이에는 1980년 5·18 광주 민주화 운동을 시작으로 1987년 6월 항쟁을 거쳐 1990년대 문민정부의 탄생을 준비한 시대였다. 경제적으로는 저금리, 저유가, 저달러의 3저시대로 민주화 발전을 뒷받침했다.

일본의 1980년대는 『Japan as No. 1: 미국인이 본 일본의 기적과 교훈』(1979년)이란 책이 낙양의 지가를 올리던 시기로 경제적으로는 난숙기였다. 정치적으로는 나카소네 야스히로(中曾根康弘) 수상(1982~1987년 재임)이 전후 정치의 총결산, 일본열도 불침항모를 주창할 정도로 정치적, 경제적으로 자신감 넘치는 시대이기도 했다. 동시에 정치가 온건에서 적극으로 전환한 이 시기에 정치가의 망언[1]도 이어졌으며, 1982년에는 유명한 교과서 파동이 일어났다.

한편, 경제발전과 민주화, 그리고 세대교체는 한일 간 역사문제에 있어 과거를 새로운 인식하에 이야기할 수 있게 하였다. 민주주의 성숙은 정의와 모럴의 기준을 향상시켰다. 고양된 정의감과 도덕감을 체득한 한일 국민들은 샌프란시스코강화조약과 한일기본조약식 역사인식은 낡고 불충분한 조약이라고 자각하게 되었다. 1990년대는 어떤 의미에서는 본격적인 역사(인식)문제의 출발 시기라고 할 수 있다. 그 대표적인 이슈가 군사적 성폭력 피해자인 일본군 '위안부' 문제이다. 전쟁과 식민지배의 피해와 같은 고전적 역사(인식)문제에 보편적 인권문제, 젠더문제가

---

1 일본의 식민통치를 옹호하는 후지오 마사유키(藤尾正行, 문부대신), 오쿠노 세이스케(奧野誠亮, 국토청장관) 등의 망언이 유명하다.

가미된 결과이다.

한국의 1990년대는 민주화 노력이 결실을 맺어 탄생한 민주적인 정부(김영삼 정부 1993~1998년, 김대중 정부 1998~2003년)가 집권한 시기이다. 정치는 민주정부에서 민주정부로 수평적 이동이 있었지만, 정치세력의 이합집산이 극심한 시대였다. 경제 또한 1990년대 초반에는 1980년대 후반의 호황을 이어 갔으나 1997년 외환위기를 맞이하여 최대의 위기를 맞이한 시기이다.

한일 간 역사(인식)문제의 관점에서 볼 때 1990년대는 나름 의미 있는 시대였다. 일본군'위안부' 문제와 관련하여 정부 간 협상 외에도 관련된 개인 및 시민단체가 문제 해결을 위해 적극적인 목소리를 내기 시작했다는 점이 그것이다. 일본의 1990년대는 불충분하고 제한적이지만 자민·비자민을 불문하고 역대내각[2]이 식민지 지배와 일본군'위안부' 문제와 관련하여 거듭 사죄를 표명했던 시기이다. 또한 동시에 이러한 사태에 위기의식을 느낀 일본의 보수우익이 결집한 시기이기도 했다. 1996년에 자학사관 탈피를 주장하면서 '새역모(새로운 역사교과서를 만드는 모임)'가 등장, 1999년에는 '국기국가법'이 성립했다. 이러한 국가주의적 움직임은 2001년 이후 고이즈미, 아베 내각을 거쳐 현재까지 지속되고 있다.

이 책에서는 이 시기 한일관계의 여러 측면을 역사인식에 염두에 두면

---

2 1992년 1월 한국을 방문한 미야자와 기이치(宮澤喜一, 자민, 1991~1993년 재임) 수상의 사죄, 1993년 8월 고노 요헤이(河野洋平) 관방장관의 담화, 같은 달 호소카와 모리히로(細川護熙, 1993~1994년 재임) 수상의 취임 기자 회견, 1995년 8월 국회결의 및 무라야마 토미이치(村山富市, 1994~1996년 재임) 수상 담화, 그리고 1998년 10월 오부치 케이조(小淵惠三, 1998~2000년 재임) 수상과 김대중 대통령의 파트너십 공동선언 등이 그것이다.

서 분석한 7편의 글을 싣고 있다. 구체적인 내용은 본문에서 확인하길 바라며 여기에서는 간단히 요지만 소개하겠다.

「1980~1990년대 야스쿠니에 대한 역사인식과 일본의 보수운동」(유지아)은 1985년 나카소네 야스히로 수상이 공식으로 야스쿠니신사를 참배하면서 야스쿠니신사 참배문제가 국제문제로 대두된 사건을 중심으로 고찰하였다. 필자는 일본이 패전한 후 봉인되었던 전범문제가 1980년대 나카소네 수상의 야스쿠니 공식참배 문제와 더불어 대두되면서 국제적인 문제가 되었음은 물론 국내의 보수운동에도 영향을 미쳤는데, 이러한 과정을 관통한 역사인식은 무엇이었는지 다음과 같이 설명하고 있다.

야스쿠니신사 문제는 동아시아 역사 갈등의 핵심적인 문제 중 하나라고 할 수 있으나, 1985년 당시까지는 이를 동아시아 관점에서 바라보지 않았다. 때문에 1978년 A급 전범자를 야스쿠니신사에 합사한 후, 나카소네 수상이 야스쿠니신사를 참배하면서 일본의 역사인식에 대한 국제사회의 비난이 커졌다. 따라서 일본에서는 나카소네 수상의 야스쿠니신사 공식참배라는 행동이 던진 문제제기와 함께 '야스쿠니 문제' 자체에 대한 논의가 시작되었다고 할 수 있다.

일본의 각 신문에는 "근린제국에 대한 배려"라든가 "야스쿠니와 국제사회" 등의 표현이 등장하면서 더욱 진지하게 야스쿠니 문제를 다루었다. 한국과 중국에서는 야스쿠니신사에 A급 전범이 합사된 이후로 야스쿠니신사에 대한 관심이 높아졌다. 이와 같이 아시아 국가에서 비판의 목소리가 높아지면서 야스쿠니신사 참배문제는 국제적인 이슈가 되었다.

한편, 1990년대 일본의 정치는 냉전의 붕괴라는 국제정세에서부터 자민당의 장기집권 붕괴와 같은 국내 상황의 변화에 이르기까지 전환기

과정이었다. 그리고 나카소네 정권은 '전후 정치의 총결산'을 슬로건으로 내걸고, 패전으로 인하여 잃어버린 좋은 점을 되살리겠다는 정책 목표를 주창했다.

이러한 상황에서 나카소네 수상의 야스쿠니신사 참배문제는 국제적 비난뿐만 아니라 국내의 소송으로까지 전개되었다. 소송의 결과는 야스쿠니신사 공식참배의 합헌성은 혐의가 있지만 그 혐의에 대한 판단을 할 필요는 없으며, 원고들이 어떠한 권리나 이익에 침해를 받지 않았다는 이유로 기각하였다.

그러나 야스쿠니 소송문제가 사회적인 이슈로 부상하면서 일본 보수세력의 긴장감은 더욱 고조되었는데, 결국 이를 계기로 일본의 보수의원들은 보수의원연맹을 조직하여 보수운동을 전개하였다. 그리고 다른 보수세력과 연대하여 원호법제화, 교육의 정상화와 역사교과서의 편찬사업, 전통에 입각한 국가이념을 제창한 신헌법 제창 등 강력한 국민운동을 전개하여 일본의 보수화에 영향을 미쳤다.

「일본 보수운동의 형성과 1980년대 교육개혁의 역사정치적 함의-나카소네의 리더십과 '전후 정치 총결산'」(최은봉)은 1980년대 신냉전기 일본 포스트 전후 구상의 지평에 네오 내셔널리즘(국가주의, 민족주의)이 어떻게 가시화되었는가 하는 문제의식에서 출발하였다.

이 글에서는 1982~1987년에 재임한 나카소네 수상이 '전후 정치의 총결산'을 전개하며 네오 내셔널리즘과 보수운동의 틀을 형성했다는 전제하에 총결산의 구조적 프레임과 정책적 의미를 설명하고자 한다. 나카소네 수상이 주도한 '전후 정치 총결산' 과정은 신냉전기 일본 국가주권의 불완전성 문제를 본격적으로 제기하고 국가와 시장 간의 관계를 일본 사회에서 새롭게 세우고자 했다.

이 연구는 우선 '전후 정치 총결산'이 1980년대 글로벌 차원의 신자유주의 방식에 따라 규제완화의 시장중심적 개혁정책으로 표상되어 공적으로 논의된 점을 살핀다. 다음으로 교육 분야 개혁정책이 총결산 구호하의 보수운동 차원에서 구상되어 실용주의적 방식으로 전개된 과정을 추적하고 구체적으로 교육기본법 개정 시도의 역사적, 정치적 함의를 설명하고 있다.

나카소네는 신냉전 구조와 신자유주의적 보수혁명을 일본의 맥락에 적용하여 내재화하였다. 저자는 이 점을 중시하며 나카소네가 대외적 환경을 국내 개혁의 동인으로 삼아 아웃사이드-인 접근, 즉 내부변화를 도출하기 위해 외부요인을 활용했다는 점에서 반응형 효과를 추구했다고 설명한다.

나카소네는 1980년대 글로벌 보수혁명에 편승하여 기업가 유형의 변혁적 리더십을 발휘하며 수상-위원회 중심 거버넌스의 기반을 구축했다. 이를 토대로 신자유주의적 교육개혁을 통해 국민 차원의 새로운 공동체 가치의 변용을 모색했다. 교육개혁의 지향점은 전형적 발전국가의 압축형 고도성장이 초래한 사회적 백래시(backlash)로서 고립적 개인주의에 대응하여 네오 내셔널리즘과 전통을 강조하는 것이었다.

신자유주의적 교육개혁 및 교육기본법 개정, 그것과 연계된 헌법 개정 운동은 전후 정치 총결산의 프레임 속에서 각 단계가 경로 의존적으로 연계되었고, 이러한 정책 방향의 형성은 결과적으로 그 이후 한중일 상호인식의 간극을 확대시켰고 역사문제의 정치화를 추동했다고 저자는 보고 있다.

「일본 보수본류의 역사인식과 국가주의 강화-1980년~1999년」(이종국)은 일본의 본수본류 정치인들이 '역사인식과 국가주의' 문제를 어떻게 인식하면서 역사정책을 전개하였는지 설명하고 있다. 21세기 접어들어 일본의 우파정치인과 보수적인 역사학자들이 역사수정주의 노선을 선택하면서 일본의 역사인식은 '우경화'하였다고 보고 있다.

이 글은 일본 보수정치인들의 역사인식 관련 선행연구를 분류하면서 기존 연구의 의미를 살펴보고, 일본의 역사정책은 고도성장기 이후 일본 정치의 재편 과정 속에서 복고주의적인 정책을 전개했다고 설명한다. 당시 일본 경제의 고도성장과 자민당의 선거에서의 압도적인 승리는 좌우익의 내셔널리즘을 부활시키는 데 영향을 미쳤음을 지적한다. 그리고 나카소네의 보수정치 전환의 전개를 설명하고 있다.

필자는 당시 구 보수세력 사이에서 진행된 신자유주의 개혁은 오히라 내각 때부터 진행되었지만, 실질적으로 정책이나 제도개혁으로 진행된 것은 나카소네 정권부터라고 지적한다. 마지막으로, 냉전 종식 후 일본은 정체성을 강화하면서 동시에 강대국화의 전략을 추구했다고 지적하고 있다.

「1980년대 한일 지식인 교류와 역사인식-요미우리(讀賣)신문사 주최 '일한좌담회'를 중심으로」(박삼헌)는 1980년대 '한일·일한 신시대'의 도래를 맞아 한일 양국의 시민사회가 어떻게 '한일·일한 신시대'를 구축하였는지 알아보기 위해 요미우리신문사가 1982년과 1984년 두 차례에 걸쳐 기획한 '일한좌담회'의 역사인식을 분석하였다.

이 일한좌담회는 한국 측 참가자가 통역 없이 일본어로 좌담을 진행했다는 점에서 일본어 또는 일본이라는 문화적 기호의 암묵적인 '공유'가 커뮤니케이션의 토대를 이루고 있다. 또한 한국 측이든 일본 측이든 일본의 식민지 지배에 대해 비판적인 '시선'도 공유하고 있다.

하지만 그 '시선'은 근대 이후 형성된 '한국'과 '일본'이라는 '내셔널리즘'의 개념을 극복하지 못하는, 아니 오히려 현존하는 서로의 '내셔널리즘'을 인정한 지점에서 '합의'를 본 좌담회였다.

또한 일한좌담회에서는 한반도의 분단이라는 정치적 상황에 대한 암묵적 '회피'가 이루어지고 있다. 이것은 좌우 이데올로기에 기초한 '분단'이라는 현실 정치, 즉 잡지 『세카이(世界)』로 대표되는 친북적 입장을 고수하는 일본의 진보적 지식인들과는 의식적인 '거리 두기'를 설정하는 보수적 지식인이라는 '자의식'에 서로 암묵적인 '합의'를 한 결과로도 볼 수 있다.

이런 의미에서 요미우리신문사가 기획한 1982년과 1984년의 '일한좌담회'는 1980년대 한일 양국의 시민사회가 합의할 수 있는 역사인식의 경계선이 한일 양국의 보수주의였음을 보여 준다. 1980년대 역사인식의 한 좌표를 볼 수 있는 흥미로운 글이다.

「국제국가 일본의 국제적 역할 모색 연구-1980년대와 1990년대를 중심으로」(조진구)는 1977년 8월 필리핀을 방문 중이던 후쿠다 다케오 수상이 새로운 동남아시아 외교정책의 원칙으로 제창한 후쿠다 독트린의 내용과 배경을 살펴보고, 이를 바탕으로 1980~1990년대에 걸쳐 일본이 국제사회에서 어떤 역할을 모색하려고 했는지에 대해 역사적 맥락에서 살펴보고 있다.

종래 전후 일본외교는 새로운 국제질서 창출을 위한 이념과 구상이 결여되어 있었다는 비판을 받아 왔다. 전전(戰前) 일본군에 의해 점령 당하고 막대한 피해를 봤던 동남아시아에서는 일본의 경제적 지배에 대한 우려에서 반일시위도 일어났다. 하지만 후쿠다 독트린은 그때까지의 전후 처리나 경제외교에서 벗어나 일본이 동남아시아 국가들과 대등한 협력자로서 마음을 교류하는 상호 신뢰 관계를 구축하겠다는 약속을 한 것이었다.

후쿠다 독트린 이후 일본은 경제 중심의 동남아시아 외교에서 탈피해 아시아·태평양 지역으로 관심 지역을 확대하고, 아시아에서 유일하게 G7 정상회의에 참가할 정도로 위상이 커져 경제문제에 그치지 않고 안전보장 문제에서도 영향력을 확대해 갔다.

일본외교의 글로벌화와 냉전의 종결이라는 국제환경의 변화 속에서 PKO(평화유지활동)협력법의 제정을 통해 자위대를 유엔평화유지활동에 참가시키고, 일본외교안보의 중핵이라 할 수 있는 미일동맹을 강화했다. 또한, '국제공헌'의 이름하에 자위대의 활동 영역을 확대해 갔으며, 이와 연동하는 형태로 일본의 방위정책과 방위력에도 커다란 변화가 있었다고 지적한다.

이러한 변화는 일본이 단순한 경제대국이 아니라 글로벌한 행위자로서 적극적인 리더십을 발휘해 경제 이외에 정치군사적 측면에서 국제사회의 기대나 일본 스스로 자각한 책임과 역할과도 관련이 있었다고 보고 있다. 다자외교 측면에서도 일본은 ARF(아세안 지역안보 포럼)나 아세안(ASEAN: 동남아시아 국가 연합)+3(한중일) 정상회의 개최 등의 과정에서도 중요한 역할을 했지만, 침략전쟁과 식민지 지배에 기인한 역사인식을 둘러싸고 역내 국가들과 앙금이 해소되었던 것은 아니었다.

필자는 1980년대와 1990년대 미국·유럽과 함께 3극을 형성할 정도로 경제적 존재감이 커진 것을 배경으로 '국제공헌'을 모색하는 일본의 '대국지향' 외교 궤적을 추적하면서 그 성과와 한계를 함께 제시하고 있다.

「탈냉전기 한일 역사화해의 시도-'21세기 새로운 한일 파트너십 공동선언'을 사례로」(조양현)는 탈냉전기 한일협력의 모범사례로 평가되는 한일 파트너십 공동선언의 성립 배경을 국제위기의 발생이라는 구조적 요인과 개인 정치가의 리더십이라는 두 가지 요인을 중심으로 분석하고 있다. 필자는 아시아 금융위기와 북한의 도발이라는 국제 위기의 발발은 한일관계 개선을 가능하게 하는 환경을 제공했고, 여기에 '미래지향적 한일관계'를 지향하는 정치적 리더십이 작용하여 파트너십 선언이 가능했다고 주장한다.

세계적인 탈냉전과 한국의 민주화를 거치면서 역사문제가 한일관계의 핵심 현안으로 등장하여 상호 반감을 조장한 결과, 양국은 안정적인 협력관계를 구축하지 못했다. 이러한 상황에서 1998년 10월에 김대중 대통령과 오부치 게이조 수상이 발표한 공동선언은 국제정세의 변화 속에서 한일관계의 미래비전을 대국적 관점에서 제시한 기념비적인 성과였다. 동 공동선언은 한일관계의 최대의 장애요인인 역사문제와 관련하여 양국이 처음으로 공식문서를 통해 공동의 인식에 합의하여 '역사화해'의 길을 열고, 그 토대 위에 양국의 미래협력의 방향을 포괄적으로 제시했기 때문이다.

필자에 따르면, 김대중 정부의 출범을 앞두고 한국이 'IMF 위기'를 맞게 되자, 일상적인 상황에서라면 '대일 적대적'이었을 국내 여론이 '대일 타협적'으로 재편되었다. 북한의 군사적 도발은 김대중 정부로 하여금 '햇볕정책'으로 불리는 대북정책의 연속성을 유지하기 위해 일본과의 협력에 보다 적극적으로 나서도록 했다. 일본 정부는 아시아 금융위기의 관리, 지역정세의 안정화 및 일본의 대한반도 영향력 확대를 위해 한국과의 협력을 필요로 했다. 즉, 한일 양국은 위기의식을 공유하게 되었고, 이러한 위기의식의 공유는 국내의 역사 강경론을 억제함으로써 양국 정부에게 파트너십 선언을 위한 양보와 타협의 공간을 제공하였다.

필자는 양국 지도자의 리더십 역시 한일 파트너십 선언의 중요한 동력이었다고 본다. 역대 한국의 지도자들과 달리, 김대중 대통령은 일본의 국제적 역할에 대해 적극적이고도 긍정적으로 바라보았다. 그는 대통령 취임 첫해의 방일에서 한일협력의 분위기를 조성하였고, 일본과의 안보협력의 실시, 일본 문화의 개방, '천황' 호칭의 공식 사용 등 한일관계사에서 획기적인 일련의 조치를 결단하였다. 오부치 수상은 아시아 국가와의 신뢰관계 형성을 일본 외교의 중요 과제로 설정하고, '인간의 안전보장'이라는 이념적 토대 위에 아시아 국가들에 대한 금융지원에 적극적으로 대응하였다. 그는 지리적, 문화적으로 가까운 한국과의 관계를 단순히 '외교'가 아닌 '린교(隣交)'로 격상시키고, 파트너십 선언의 성립을 위해 정치력을 발휘하였다.

「일본 시민사회의 역사문제인식과 글로벌화 과정(1980~1999)-일본 시민사회의 '피해자' 인식을 둘러싼 문제」(한혜인)는 1980년대 이른바 '교과서 문제'로 본격화된 일본의 역사인식 논쟁이 1990년대에 들어서서 보다 국제적인 아젠다로 퍼져나가는 과정을 일본의 시민사회를 중심으로 분석했다. 이 글의 특징은 기존연구가 1990년대의 운동을 일본군 '위안부'문제를 중심으로 피해자(피해국)가 주도하는 운동의 성과로 분석해 낸 것에 비해, 현상의 근저에 있던 일본 내 역사운동세력의 분화와 국제사회 자체의 페러다임 변동, 그에 따른 민족주의적, 인종주의적 현상이 주도하고 있었다는 것에 주목한 점에 있다.

전시동원문제는 일본 내 아카데미즘에서는 그다지 관심이 없었는데 시민사회에서는 1970년대 일본의 민중사의 발달과 더불어 전시기 중국인, 조선인의 '강제연행'의 문제로 보고 일본 내의 재일중국인, 재일조선인 단체와 연대하면서 역사운동을 진행해 갔다. 재일중국인, 재일조선인 '민족'단체를 중심으로 진상규명과 피해자의 구제를 중심으로 활동하였고 여기에 일본인들은 여러 가지 측면에서 후원을 하였다. 그러나 '강제연행'이라는 사건 속에서 피해자는 중국인과 조선인이라는 범주가 형성되어 일본인 피해자의 문제는 소외되었다. 피해자가 중국인, 조선인으로 범주화되면서 차츰 한국과 일본의 국가 개입이 가능한 상황이 되었다고 분석하고 있다.

한편, 1989년 소련의 붕괴와 더불어 등한시되어 왔던 사할린 한인의 귀환문제가 해결되기 시작했다. 사할린에서의 귀환은 기존의 상식과는 달리 일본에서는 일본제국의 호적법을 기반으로 실시했던 것으로 조선인이라 하더라도 일본적을 가지고 있던 사람(일본인 남성과 결혼한 조선인 여성)들은 귀환을 해 왔다. 한국 정부 역시 1989년 이후 실시된 일시귀국, 영주귀국 시에는 국적과 한국 호적을 중심으로 한 정책을 수립, 실시하면서 일본의 제도적 민족주의에서 '혈연적 민족주의'로, 그리고 한국국적주의를 바탕으로 해서 소련, 북한 국적자들을 배제하게 되었다는 점을 지적했다. 한국 내에서 사할린 한인은 반공의 영향으로 피해자의 범주가 성립되어 갔다. 이는 1956년 이후 일본인 처가 있는 조선인이 일본에 귀환하면서 설립해 활동하던 '가라후토 억류교포 귀환촉진회'가 일본 내의 시민사회와 연동하면서도 반일을 표방하는 한국 정부와 밀접한 관계를 맺으면서 활동했던 것에도 원인이 있다고 보고 있다.

이 글은 일본군'위안부' 문제를 다뤄왔던 한국 시민사회의 이중성과 일본 시민사회 속의 피해자(국) 중심의 활동에 대해서 비판적으로 다뤘다는 데 특징이 있다. 1990년대 한국사회는 일본군'위안부' 문제를 다루면서 피해자 중심보다는 명망가 위주의 운동이 중심이 되었다고 분석하고 있다. 그에 반해 일본의 시민사회는 피해자(피해국) 중심으로 운동을 진행하면서 일본 내의 피해자 문제에는 관심을 기울이지 않아 강제동원의 문제와 같이 피해자의 국적별 구분이 생겨 결국 내셔널리즘의 문제로 귀결되는 현상이 되었다고 지적한 점은 주목할 만하다.

이상, 7편의 글을 간략하게 살펴보았으나 각 필자의 논지를 충분히 파악했는지는 의문이 든다. 그것을 완화시켜 주는 방법은 본문에 실려 있는 글들을 독자 여러분께서 한 편 한 편 읽어 주시는 데 있지 않나 생각된다.

마지막으로, 역사인식 문제는 세대가 끊임없이 바뀌는 엄연한 현실로 인하여 완전하고 불가역적인 합의란 있을 수가 없다. 이전 세대의 화해와 타협이 이후 세대에 의해 간단히 폐기되어 다시 문제화될 수가 있기 때문이다. '관용'과 '멈춤'의 철학이 없이는 끝없는 회색전쟁이 되풀이될 것이다. 이러한 원리는 한일 간의 '역사'문제에 있어서도 적용된다고 본다. 근원적 해결은 가해자의 사죄로 가능한 것이 아니라 오히려 피해자의 분노를 피해자 스스로가 용서를 할 수 있는 단계에 다다르면 가능하다고 생각한다.

늘 생각하는 것이지만, 역사가 어느 한 시대, 특정 집단, 또는 한 사람의 개인에게 독점될 경우 불행을 초래할 가능성이 높다. 한국사가 한국인뿐만 아니라 세계인에게 사랑받는 역사가 되는 날이 오기를 바란다.

끝으로 좋은 글을 집필하여 주신 연구자 여러분과 이 책이 출간될 때까지 정성을 다하여 주신 재단 출판 관계자 여러분께 감사의 말씀을 드린다.

2021년 12월
공동 연구자를 대신하여
이원우 씀

차 례

| 책머리에 | · 4

제1장 1980~1990년대 야스쿠니에 대한 역사인식과 일본의 보수운동 _ 유지아 · 21

Ⅰ. 머리말 · 22
Ⅱ. 1980년대 야스쿠니신사 참배문제의 국제화 · 25
Ⅲ. 야스쿠니 공식참배에 대한 소송문제 · 36
Ⅳ. 야스쿠니사관과 일본의 보수운동 · 44
Ⅴ. 맺음말 · 55

제2장 일본 보수운동의 형성과 1980년대 교육개혁의 역사정치적 함의
- 나카소네의 리더십과 '전후 정치 총결산' _ 최은봉 · 61

Ⅰ. 머리말: 나카소네 교육개혁의 양면성 · 62
Ⅱ. 1980년대 나카소네 수상 리더십과 보수혁명 · 66
Ⅲ. '전후 정치의 총결산'과 교육기본법 개정 논리의 상보성 · 72
Ⅳ. 신자유주의 보수운동과 교육개혁의 전개 · 84
Ⅴ. 맺음말: 나카소네 교육개혁과 보수화의 유산 · 92

제3장 일본 보수본류의 역사인식과 국가주의 강화
- 1980~1999년 _ 이종국 · 105

Ⅰ. 머리말 · 106
Ⅱ. 문제인식과 선행연구 · 108
Ⅲ. 고도성장기 국가주의 동향과 역사인식 · 113
Ⅳ. 냉전기 일본 보수정치인들의 역사인식 · 120
Ⅴ. 냉전 종식 이후 국가주의 확장과 역사인식 후퇴 · 128
Ⅵ. 맺음말 · 136

제4장 1980년대 한일 지식인 교류와 역사인식
　　- 요미우리신문사 주최 '일한좌담회'를 중심으로 _ 박삼헌 · 141

　　Ⅰ. 머리말: 한일 신시대의 도래, 그리고 새로운 역사 갈등의 시작 · 142
　　Ⅱ. 왜 기획되었을까 · 146
　　Ⅲ. 누가 참가하였을까 · 152
　　Ⅳ. 무엇을 토론하였을까 · 166
　　Ⅴ. 맺음말: '인간적 차원의 상호이해'에서 '국가적 차원의 역사인식'의
　　　　차이로 · 184

제5장 국제국가 일본의 국제적 역할 모색 연구
　　- 1980년대와 1990년대를 중심으로 _ 조진구 · 193

　　Ⅰ. 머리말 · 194
　　Ⅱ. 후쿠다 독트린의 등장 배경과 의미 · 197
　　Ⅲ. G7 정상회의와 국제국가 일본의 외교 · 206
　　Ⅳ. 냉전의 종식과 일본의 '국제공헌'론 · 218
　　Ⅴ. 맺음말 · 228

제6장 탈냉전기 한일 역사화해의 조건
　　- '21세기 새로운 한일 파트너십 공동선언'을 사례로 _ 조양현 · 233

　　Ⅰ. 머리말 · 234
　　Ⅱ. 한일 파트너십 선언의 의의 · 238
　　Ⅲ. 파트너십 선언을 가능하게 한 요인 · 241
　　Ⅳ. 역사인식의 문서화 · 245
　　Ⅴ. 아시아 금융위기와 한일협력 · 250
　　Ⅵ. 북한 문제에 대한 정책 공조 · 254
　　Ⅶ. 맺음말 · 258

제7장 일본 시민사회의 역사문제 인식과 글로벌화 과정(1980~1999)
  – 일본시민사회의 '피해자' 인식을 둘러싼 문제 _ 한혜인 · 265

  Ⅰ. 머리말 · 266
  Ⅱ. 일본 역사운동 속의 '피해자' 인식의 분화 · 267
  Ⅲ. 한국인, 일본인 사할린 잔류자 귀환운동의 국제인식 · 286
  Ⅳ. 맺음말 · 295

| 찾아보기 | · 299

제1장

1980~1990년대 야스쿠니에 대한 역사인식과 일본의 보수운동

| 유지아 ■ 원광대학교 동북아시아인문사회연구소 HK교수 |

I. 머리말
II. 1980년대 야스쿠니신사 참배문제의 국제화
III. 야스쿠니 공식참배에 대한 소송문제
IV. 야스쿠니사관과 일본의 보수운동
V. 맺음말

I. 머리말

아베 신조(安倍晋三) 전 일본 총리가 2020년 9월 16일 공식 퇴임 후 야스쿠니(靖國)신사를 참배했다. 그리고 같은 달 19일에는 트위터에 "오늘 야스쿠니신사를 참배하고 이달 16일에 총리를 퇴임했다는 것을 영령에게 보고했다"는 글을 올렸다. 아베 전 총리는 취임 1주년을 맞은 2013년 12월 26일에 내각총리로서 공식적으로 야스쿠니신사를 참배했다. 이러한 아베 전 총리의 행보에 대해 집단적자위권을 필두로 한 일본의 정상국가화 움직임을 멈추지 않겠다는 의지를 대내외에 천명한 것이라고 평가하기도 했다. 그러나 유독 아베 전 총리만 야스쿠니신사를 참배한 것은 아니다. 일본 총리의 야스쿠니신사 공식참배 문제는 1980년대부터 시작되었다. 그렇다면 왜 일본 총리의 야스쿠니신사 공식 참배가 동아시아에서는 국제문제가 되는가?

전쟁의 희생자를 애도하는 마음은 아무도 부정하지 않는다. 하지만 군국주의를 지지한 국가 신도의 중심적 시설을 현재의 정치 지도자가 참배하는 것은 아시아·태평양전쟁에 대한 인식과 밀접한 관련이 있기 때문에 동아시아의 각국은 주목할 수밖에 없다. 미쓰치 슈헤이(三土修平)에 따르면 야스쿠니 문제는 "전쟁 전에 국가의 시설이었던 야스쿠니신사가 전후에는 민간의 한 종교 법인으로 존속하게 된 사실과 그럼에도 불구하고 동 신사의 공적인 복권을 요구하는 사회적인 세력이 존재하는 사실의 결과로 발생한 여러 문제의 총체"라고 한 것과 같이 야스

---

* 이 글은 『한일민족문제연구』 제39호, 2020.12.에 수록된 논문을 수정·보완한 것이다.
1 三土修平, 2005, 『靖國問題の原点』, 日本評論社, 3쪽.

쿠니 문제는 일본의 전쟁 전과 후의 역사인식을 연결하는 역할을 하고 있다. 더욱이 야스쿠니신사는 도쿄 재판에서 전쟁책임을 추궁 당한 A급 전범도 합사되어 있다. 침략의 피해를 입은 국가를 중심으로 일본이 과거의 잘못을 잊고 전쟁의 역사를 정당화하려고 하고 있다고 받아들여지는 것도 당연하다. 동아시아 각국에서 야스쿠니신사 참배를 문제 삼는 이유는 바로 도쿄재판(極東國際軍事裁判)에서 사형을 받은 A급 전범자를 합사하고, 총리나 각료가 8월 15일을 기해 참배하기 때문이다. 결국, 이러한 상황으로 인하여 국제사회에서 야스쿠니 참배문제는 일본군국주의의 부활과 맞물려 이미지화되어 있다. 때문에 아시아·태평양전쟁에서 피해국으로 인식하는 국가가 존재하는 동아시아에서는 야스쿠니신사 공식참배 문제를 자국의 전쟁희생자 애도보다는 전쟁범죄자의 책임문제와 연계하여 이해할 수밖에 없다.

일본에서 야스쿠니신사에 관한 선행연구는 야스쿠니신사 국영화와 공식참배 문제에 대한 인식의 차이를 강하게 반영하면서 이루어졌다. 이러한 선행연구는 단순한 학문의 영역을 벗어나 현실 정치와 밀접한 관계를 가지면서 이루어졌다. 초기의 대표적인 연구로는 야스쿠니신사 국영화 반대운동의 이론적인 기반을 제공한 무라카미 시게요시(村上重良)[2]의 연구와 충혼비 소송과 관련한 논문[3] 등이 있다. 그리고 총리의 야스쿠니신사 참배문제가 대두되면서 연구들이 축적되었는데, 여기에서도

---

2   村上重良, 1974, 『慰靈と招魂-靖國の思想』, 岩波書店.
3   원고 측 입장을 주장한 오에 시노부(大江志乃夫)의 『靖國神社』(岩波書店, 1984), 피고 측에 관여한 오하라 야스오(大原康男)의 『忠魂碑の硏究』(曉書房, 1984) 등이 있다.

찬반 논쟁이 진행되었다.⁴ 이외에도 패전 이후의 야스쿠니신사 문제에 대한 포괄적인 연구로는 다나카 노부마사(田中伸尙)의 『야스쿠니신사의 전후사(靖國神社の戰後史)』(岩波書店, 2002)가 있다. 일본의 연구 성과가 한국어로 소개되는 것은 2001년 고이즈미 준이치로(小泉純一郎) 총리의 야스쿠니신사 참배 이후로, 위에서 언급한 무라카미, 오에, 다카하시, 고야스 등의 저서가 번역, 출판되었다.

그리고 국내에서 야스쿠니신사에 대한 연구가 이루어진 것도 2001년 고이즈미 총리가 공식적으로 야스쿠니신사에 참배한 이후라고 할 수 있다. 따라서 주로 총리대신이 공식적으로 야스쿠니신사를 참배한 사실에 대한 비판적인 시각으로 연구가 이루어졌다. 최근에는 한국인 무단합사에 대한 관심도 높아졌고 야스쿠니신사 자체에 대한 연구도 활발해지고 있으나,⁵ 아직까지 연구 성과의 축적은 그다지 많지 않다. 그리고 야스쿠니신사 문제만을 다루는 연구보다는 이와 관련하여 야스쿠니신사와 역사교과서, 새로운 국립 추도시설 등 새로운 주제를 다루는 경향도 나타나고 있다.⁶

야스쿠니신사 참배문제가 국제적인 이슈로 대두된 것은 1978년에 A

---

4 총리의 야스쿠니신사 참배를 지지하는 논리는 고보리 게이이치로(小堀桂一郎)의 『靖國神社と日本人』(PHP硏究所, 1998)가 대표적이며, 총리의 야스쿠니신사 참배를 반대하는 의견은 다카하시 데쓰야(高橋哲哉)의 『靖國問題』(筑摩書房, 2005), 고야스 노부쿠니(子安宣邦)의 『國家と祭祀: 國家神道の現在』(靑土社, 2004)를 들 수 있다.

5 남상구, 2006, 「야스쿠니신사 합사 문제에 관한 고찰」, 『일본사상』 제10호; 남상구, 2014, 「해방 후 한국인이 야스쿠니신사에 무단으로 합사된 경위」, 동북아역사재단 편, 『야스쿠니신사에 묻는다-야스쿠니신사 무단합사 철폐소송』, 동북아역사재단.

6 川口和也, 2006, 『歷史敎科書と靖國問題-日本・中國・韓國古代史ノート (シリーズ 敎育直語)』, 批評社; 山本淨邦, 2010, 『國家と追悼-「靖國神社か, 國立追悼施設か」を超えて』, 社會評論社 등.

급 전범자가 야스쿠니신사에 합사된 이후부터이다. 특히 1985년에 나카소네 야스히로(中曾根康弘) 총리가 야스쿠니신사를 참배하면서 일본의 역사인식에 대한 비판과 더불어 국제사회의 비난이 커졌다. 그러나 실질적으로 일본에서는 왜 야스쿠니신사 참배가 역사인식과 결부되는지 인정하지 않고 있다. 따라서 이 연구는 야스쿠니신사 참배문제와 역사인식이 어떻게 결부되는가를 분석하기 위해 1985년에 나카소네 총리가 공식적인 자격으로 야스쿠니신사를 참배했다고 인정하면서 야스쿠니 공식참배 문제가 사회문제로 대두되어 야스쿠니참배 소송으로 이어지는 과정을 중심으로 분석하고자 한다. 나카소네는 1980년대 일본의 전후 정치의 총결산 담론과 다차원적 개혁정책, 즉 헌법 개정, 행정개혁, 교육개혁 등의 수정주의적 방향을 주도한 '보수혁명'의 리더라고 할 수 있다. 나카소네의 야스쿠니 공식참배와 헌법 개정 등의 시도는 고이즈미와 아베 내각으로 이어지면서 '전후 레짐으로부터 탈각'이라는 말로 계승되어 일본 우경화의 상징적인 논리로 작용하고 있다. 이에 이 글에서는 나카소네의 야스쿠니 공식참배가 일본의 보수운동에 어떠한 영향을 미치는지 고찰하기 위해 보수의원연맹의 결성과 활동을 중심으로 살펴보고자 한다.

II. 1980년대 야스쿠니신사 참배문제의 국제화

1. 1985년 나카소네 총리의 야스쿠니신사 공식참배

야스쿠니신사의 전신인 도쿄 쇼콘샤(東京招魂社)는 병학자인 오무라 마스지로(大村益次郎)가 제안하고 메이지 천황이 명을 내려 1869년에 설립되었다. 설립의 주목적은 보신전쟁(戊辰戰爭) 전사자의 제사를 지내기 위한 것이었다. 이후 1853년에 미국 동인도 함대 사령관 페리가 내항한 이후부터 국내의 전란에서 순직한 사람들을 모아 제사를 지내는 신사로 정착하게 되었다. 그리고 에도 막부 말기의 혼란으로 인해 사망한 지사의 영령을 환기하고 제례하는 일회성 행사(招魂祭)로 교토에서 실시되었던 것이 정례화하여 도쿄 쇼콘샤의 설치로 이어졌다. 따라서 쇼콘샤는 지사가 아닌 막부군의 전몰병사는 매장하지 않고 방치할 정도로 매우 강한 당파성을 띠고 있는 시설이었기 때문에[7] 어떤 영령을 환기하여 제례할 것인가는 당초부터 제기된 문제였다. 그러나 이러한 야스쿠니신사가 당파성에서 벗어나 국가시설로서의 지위를 얻게 된 것은 청일·러일 전쟁의 대외전쟁을 경험하면서부터이다.[8] 일본은 근대국가를 위한 제국전쟁을 수행했고, 그 과정에서 발생한 전몰전사자들의 유족에 대해 정신적인 타격을 위로하고 상실감을 보충하기 위해 '숭고한 희생'으로 전사를 미화할 필요가 있었다. 이러한 역할을 담당한 야스쿠니신사는 유족의 한이나 상실감으로부터 발생하는 국가에 대한 분노를 수습하여 감사하는 마음으로 변용하는 시설이었다.[9] 또한 야스쿠니신사는 국민의 형성과 함께 통합을 위한 중심 시설이자 근대국가의 총력전 수행을 위해 필요한 군국주의적인 문화를 생성하는 장치이기도 했다.

패전 후 야스쿠니신사에서 1960년대까지 전몰자에 대한 추모는 국

7　村上重良, 1970, 『國家神道』, 岩波新書, 186-187쪽.

8　大江志乃夫, 1984, 앞의 책, 128쪽; 赤澤史朗, 2005, 『靖國神社: せめぎあう戰沒者追悼のゆくえ』, 岩波書店, 18쪽.

9　高橋哲哉, 2005, 『國家と犠牲』, 日本放送出版協會, 98쪽.

가·민족을 위한 희생이라는 '순국' 성격과 전쟁의 비참함과 반전사상으로 이어지는 '평화'의 성격이었다. 이 두 가지 성격은 1960년대 무렵까지 공존할 수 있었다. 왜냐하면 전쟁을 경험한 세대가 지배적이었던 1960년대 후반까지의 전후 사회에서 사람들은 전쟁에서 실제로 생명을 잃었거나, 국가의 명령으로 전장에 나가 사망한 자가 있다는 사실을 직접 체험을 통해 알고 있었기 때문에 전쟁으로 인한 사자(死者)에 대한 책임의식이 전몰자 추도와 맞물려 있었기 때문이다.[10] 그러나 1960년대 후반부터 1970년대 초에 걸쳐 장년층 세대의 가해 책임을 추궁하는 전후 세대가 대두하면서 전몰자 추도의 행위가 일본인 의식을 고취하는 것이라는 지적도 나오기 시작했다.[11] 패전 후 30년이 지난 1960년대 후반에 전쟁 체험이라는 공통의 기억이 사라지고 장년층과 전후 세대의 전쟁에 대한 인식 차이가 드러나면서 전쟁 추모에 대한 의견 차이도 현저해졌다. 그 가운데 발생한 것이 1985년 나카소네 총리의 야스쿠니신사 공식참배였다.

'공식참배'라는 것은 야스쿠니신사 본체의 종교법인으로서의 성격과 상관없이 천황·총리가 일본을 대표하는 자격으로 야스쿠니신사에 참배하는 것을 의미한다. '공식참배' 주장은 1974년 야스쿠니를 보호하려는 세력에 의한 야스쿠니신사국가호지법안(靖國神社國家護持法案) 운동이 좌절한 후, 1975년부터 이 운동의 목표를 천황·총리가 8월 15일에 야스쿠니신사에 공식적으로 참배하는 것으로 전환하면서부터이다. 즉, '야스쿠니신사 공식참배안'은 '야스쿠니신사국가호지법안'이 성립되지

---

10 赤澤史朗, 2005, 앞의 책, 161쪽.
11 小熊英二, 2002, 『民主と愛國』, 新曜社, 572쪽.

못했기 때문에 그 대안으로 나온 것이다. 여기에서 8월 15일로 정한 것은 정부 주최의 전국전몰자추도식전이 있는 당일이기 때문에 정부가 주최하는 위령·추도행사의 일환으로 국가의 대표가 야스쿠니신사에 참배하는 것을 공인하게 하고자 하는 의도가 있었다.[12] 이 대안은 법안의 형태로 실현하기보다는 전적으로 정부가 결의하여 실행하게 하는 것이었기 때문에 1975년부터 1985년에 나카소네 총리가 공식참배하기까지 점진적인 과정을 밟았다.

나카소네 총리의 야스쿠니신사 공식참배로 인해 일본에서는 '야스쿠니 문제' 자체에 대한 논의가 시작되었다. 나카소네 정권은 '전후 정치의 총결산'을 정책 목표로 삼으며, "패전으로 인하여 잃어버린 좋은 점을 되살려 일본 본래의 문을 열기 위함"이었다고 말했다.[13] 이는 대외적으로 "세계의 평화와 번영에 적극적으로 공헌하는 국제국가 일본"의 실현과 국내적으로 "21세기를 향한 늠름한 문화와 복지국가 만들기"를 목표로 하고 있다. 원래 '전후의 총결산'이라는 용어는 오히라 마사요시(大平正芳)가 1971년 9월에 '고치카이(宏池會)'의 청년연수협회에서 강연한 "일본의 신세기 개막(日本の新 世紀の開幕)"에서 "우리나라는 지금 전후 총결산이라고 해야 할 전환기를 맞이하고 있다. 지금까지 오로지 풍요로움을 위해 노력해 왔는데, 손에 넣은 풍요로움 속에서 반드시 진정한 행복과 삶의 보람을 발견할 수는 없었다. … 체면 불구하고 경제의 해외진출을 시도했지만 실로 그 진출의 과격함으로 인하여 외국의 질시와 저항을 받게 되었다"고 설명하면서 전후 일본의 경제성장주의에 경종을

---

12 赤澤史朗, 2017, 『靖國神社-「殉國」と「平和」をめぐる戰後史』, 岩波現代文庫, 228쪽.
13 中曾根康弘, 2004, 『自省錄』, 新潮社, 17쪽.

울렸던 것이다.[14] 같은 맥락에서 나카소네 총리도 1980년대의 경제대국화에 이어 정치대국으로의 의지를 표명한 것이다.

이와 같이 '전후 정치의 총결산'을 내건 나카소네 총리는 1983년 8월, 후지나미 다카오(藤波孝生) 관방장관의 사적 자문기관으로 '각료의 야스쿠니신사 참배문제에 관한 간담회(閣僚の靖國神社參拜問題に關する懇談會)'를 발족시켰다. 간담회는 다음 해인 1985년의 '종전기념일' 직전인 8월 9일에 공식참배를 결정한 보고서를 제출했다. 나카소네 총리는 이 결정에 따라 8월 15일에 신도풍의 의식은 하지 않았지만 본전에 한 번 절하고, '헌화비용'은 공공비용으로 지출하면서 2명의 각료와 함께 총리 자격으로 공식참배했다. 이후 일본의 여론은 공식참배에 대해 비난하기 시작했는데, 먼저 오오에는 『아사히신문』에 다음과 같이 말하고 있다.

> 수상이 야스쿠니신사를 공식참배하는 행동으로 "누가 나라에 목숨을 바칠 것인가"를 국민에게 묻고 멸망봉공을 요구했다. (중략) 야스쿠니신사 참배는 거기까지 이르는 과정에서도 그리고 당일의 행동에서도 전후의 일체를 부정하는 의미를 가진다.[15]

오오에는 국가의 종교 시설이자 국민 통합을 위한 정치적 이데올로기의 수단이었던 야스쿠니신사의 역사적 성격을 근거로 하여 총리가 야스쿠니신사를 공식참배하는 행위는 전전으로 되돌아가는 것과 같다고 비

---

14 大平正芳, 1977, 『風塵雜俎』, 鹿島出版會, 97쪽.
15 大江志乃夫, 「公式參拜が意味するもの/日本の戰爭責任免責/安保條約も基礎失う」, 『朝日新聞』(東京版) 夕刊, 1985年 8月 20日號.

난한 것이다. 특히, 당시는 이미 1978년에 A급 전범이 야스쿠니신사에 합사된 이후이기 때문에 총리와 각료가 공식적으로 참배하는 것에 대해 국가 안팎에서 반발이 컸다. 그 가운데 나카소네 총리의 8월 15일 공식 참배 소식을 접한 한국과 중국을 비롯한 아시아 국가들은 "자국민의 감정에 상처를 주었다"고 거세게 반발했다. 나카소네 총리의 야스쿠니신사 공식참배는 국제적인 이슈로 대두되기 시작했다.

2. 야스쿠니신사 공식참배 문제의 국제화

1980년대 들어 야스쿠니 문제는 추도의 문제에서 확대되어 '가해국인 일본'과 '피해자인 아시아'라는 시선이 두드러지게 되었는데, 그 배경에는 3가지 사건이 있다. 첫째는 야스쿠니신사에 A급 전범을 합사한 사건이다. 일본은 1978년 10월 17일에 국가의 희생자 '쇼와의 순난자(昭和殉難者)'로 도쿄재판에서 사형을 선고받거나 옥사한 A급 전범자 14명을 합사했다.[16] 그리고 1979년 4월에 A급 전범의 합사가 공개되고 나서 전쟁 피해를 입은 한국과 중국의 비난이 거세게 일어나기 시작했다. 둘째는 1982년에 대두된 역사교과서의 '침략'에 대한 용어가 문부성의 검정 교과서에서 삭제되어 한국과 중국 정부가 항의한 사건이다. 이로 인해 일본은 교과서 검정의 기준을 변경하고 '근린제국조항'을 첨가하였

---

16 이타가키 세이시로(板垣征四郎, 육군), 우메즈 요시지로(梅津美治郎, 법학자), 기무라 헤이타로(木村兵太郎, 육군), 오이소 쿠니아키(小磯國昭, 육군), 도라시리 도시오(白鳥敏夫, 정치가), 토비하라 겐지(土肥原賢二, 육군), 도고 시게노리(東鄕茂德, 정치가), 도조 히데키(東條英機, 육군), 나가노 오사미(永野修身, 해군), 히라누마 기이치로(平沼騏一郎, 정치가), 히로다 코키(廣田弘毅, 정치가), 마츠이 이와네(松井石根, 육군), 마츠오카 요스케(松岡洋右, 정치가), 무토 아키라(武藤章, 육군) 이상 14명.

다. 마지막으로 나카소네 총리에 의한 야스쿠니신사 공식참배 사건이다. 일본에서는 A급 전범이 야스쿠니신사에 합사된 이후부터 1985년 7월까지 총 21회에 걸쳐 총리가 야스쿠니신사에 참배했으며, 1980년부터 1985년까지 매해 8월 15일에도 공식참배했다. A급 전범 합사 이후, 일본 총리의 야스쿠니신사 참배 현황은 〈표 1〉과 같다.

1980년부터 매년 8월 15일에 야스쿠니신사를 공식참배하는 것은 7월에 발족한 스즈키 젠코 내각이 내각의 이름으로 야스쿠니신사를 참배하면서부터이다. 그리고 1981년에는 중·참의원 259명이 '함께 야스쿠니신사에 참배하는 국회의원회(みんなで靖國神社に参拜する國會議員の會)'를 발족하고 봄여름의 예대제(例大祭)나 8월 15일에 국회의원이 집

〈표1〉 A급 전범 합사 이후 일본 총리의 야스쿠니신사 참배 현황

정부	총리 이름	횟수	참배일
제67대	후쿠다 다케오 (福田赳夫)	4	1977.4.21/1978.4.21/**1978.8.15**/1978.10.18
제68-69대	오히라 마사요시 (大平正芳)	3	1979.4.21/1979.10.18/1980.4.21
제70대	스즈키 젠코 (鈴木善幸)	9	**1980.8.15**/1980.10.18/1980.11.21/1981.4.21/ **1981.8.15**/1981.10.17/1982.4.21/**1982.8.15**/ 1982.10.18
제71-73대	나카소네 야스히로 (中曾根康弘)	10	1983.4.21/**1983.8.15**/1983.10.18/1984.1.5/ 1984.4.21/**1984.8.15**/1984.10.18/1985.1.21/ 1985.4.22/**1985.8.15**
제82-83대	하시모토 류타로 (橋本龍太郎)	1	1996.7.29
제87-89대	고이즈미 준이치로 (小泉純一郎)	6	2001.8.13/2002.4.21/2003.1.14/2004.1.1/ 2005.10.17/**2006.8.15**
제90대, 제96대	아베 신조 (安倍晋三)	1	2013.12.26

단적으로 참배하게 되면서 야스쿠니 공식참배를 실현하기 위한 운동을 추진했다.[17] 이에 1982년 11월에 성립한 나카소네 내각은 '총리·관료 등의 공식참배에는 위헌의 의혹이 있다'는 종래의 내각법제국 견해를 재검토할 수 있는 '위엄 있는 이론적 근거'를 명확하게 하도록 지시했다. 그 결과 자민당 정무조사회 내각부회의 내부에 '야스쿠니신사에 관한 소위원회'가 설치되었다. 그리고 이 소위원회가 내각법제국을 설득할 근거를 제시하기에는 역부족이라고 판단하여 1983년 7월에 후지나미 다카오 관방장관의 사적 자문기관으로 '각료의 야스쿠니신사 참배문제에 관한 간담회(閣僚の靖國神社參拜問題に關する懇談會)' 멤버를 15명으로 확정하고, 8월부터 심의를 시작했다.

  이 과정에서 간담회는 1985년 8월 9일에 보고서를 정리하여 제출했는데, 쓰지진사이사건(津地鎭祭事件)[18]의 최고재판소판결에서 언급한 "종교와의 연관성이 있더라도 목적이 전적으로 세속적인 것으로 인정되며, 그 효과가 신도를 원조, 조장, 촉진하거나 다른 종교에 압박, 간섭을 가하는 것이라고 인정되지 않으면 종교적 활동에 해당하지 않는다"는 원칙에 입각하여 정교분리 원칙에 저촉하지 않는 방식에 의한 공식참배의 길이 있을 수 있다고 주장하면서, 만일 국제적인 문제가 야기될 때는 정부가 이를 해결하기 위한 방도를 검토해야 한다고 말하고 있다.[19] 즉, 참배 방식이라는 단순한 문제에 헌법 판단의 쟁점을 한정시켜 그 방식에

---

17 赤澤史朗, 2017, 앞의 책, 262-263쪽.

18 1965년 1월 14일 미에현(三重縣) 쓰시(津市)에서 시립체육관 건설을 위해 토지의 수호신에게 지내는 지진제(地鎭祭)를 둘러싸고 일본국헌법 제20조로 규정한 정교분리 원칙에 반하는 것이라는 행정소송사건.

19 www.kantei.go.jp/jp/singi/tuitou/dai2/siryo1_6.pdf, "閣僚の靖國神社參拜問題に關する懇談會" 1985년 8월 9일 보고서 원문파일(검색일: 2020.9.15).

따라 공식참배가 합헌이 된다는 결론을 내렸다. 결국, 나카소네 총리는 '각료의 야스쿠니신사 참배에 관한 간담회'의 결정에 따라 '헌화비용'을 공공비용으로 지출하고 2명의 각료와 함께 총리 자격으로 공식참배했다. 당시 나카소네 총리가 공식참배할 때까지 한국이나 중국은 야스쿠니신사 참배에 대해 비난하지는 않았다. 1985년 8월 15일 나카소네 총리의 야스쿠니신사 참배가 국제사회의 비난을 받았던 이유는 '공식참배'를 표명했기 때문이다. 나카소네 총리는 8월 14일 담화에서 "우리나라는 과거에 아시아 국가들을 중심으로 한 다수의 사람들에게 큰 고통과 손해를 입힌 것을 깊이 자각하며, 이러한 일을 두 번 다시 반복하지 않도록 반성과 결의를 하고 평화국가로서의 길을 걷고 있는데, 이번 공식참배 실시에 있어서도 그 자세에는 조금의 변화도 없다"고 말하면서, 이번 참배는 '전몰자 추도와 함께 세계평화를 바라는 것'임을 강조했다. 총리 자신이 아시아 국가에 양해를 구하는 어조일 뿐만 아니라, 수상관저에서는 공식참배에 앞서 외무대신 및 외무성을 통해 각국의 양해를 구하는 말을 했다.[20]

총리와 각료의 야스쿠니신사 참배문제는 1975년 8월 15일 미키 다케오 총리의 참배 이후 표면화되었지만, 이때는 사적인 참배의 4가지 조건인 공용차 미사용, 공물의 사비 지출, 직함 미사용, 공직자 미동행 원칙을 지켰기 때문에 공식참배라는 용어를 쓰지 않았다. 그러나 1985년의 참배에 대해서는 8월 7일에 『아사히신문』이 야스쿠니신사에 대한 공식참배는 정교분리나 역사인식 등의 문제와 결부된다고 발표하면서 이

---

[20] https://kokkai.ndl.go.jp/#/detail?minId=110705254X00419860917&current=17, 國會議事錄 第107回 國會衆議院本會議 第4號 昭和61年9月17日.

슈화하였다.²¹ 『아사히신문』에서 야스쿠니 문제에 대해 보도하자, 중국 외교부 대변인은 8월 14일에 "아시아 각국 인민의 감정에 상처를 냈다"고 강조하면서 나카소네 총리의 공식참배에 반대했다. 또한 8월 15일 『인민일보』는 "야스쿠니신사는 지금까지의 침략전쟁에서 도조 히데키(東條英機)를 포함하여 1,000명 이상의 범죄자를 제사지내고 있기 때문에 정부의 공직에 있는 사람이 참배하는 것은 일본 군국주의에 의한 침략전쟁의 피해를 심하게 입은 아시아 이웃 나라와 일본 인민의 감정을 상하게 하는 것"이라고 일본 정부를 강하게 비난하고, 정부 각료가 참배하지 않도록 일본 정부에 요청했다.²² 그리고 이 문제를 국제문제로 더욱 가속화시킨 것은 9월 18일에 천안문 광장에서 일어난 학생 데모였다. 이 반일 시위가 국내의 권력 투쟁과 역사문제와 결부되는 것을 염려한 중국 정부도 일본 정부에 강경한 비판을 가했으며, 점차 야스쿠니신사 참배나 일본군국주의 부활이 아닌 야스쿠니신사에 A급 전범이 합사되어 있다는 점을 강조하여 중일 양국의 정식 외교과제로 삼게 되었다.

일본에서 공식참배 문제가 본격적으로 대두된 것은 다음 해인 1986년이다. 각 신문에 "근린제국에 대한 배려"라든가 "야스쿠니와 국제사회" 등의 표현이 등장하면서 야스쿠니 문제를 진지하게 다루었다.²³

---

21 『朝日新聞』, 1985年 8月 7日.
22 赤澤史朗, 2017, 앞의 책, 268-269쪽. https://dl.ndl.go.jp/info:ndljp/pid/999337.
23 『每日新聞』, 1986年 8月 8日 사설 「『靖國』と國際社會を考える」, 투고문 「靖國公式參拜, 見送りは當然」; 『讀賣新聞』, 1986年 10月 20日 특집기사 「八方ふさがり靖國問題 / 見送り續く首相參拜, 難しい「A級戰犯合祀」解決, 隣國の反發配慮, "移靈"には神社側抵抗」; 『朝日新聞』 1986年 8月 14日 사설 「傷跡をうずかせる『戰犯』合祀」 등.

반면, 일본유족회도 정부 주최의 전국전몰자추도식전의 중지 신청 및 식전 보이콧 방침, 유족회 관계자의 자민당 탈당 등 강경한 수단을 선언하면서 수상관저에서 8월 15일에 야스쿠니신사 참배를 결의하도록 촉구했다.[24] 즉, 나카소네 총리의 제2차 8월 15일 야스쿠니신사 공식참배 문제를 둘러싼 공방전이 시작된 것이다. 이에 고토다 마사하루(後藤田正晴) 관방장관은 8월 14일에 담화를 발표하여 8월 15일 야스쿠니신사 공식참배는 시행하지 않을 것임을 명확히 했다. 고토다 관방장관은 담화에서 "작년의 야스쿠니 공식참배의 목적은 어디까지나 조국과 동포를 위하여 희생한 전몰자 일반의 추도와 '평화의 결의'를 위한 것이며, 매회 실시하는 제도화된 것이 아니"라고 언급했다. 그리고 나서 야스쿠니신사에 총리가 공식적으로 참배한 사실에 대해 "우리나라의 행위에 의해 심대한 고통과 손해를 끼친 근린제국의 국민들 사이에서 과거 우리나라의 행위에 책임이 있는 A급 전범에 예배한 것이 아닌가"라는 비판이 일어나 평화우호관계를 해칠 수 있기 때문에 공식참배를 중지한다고 설명했다.[25] 이와 같이 일본은 공식참배를 중지하겠다는 담화를 발표했지만 아시아 국가에서는 비판의 목소리가 높아지면서 야스쿠니신사 참배문제는 국제적인 이슈가 되었다.

---

24 「公式參拜八月一五日までの運動經過」,『日本遺族通信』, 四二九號, 1986.
25 https://www.mofa.go.jp/mofaj/area/taisen/gotouda.html, 外務省, "內閣總理大臣その他の國務大臣による靖國神社公式參拜に關する後藤田內閣官房長官談話" (검색일: 2020.9.15).

III. 야스쿠니 공식참배에 대한 소송문제

앞에서 살펴본 바와 같이 야스쿠니신사는 패전 후 사실상 국가종교로서의 특권을 상실했지만 전후에도 야스쿠니신사를 국가가 관리해야 한다는 주장은 지속되었다. 때문에 1969년에 발표한 자민당 법안인 '야스쿠니신사법안'[26]이 국회에 5번이나 안건으로 올라왔다. 그러나 결국 이 법안은 폐안이 되었는데, 심지어 1974년의 법안은 중의원에서 강행하여 가결된 법안을 참의원이 '양식의 부(良識の府)'[27]를 발휘한다는 취지 아래 폐지시켰다. 그리고 야스쿠니신사의 국가 관리가 실현 불가능하게 되면서 나오게 된 것이 공식참배였다. 1975년부터 등장한 '표경법안(表敬法案)'부터 시작하여 천황이나 총리의 공식참배를 주장하는 의견은 단계적으로 야스쿠니신사의 국가 관리를 도모하고자 하는 정치적 수단에서 등장한 것이다. 이러한 과정에서 야스쿠니신사 참배문제는 1975년 8월 15일 미키 총리의 참배 이후 표면화되어, 1978년 후쿠다 총리의 참배부터는 〈표 2〉에 나타난 것과 같이 정부 통일 견해를 내놓게 되었다.

먼저 1978년의 정부견해에서는 후쿠다 총리가 공용차를 이용한 점과 방명록에 직위를 써넣었다는 점 등은 개인의 입장을 벗어난 것은 아니라는 전제하에 "지난번 참배에서는 개인의 입장으로 참배한다는 것을 국민 앞에서 명확하게 하였으며, 공적인 입장에서의 참배라는 오해를 받

---

[26] 1969년 6월 30일 자민당이 중의원에 제출한 「靖國神社法案」(第61回國會衆法第53號). 야스쿠니신사로부터 종교성을 제외하고 내각총리대신의 감독하에 두면서 그 의식 행사 등의 업무에 필요한 경비의 일부를 국비로 부담하자는 취지의 법안.

[27] 良識의 府는 참의원의 별칭으로 중의원에 비해 해산이 없이 임기가 6년으로 길기 때문에 보다 공평한 논의가 가능하다는 의미에서 붙여짐.

〈표 2〉 총리 및 국무대신의 야스쿠니 참배에 대한 정부 견해[28]

날짜	정부 견해	발표자
1978년 10월 17일	내각총리대신 등 야스쿠니신사 참배에 대한 정부 통일 견해	참의원 내각위원회에서 아베 내각 관방장관 답변
1980년 11월 17일	국무대신의 야스쿠니신사 참배문제에 대한 정부 통일 견해	중의원의원 운영위원회 이사회의 미야자와 내각관방장관의 설명
1985년 8월 14일	내각총리대신 외 국무대신의 야스쿠니신사 공식참배에 대하여	후지나미 내각관방장관 담화
1985년 8월 20일	1980년 11월 17일 정부통일견해의 변경에 관한 정부 견해	중의원 내각위원회에서 후지나미 내각관방장관의 설명
1986년 8월 14일	내각총리대신의 야스쿠니신사 공식참배 보류에 대하여	고토다 내각관방장관 담화

지 않도록 배려하였고, 또한 당연히 공물은 사비로 지불하였다"고 단언하면서 공식참배가 아님을 명백히 하였다. 그러나 1979년 4월 19일에 A급 전범자가 야스쿠니신사에 합사된 사실이 신문에 보도되자, 야스쿠니신사 참배문제는 사회적인 이슈가 되었으며, 이에 다음 해 11월 17일에 열린 중의원 의원 운영위원회 이사회에서 미야자와 내각관방장관은 다음과 같이 정부 통일 견해를 발표하였다.

정부는 종래부터 내각총리대신 및 기타 국무대신이 국무대신의 자격으로 야스쿠니신사에 참배하는 것은 헌법 제20조 제3항과의 관계에서 문제가 있다는 입장으로 일관해 오고 있다. 위와 같은 문제가 있다는 의미는, 이러한 참배가 합헌인가 위헌인가에 대해서는 다양한 의견이 있기 때문에

---

[28] https://www.kantei.go.jp/jp/singi/tuitou/dai2/gijisidai2.html, 追悼·平和祈念のための記念碑等施設の在り方を考える懇談會(第2回)議事次第, 2013.2.1. 개최(검색일: 2020.10.19).

정부는 위헌이라고도 합헌이라고도 단정하고 있지 않지만, 이러한 참배가 위헌이 아니냐는 의심 또한 부정할 수 없다는 것이다. 그래서 정부는 종래부터의 특성상 신중한 입장을 취하고, 국무대신 자격으로 야스쿠니신사에 참배하는 것은 삼가는 것을 일관된 정책으로 삼아 왔던 것이다.[29]

이는 정부로서는 총리는 물론 국무대신 등이 야스쿠니신사를 국무대신 자격으로 참배하는 것을 삼간다는 내용을 발표하고 있지만, 1985년 나카소네 총리의 참배에 맞추어서 발표한 정부통일견해에서는 "참배의 목적은 어디까지나 조국과 동포 등을 지키기 위해 숭고한 목숨을 바친 전몰자를 추도하는 것으로, 그것은 더불어 우리나라와 세계의 평화에 대한 결의를 새롭게 하는 것이기도 하다"고 말하고 있다. 그러나 앞의 1980년 11월 17일의 정부통일견해를 언급하면서 이번에 「각료의 야스쿠니신사 참배문제에 관한 간담회」 보고서를 참고로 신중히 검토한 결과, 이와 같은 방식에 따른다면 공식참배를 하더라도 사회 통념상 헌법이 금지하는 종교적 활동에 해당하지 않는다고 판단했다. 따라서 이번 공식참배의 실시는 그 한도 내에서 기존의 정부통일견해를 변경하는 것"이라고 단정했다.[30] 그리고 나카소네 총리가 공식참배를 하고 난 8월 20일에 중의원 내각위원회에서 후지나미 내각관방장관이 "1980년

---

29 https://dl.ndl.go.jp/info:ndljp/pid/999337(검색일: 2020.10.20), 國立國會圖書館 調査立法考査局, 2007, 『新編靖國神社問題資料集』, 第四期 昭和五〇(一九七五)年から平成一二(二〇〇〇)年まで. (一)判決, 質問主意書·答弁書, 政府見解·談話 等. 【482】, 570쪽.

30 https://dl.ndl.go.jp/info:ndljp/pid/999337(검색일: 2020.10.20), 國立國會圖書館 調査立法考査局, 2007, 위의 책, (一)判決, 質問主意書·答弁書, 政府見解·談話 等.【487】, 573쪽.

11월 17일 정부통일견해의 변화에 관한 정부견해를 다음과 같이 발표했다.

> 정부는 기존 내각총리대신 기타 국무대신이 국무대신 자격으로 야스쿠니신사에 참배하는 것에 대해서는 헌법 제20조 제3항의 규정과 관련하여 위헌이 아니냐는 의심을 부정할 수 없기 때문에 삼가기로 했다. 이번 「각료의 야스쿠니신사 참배문제에 관한 간담회」에서 보고서가 제출되어 정부는 이를 참고로 예의 검토한 결과, 내각총리대신 기타 국무대신이 국무대신 자격으로 전몰자에 대한 추모를 목적으로 야스쿠니신사의 본전 또는 신사 앞(社頭)에서 절하는 방식으로 참배하는 것은 동항의 규정에 위반 혐의가 없다는 판단에 이르렀기 때문에 이러한 참배는 삼가야 할 필요가 없다는 결론을 얻어 1980년 11월 17일의 정부통일견해를 여기에 한하여 변경했다.[31]

이와 같이 일본 정부가 야스쿠니신사 참배에 대한 통일견해를 바꾼 이유는 야스쿠니 문제의 본질이 일본 정부가 신사와 어떤 관계를 갖는 것인가에 관한 것이기 때문이다. 아시아·태평양전쟁에서 일본이 패전할 때까지 보통의 종교단체는 교육부, 신사는 내무성 소관이었다. 원래 메이지 정부에 의해 창건된 야스쿠니신사는 당시 육해군성 공동 소관의 국영 신사로 전쟁이나 사변마다 번창하여 계속 전몰자 합사제를 지내왔다. 그런데 일본의 패전으로 인해 진주한 연합국총사령부는 이른바

---

[31] https://dl.ndl.go.jp/info:ndljp/pid/999337(검색일: 2020.10.20), 國立國會圖書館 調査立法考査局, 2007, 위의 책, (一)判決, 質問主意書·答弁書, 政府見解·談話 等.【488】, 573쪽.

신도 지령을 발하고 국가와 신사·신도와의 관계를 끊고 다른 종교단체-불교, 기독교, 교파 신도 등-에도 엄격한 정교분리정책을 추진했다. 특히 야스쿠니신사는 군국주의적인 신사로 호국 신사, 초혼사(招魂社)와 함께 엄격한 감시하에 두고, 점령 기간 동안 국유지의 처분에 대해서도 적용 대상에서 제외하는 등 확실한 정책을 취하고자 했다. 그 일환으로 일본은 점령 시기에 제정된 일본국헌법 제20조와 제89조[32] 등에 따라 엄격한 정교분리의 원칙을 고수하고 있다. 야스쿠니신사 문제는 사실은 여기에서 시작된다. 즉 헌법에 따라 국가는 종교 법인이나 야스쿠니신사에 공금을 지출할 수 없으며, 야스쿠니신사에 특별한 지위를 부여할 수 없다. 한편 야스쿠니신사와 많은 유족들은 야스쿠니신사는 보통의 신사가 아니라 나라를 위해 목숨을 바친 전몰자를 신으로 합사한 장소이기에 당연히 국가가 보살펴야 한다는 것이다. 이러한 상황에서 다양한 야스쿠니신사 문제가 발생하는 것이다.[33]

이와 같이 야스쿠니신사 문제가 대두되는 상황에서 1985년 8월 15일에 나카소네 총리는 공용차로 야스쿠니신사에 가서 "내각총리대신 나카소네 야스히로"라고 기재하고, 본전에서 내각관방장관 등과 함께 내진을 향해 묵도(默禱)한 후 고개 숙여 인사하고 퇴장했다. 이때, 헌화료 명목으로 공비에서 3만 엔을 지출하고, 참배한 후에 "내각총리대신

---

32 헌법 제20조는 종교의 자유를, 제89조는 정교분리 원칙을 규정하고 있다.
第20條 信教の自由は、何人に對してもこれを保障する。いかなる宗教團體も、國から特權を受け、又は政治上の權力を行使してはならない。
2 何人も、宗教上の行爲、祝典、儀式又は行事に参加することを强制されない。
3 國及びその機關は、宗教教育その他いかなる宗教的活動もしてはならない。
33 https://dl.ndl.go.jp/info:ndljp/pid/999337, 國立國會圖書館調查及立法考查局, 2007, 앞의 책, 15-16쪽.

자격으로 참배했다", "이른바 공식참배이다"라고 명확히 밝혔다. 이에 대해 오사카, 히메지, 후쿠오카에서 야스쿠니신사에 합사된 전몰자의 유족들이 공식참배는 헌법의 정교분리에 위반한다는 이유로 소송을 제기했다. 각지의 소송은 공식참배의 정교분리위반(위헌성)을 주장한 소송이었지만, 종교의 자유, 종교적 프라이버시권, 평화적 생존권이 침해되었다는 이유로 국가배상 및 전 총리를 상대로 손해배상을 청구했던 것이다.

나카소네 총리의 신사참배 소송은 1989~1992년까지 전개되었다. 그 전에도 종교의 자유, 정교분리를 둘러싼 소송은 끊이지 않았는데, 특히 에히메 공물비용소송(愛媛玉串料訴訟)이 주목을 받았다. 에히메 공물비용소송은 1981~1986년 사이 야스쿠니신사가 주재하는 행사인 '예대제(例大祭)'와 '미타마마쓰리(みたま祭, 영령제)'에 공물과 헌등의 명목으로 공금을 지출한 것에 대해, 주민들이 헌법 제20조와 제89조를 위반한 행위라고 주장하며 현지사 등을 상대로 지출상당액분에 대한 손해배상을 요구한 재판이다. 에히메 소송에 대한 제1심인 마쓰야마 지방법원(松山地裁)의 판결(1989.3.17)은 현지사가 야스쿠니신사에 지출한 공물비용에 대해 위헌 판결을 내렸다. 그러나 제2심인 다카마쓰 고등법원(高松高裁, 1992.5.12)에서는 제1심을 뒤집는 판결이 나와 1997년에 원고가 상고를 하여 최고재판까지 진행하였다. 결국, 최고심의 판결(大法廷, 1997.4.2)은 공물비용 지출의 주관적 의도와는 별도로 야스쿠니신사의 제신 그 자체에 대해 경외·존숭의 뜻이 드러나지 않는다고 볼 수 없다고 판단하고 있다.[34] 즉, 공물비용의 지출은 경제적인 의미를 따로 한다고 해도

---

34 https://dl.ndl.go.jp/info:ndljp/pid/999337(검색일: 2020.10.20), 國立國會圖書館

정신적 측면에서 보면 '상징적' 역할의 결과로 야스쿠니신사의 종교 활동을 원조, 조장, 촉진하는 효과를 가지는 것이라고 할 수 있다는 것이다.

그러나 나카소네 총리의 야스쿠니신사 참배의 원심인 오사카 지방법원 판결(大阪地裁判決, 1989.11.9), 후쿠오카 지방법원 판결(福岡地裁判決, 1989.12.14), 고베 지방법원 히메지 지부판결(神戶地裁姬路支部判決, 1990.3.29)은 공식참배에 대해 헌법 판단을 하지 않고 원고들의 주장인 종교 자유의 침해가 아닌 것, 그 나머지는 권리 보호의 대상이 되지 않는다는 이유로 청구를 기각했다. 그리고 이 재판에 대해 원고 측은 항소하여 1992년부터 5년에 걸쳐 항소심 판결이 선고되었다. 그 내용을 살펴보면 〈표 3〉과 같다.

〈표 3〉에 나타난 3개 고등법원 판결에서 오사카 야스쿠니소송의 고등법원판결은 공식참배에 대한 일정 정도의 헌법 판단을 하고 있다. 즉, 판결에서 "야스쿠니신사 참배 행위는 외형적·객관적으로 종교 활동이라는 성격을 부인할 수 없는 점, 공식참배는 국민적 합의를 얻지 않았다는 점, 공식참배가 내외에 미치는 영향이 매우 크다는 점, 앞으로도 지속적으로 공식참배를 계획하여 이루어진 점 등으로부터 즉시 본건 공식참배가 헌법 제20조 3항, 제89조를 위반한다고까지 단정하기는 어렵지만, 그 행해진 장소 … 일반인에 미치는 효과, 영향, 기타 제반 사정을 종합하여 사회 통념에 따라 감안할 때, 헌법 제20조 3항 소정의 종교적 활동에 해당하는 의혹이 강하고 공비 지출을 수반한 본건은 헌법 제20조 3항,

---

調查立法考查局, 2007, 위의 책, (一)判決, 質問主意書·答弁書, 政府見解·談話等. 【496】, 581-584쪽.

〈표 3〉 나카소네 총리의 공식참배 소송에 대한 고등법원 판결[35]

날짜	소송 명칭 및 장소	내용
1992.2.28	규슈 야스쿠니소송 (九州靖國訴訟) 후쿠오카 고등법원 판결 (福岡高裁判決)	• 국가 또는 그 기관의 종교 활동도 헌법이 보장하는 종교의 자유를 직접 침해하지 않는 한, 사인(私人)에 대한 관계에서 당연히 불법으로 평가되는 것은 아니다. • 위의 정교 분리 규정에 의하여 사인(私人)이 받는 혜택은 국가 배상법에 의해 보호되는 사인(私人)의 법적 이익이라고 할 수도 없다. • 정부 자신이 종교적 행위가 아니라고 설명하고 실시하고 일회성으로 이후의 행위를 하지 않는다는 등의 사정을 밝히면 국가가 야스쿠니 신앙을 공인했다고는 할 수 없다.
1992.7.30	오사카 야스쿠니소송 (大阪靖國訴訟) 오사카 고등법원 판결 (大阪高裁判決)	• 국가 기관이…정교 분리에 위반하는 행위를 하더라도 그것만으로 바로 국민 개인이 특정 종교를 강요하여 신앙의 자유에 대한 국민 개인의 구체적인 권리·이익이 침해된 것으로 인정하기 어려우며, 가령, 본건 공식참배가 헌법의 상기 각 규정을 위반하더라도 항소한 유족들은 본건 공식참배에 의해 법률상 보호받는 구체적인 권리 내지 이익의 침해를 받지 않았으며, 또한 위자료로 구제해야 할 손해를 입지 않았다.
1993.3.18	하리마 야스쿠니소송 (播磨靖國訴訟) 오사카 고등법원 판결 (大阪高裁判決)	• 본건 공식참배가 원고들에 대하여 직접 그 종교적 신념에 강제적으로 간섭을 하고, 공소인들의 종교의 자유를 침해하는 것이라고는 할 수 없다. • 정교분리 등에 관한 규정은 "국가와 종교의 분리를 제도상 보장하는 것을 직접 목적으로 하는 것이며, 그 결과로서 사인(私人)의 종교의 자유가 간접적으로 확보될 수는 있지만, 사인(私人)의 법적 이익을 직접 보장·승인하는 것은 아니다."

35 福岡地裁平成元年12月14日判時1336號81頁·判夕715號79頁, 福岡高判平成4年
2月28日訟月38卷12號2515頁·判時1426號85頁(九州), 大阪地判平成元年11月

제89조를 위반했다는 혐의가 있다고 해야 할 것이다"라고 설명하고 있다.[36] 그러나 이 판결 역시 원고들이 어떠한 권리나 이익에 침해를 받지 않았다는 인식을 하고 있기 때문에 공식참배의 합헌성에 혐의가 있지만 그 혐의에 대한 판단을 할 필요는 없다는 결론을 내린 것이다. 결국, 나카소네 총리의 야스쿠니신사 공식참배 소송은 모두 기각된 상태에서 일본에서는 이후에도 고이즈미 준이치로에 이어 아베 신조 전 총리들의 야스쿠니신사 공식참배 문제가 이어지게 된다. 그리고 이를 계기로 일본의 보수세력은 보수운동을 전개하면서 야스쿠니사관을 자리매김해 나가게 된다.

IV. 야스쿠니사관과 일본의 보수운동

1990년대 일본의 정치는 냉전의 붕괴라는 국제정세에서부터 자민당의 장기집권 붕괴와 같은 국내 상황의 변화에 이르기까지 전환기의 과정이었다. 먼저 냉전의 붕괴와 걸프전쟁의 발발로 인해 전후 오랫동안 논의가 터부시되었던 자위대의 PKO(Peacekeeping Operations) 활동 등 일본의 국제공헌이 활발하게 논의되기 시작했다. 무엇보다 1992년 5월에 실시한 중의원 선거에서 전후 장기정권을 유지하고 있던 자민당

9日判時1336號45頁・判夕715號79頁、大阪高判平成4年7月30日訟月39卷5號 827頁・判時1434號38頁・判夕789號94頁(大阪)、神戶地姬路支判平成2年3月 29日訟月36卷7號1141頁・判時1457號100頁、大阪高判平成5年3月18日訟月40卷 3號544頁・判時1457號98頁(播磨).

36 大阪地判平成元年11月9日判時1336號45頁・判夕715號79頁、大阪高判平成4年 7月30日訟月39卷5號827頁・判時1434號38頁・判夕789號94頁(大阪).

이 패배하고, 자민당의 부패와 파벌주의를 비판하면서 일본신당을 창당하여 승리한 호소카와 모리히로(細川護熙)가 등장했다. 그는 국민들의 정치개혁에 대한 기대를 받으며 55년체제 이후 최초의 비자민당 총리가 되어 '정치개혁정권'이라는 이름을 붙일 정도로 정치개혁을 최우선 과제로 삼았다. 그 가운데에서도 호소카와 총리의 역사인식은 당시 일본 사회에 큰 반향을 일으켰다. 그는 취임 후 첫 기자회견에서 "나 자신은 침략전쟁이며, 잘못된 전쟁이었다고 인식하고 있다."[37]고 말했을 뿐만 아니라, 소신을 표명하는 연설도 했다.

> … 그로부터 40년이 지나 우리나라는 지금 세계에서도 유수한 번영과 평화를 향유하는 나라가 될 수 있었습니다. 그것은 앞의 대전에서의 숭고한 희생 위에 쌓아 올린 것이며, 선배 세대 모두의 공적의 선물이라는 것을 잊어서는 안 될 것입니다. 우리는 이 기회에 세계를 향해 과거역사의 반성과 새로운 결의를 명확하게 하는 것이 중요하다고 생각합니다. 먼저 이 자리를 빌려 과거 우리나라의 침략행위나 식민지 지배 등이 많은 사람들에게 참기 어려운 고통과 슬픔을 초래한 것에 대해 다시 깊은 반성과 사과의 마음을 전함과 동시에, 이후 한층 세계평화를 위해 기여함으로써 우리들의 결의를 보여 드리고자 합니다.[38]

여기에서 호소카와 총리는 침략행위와 식민지 지배 등의 용어를 직접

---

37 『朝日新聞』, 1993年 8月 11日.
38 https://worldjpn.grips.ac.jp/documents/texts/pm/19930823.SWJ.html, データベース「世界と日本」(代表: 田中明彦), 日本政治・國際關係データベース, 政策研究大學院大學・東京大學東洋文化研究所, 第127回(特別會), 細川護熙內閣總理大臣演說(검색일: 2020.10.19).

사용하여 반성의 의지를 밝혔으며, 이러한 역사인식은 보수운동의 입장에서는 '정치적 위협'으로 인식되었다. 특히 나카소네 총리의 야스쿠니신사 공식참배 문제가 사회적인 이슈로 부상하면서 일본 보수세력의 긴장감은 더욱 고조되었다. 당시 보수세력을 리드한 보수단체였던 '일본을 지키는 국민회의(日本を守る國民會議)'는 1993년 3월에 호소카와 총리에게 전쟁에 관한 '침략발언' 철회를 요청하고, 다음 해인 1994년 4월에는 '종전 50주년 국민위원회(終戰50周年國民委員會)'를 결성하여 국회의 전쟁사죄결의 반대서명을 개시했다. 이뿐만 아니라 1995년 3월에는 사죄결의반대서명 506만 명을 모아 국회에 청원하면서 계속 긴급 집회를 가졌다. 따라서 같은 해 6월에 중의원에서는 사죄결의를 강행하여 가결하였으나 참의원에서 가결되지 못했다.[39] 이러한 운동을 전개한 '일본을 지키는 국민회의'는 1981년에 자위대를 중심으로 한 안전보장 문제와 애국심교육, 자주헌법 개정을 지향하며 '원호법제화실현국민회의(元號法制化實現國民會議)'를 개조하여 발족했다. 그리고 1997년에는 '일본을 지키는 회(日本を守る會, 1974년 설립)'와 통합하여 '일본회의(日本會議)'를 설립했다. 일본회의에는 '신사본청(神社本廳)'[40]을 포함한 수많은 종교단체가 참가하고 있다. 일본회의는 현재 임원을 비롯한 중앙본부 임원 약 400명과 47개현 본부 임원 약 3,100명이 있으며 종교색이 매우 강하다.[41] 그리고 현재까지도 약 35,000명의 회원을 가진 일본 보수우익의 최대 조직이며, 아베 총리가 추진하고 있는 집단적자위권 행사, 헌법개

---

39 http://www.nipponkaigi.org/activity/ayumi, "國民運動の步み", 일본회의(검색일: 2020.10.20).
40 신사본청은 伊勢神宮을 본산으로 하여 일본 각지의 신사를 포괄하는 종교법인이다.
41 http://www.nipponkaigi.org/about/yakuin(검색일: 2020.10.20), "役員名簿".

정 등을 적극적으로 지원하고 있다. 또한 '국기(國旗)·국가(國歌)법' 제정, 교육기본법개정 등 1990년대 후반 이래 일본 정부가 추진해 온 보수주의 법안들의 성립에 적극적으로 관여해 왔다. 특히 일본회의는 아베 정권의 우경화 흐름에 깊게 관련되어 있다. 아베 제2차, 제3차 내각의 각료 19명 중 8할 정도가 '일본회의 국회의원 간담회' 소속이며, '일본회의 지방의원 연맹' 소속 의원이 전체 정원의 40%를 넘는 현(縣)의회도 15개나 된다.[42]

이와 같이 기존의 보수단체뿐만 아니라 정치적인 상황에 대한 반동 작용으로 나타난 것이 '보수의원연맹'이다. 그 가운데 1993년 8월 23일 자민당의 '야스쿠니 관계 3협의회[43]'는 자민당 내 '역사검토위원회(歷史檢討委員會)'를 설치했다. 그리고 설치 목적에 대해 "호소카와 총리의 침략전쟁 발언이나 연립정부의 전쟁책임 사죄표명의 의도에 보이는 바와 같이, 전쟁에 대한 반성의 이름하에 일방적으로 자학적 역사관이 횡행하는 것을 간과할 수 없다"면서 "공정한 사실에 근거한 일본인 자신의 역사관 확립이 긴급한 과제"라고 밝히고 있다.[44] 이 역사검토위원회는 위원장에 야마나카 사다노리(山中貞則)를 세우고, 중의원·참의원 40명 정도로 구성하였고, 결성된 해 10월 15일에 도쿄대 교수 고보리 게이이치로(小堀桂一郎)를 초청하여 "敗戰國史觀을 衝く(패전국사관을 공격하다)"라

---

42 "日本最大の右派組織 日本會議を檢證," 『東京新聞』, 2014.7.31; 아베 2차 내각 각료의 소속 의원연맹 등의 상세한 분석은 俵義文, 2014, 「第二次安倍改造內閣のタカ派·極右的本質とその矛盾」, 『前衛』, 915號, 2014年 11月, 62쪽 참조.

43 함께 야스쿠니신사에 참배하는 국회의원회(みんなで靖國神社に參拜する國會議員の會), 유가족협의회(遺家族議員協議會), 영령에 보답하는 의원협의회(英靈にこたえる議員協議會).

44 『讀賣新聞』, 1983年 8月 23日.

는 주제로 제1회 토론위원회 개최를 시작으로 1995년 2월 26일까지 총 20회에 걸쳐 토론위원회를 진행했다. 토론위원회의 기본적인 주제는 '대동아전쟁을 어떻게 총괄할 것인가'를 바탕으로 하고 있으며, 토론위원회에서 다루어진 19개의 주제를 수록하여 1995년 8월 15일에 『大東亞戰爭の總括(대동아전쟁 총괄)』이라는 책을 출판했다.[45] 그리고 책의 목록을 보면, '제1부 대동아전쟁으로 이어지게 된 경위, 제2부 대동아전쟁 종결과 아시아, 제3부 점령과 도쿄재판, 제4부 종전 50년을 구획으로'라는 제목으로 나누어져 있는데, 주요한 내용은 아시아·태평양전쟁이 자위전쟁이었다는 것과 패전 이후 도쿄전범재판으로 인해 일본이 자학사관을 가지게 되었기 때문에 이를 극복해야 한다는 것이다.

그 가운데 제1부 나카무라 아키라(中村粲)의 '大東亞戰爭はなぜ起こったのか(대동아전쟁은 왜 일어났는가)'에서는 "대동아전쟁은 일미40년의 확집이 극점에 달한 것으로 일본의 대륙정책과 미국의 극동정책의 불일치에서 발생했다"라고 설명하고 있다. 그리고 일본 대륙정책의 기본은 만주 특히, 남만주에서 북지(중국)에 대한 특수권익을 인정받아, 일본·만주·중국을 기축으로 하는 공존공영의 동아를 만들고자 했다고 말하고 있다.[46] 그리고 강연의 마무리 부분에서 "구미인은 침략을 해도 사죄하지 않지만, 일본은 침략으로부터 아시아를 지키고 해방하기 위해 싸운 것입니다. 이 전쟁을 완수하기 위한 사투에서 아시아의 동포에게도 많은 고통을 주었습니다만, 그것은 그들을 해방하기 위한 것이었습니다. 이기적인 침략을 한 백인들조차도 사죄하지 않는데 침략을 막기 위

---

45 歷史檢討委員會編, 1995, 『大東亞戰爭の總括』, 444쪽.
46 歷史檢討委員會編, 1995, 위의 책, 46-47쪽.

해 싸운 일본만이 왜 사죄해야 하는 것일까요? 우리가 아시아 해방을 위하여 사투한 것을 자랑스럽게 생각하는 것이 왜 안되는 것일까요? 비굴하게 사죄하면 그 공적이 사라지고 배은망덕한 비난만 더욱 유발할 것입니다"라고 설명하면서, 아시아·태평양전쟁이 아시아 해방을 위한 전쟁이었음을 선포했다. 이러한 역사인식은 다시 도쿄재판이 승자가 죄를 뒤집어씌운 것이며 샌프란시스코강화조약으로 인해 일본은 독립했기 때문에 죄도 모두 사라졌다는 논리로 전개되었다.[47] 이러한 역사관은 야스쿠니신사의 역사관 이른바 '야스쿠니사관(靖國史觀)'과 맥락을 같이 한다. 야스쿠니신사 유슈칸(靖國神社遊就館)의 전시실 15 '大東亞戰爭の壁(대동아전쟁의 벽)'에는 '제2차 세계대전 후 각국의 독립'이라는 제목으로 아시아, 아프리카의 큰 지도를 걸어놓고 "일러전쟁의 승리는 세계, 특히 아시아인들에게 독립의 꿈을 주었기 때문에 많은 선각자가 독립, 근대화의 모범으로 일본을 방문했다. 그러나 제1차 세계대전이 끝나도 아시아 민족에게 독립의 길은 열리지 않았다. 아시아의 독립이 현실이 된 것은 대동아전쟁에서 일본군에 의한 식민지 권력 타도 이후였다"[48]라고 설명하는 문맥은 앞의 연사들이 주장하는 내용과 매우 흡사하다. 이와 같이 야스쿠니사관과 더불어 자학사관과 관련해서는 제4부 고보리 게이이치로가 "敗戰國史觀を衝く(패전국사관을 공격하다)"에서 '도쿄재판사관'을 극복해야 한다고 주장하면서 다음과 같이 말하고 있다.

'도쿄재판사관'을 한 번 더 반복해서 요약하면 "1928년 이후 일본의 대외

---

47 歷史檢討委員會編, 1995, 위의 책, 66쪽.
48 靖國神社遊就館의 展示室15, 大東亞戰爭の壁, 「第二次世界大戰後の各國獨立」.

정책·외교방침은 한마디로 침략적이며 도의에 어긋나는 행위이다. 무력행사를 발동했을 때에는 항상 국제법에서 말하는 전쟁범죄를 수반하고 있었다"고 보는 역사관입니다만, 이 역사관은 보통교육-초등·중등교육-에서 교육방침, 그중에서도 교과서의 편찬, 기술 방침을 완전히 지배했습니다. '도쿄재판사관'이 교육계를 지배한 것은 옛날 일로 1949년, 50년 정도가 아니었을까라고 추측하고 있습니다. 이른바 일교조(일본교직원조합)가 교육계를 지배해 간 추세와 거의 병행하고 있습니다. 교과서 작성의 가이드라인인 '학습지도요령'이라는 문서가 일교조의 교묘한 침투에 의해 그들의 생각대로 책정되는 방식으로 이러한 경향이 진행되었습니다.[49]

즉, 고보리 교수는 '도쿄재판사관'의 문제는 교육에서 지배적으로 가르치고 있기 때문이라고 말하면서 이 역사관을 극복하기 위해서는 교과서를 바르게 하는 것이 돌아가는 방법 같지만 가장 필요한 왕도라고 인식하면서 '교과서정상화국민회의(敎科書正常化國民會議)'[50]라는 단체를 만들어 교과서의 편향시정운동에 착수했다고 선언했다. 이와 같이 토론위원회의 참석자들은 호소카와 총리의 발언이 나오게 된 배경으로 일본의 교육문제, 자학사관을 담고 있는 역사교과서 문제, 매스컴문제 등을 지적했으며 일본인의 역사인식을 바꾸기 위한 움직임이 필요하다고 주장했다. 이뿐만 아니라, 호소카와 총리의 발언에 대해 "유족의 마음이

---

49 歷史檢討委員會編, 1995, 앞의 책, 328-329쪽.
50 1983년 우익과 일본보수세력이 결집하여 만든 단체로 이후에 '敎科書正常化國民會議'에 소속한 '日本を守る國民會議(일본을 지키는 국민회의)'는 차세대를 짊어질 청소년을 위하여 정확한 일본사교과서를 만들겠다고 선언하고, 1985년 9월에 『新編日本史』(原書房)를 만들어 검정을 신청했으며, 문부성은 다음 해 5월에 800곳에 대한 검정의견을 첨부하여 합격시켰다.

라든가 배상금을 내야 하는 손실 이상으로 추상적·일반적으로 그러한 공적인 사죄발언은 일본인의 역사인식·역사감각에 대해 총체적인 도전이라고 생각하기 때문에 '사상적인 범죄'라고 말할 수 있다"고까지 공격했다.[51]

역사검토위원회의 토론위원회에 참가한 의원들은 위에서 살펴본 바와 같이 의견 교류와 공유가 이뤄지자, 현재의 문제를 정상화하자는 움직임에 대한 필요성도 제기했다. 그 가운데 주목할 만한 정책적 움직임이 바로 연립여당이 추진하던 '종전 50주년 결의, 부전결의'에 대한 '반대'이다. 호소카와 총리와 하타 쓰토무(羽田孜) 정권에 이어 자민당·사회당·신당사키가케(新黨さきがけ)의 연립정부인 무라야마 도미이치(村山富市) 정권은 호소카와의 역사인식을 이어 갔다. 그리고 1995년에는 '종전 50주년'을 기점으로 해서 이전의 전쟁을 총괄하자는 움직임이 활발하게 이루어졌다. 그 일환으로 '부전결의안'이 제창되었던 것이다. 처음에는 일본사회당이 결의초안을 제출하였으나 자유민주당의 반발로 인해 표현을 수정하여 '역사를 교훈으로 평화에 대한 결의를 새롭게 하는 결의(歷史を敎訓に平和への決意を新たにする決議)'의 수정안을 제출했다. 그러나 결의 자체에 반발하는 의원이 많아 가결할 수 없었다. 이에 1995년 6월 9일 중의원 본회의에서 일본사회당 야마모토 유지(山本有二)가 다음과 같은 의결안의 긴급동의를 제출하여 '역사를 교훈으로 평화에 대한 결의를 새롭게 하는 결의(歷史を敎訓に平和への決意を新たにする決議)' 일명 부전결의안을 의제로 삼았다.

---

51 歷史檢討委員會編, 1995, '日本人の歷史認識-細川首相の「侵略發言」をめぐって', 『大東亞戰爭の總括』, 131쪽.

본 의회는 전쟁이 끝난 지 50년이 지나, 전 세계의 전몰자 및 전쟁에 의한 희생자들에게 애도의 뜻을 표한다. 또한, 세계의 근대역사에서 많은 식민지지배와 침략행위를 회고하고, 일본이 과거에 저지른 이러한 행위와 다른 나라 사람들, 특히 아시아 인민들에게 가한 고통을 인정하고 깊은 반성의 마음을 표명한다. 우리는 과거 전쟁의 역사적 관점의 차이를 넘어 겸손하게 역사의 교훈을 배우고 평화로운 국제사회를 건설해야 한다. 본 의회는 일본 헌법이 내걸고 있는 항구적인 평화이념 아래 세계 각국과 손을 잡고 인류 공생의 미래를 열어 가겠다는 결의를 여기에서 표명한다. 위를 결의한다.[52]

결국, 이 부전결의안은 중의원 의원 502명 중 251명이 출석한 상태에서 230명이 찬성하여 가결되었다. 이 결의안에 대해서도 역사검토위원회에서는 맹비난이 쏟아졌다. 특히 제10회 토론위원회에 초청된 평론가 다나카 마사아키(田中正明)는 '난징대학살의 허구(南京大虐殺の虛構)'라는 주제로 강연하면서 부전결의안이 통과되기도 전임에도 불구하고 강력하게 반대를 부탁했다. 그는 "내년이 50주년입니다만, 이때 국회결의만은 절대 반대해 주시기 바랍니다. 절대 해서는 안 됩니다. 첫째는 역사를 정치가 단죄해서는 안 되는 것이며, 둘째는 국회결의 등이 이루어지면 이는 일본 민족이 영원히 국제적 전과자가 되어 머리를 들 수 없게 됩니다. 외교상의 결정적인 실점이 됩니다. 셋째는 자라나고 있는 청소년들의 교육에 어떤 영향을 미칠지, 조국 일본에 대해 자부심 같은 것을 전혀 가질 수 없게 되는 것입니다"라고 이유를 붙여 반대할 것을 간곡히

---

52 https://kokkai.ndl.go.jp/#/detail?minId=113205254X03519950609&current=1, 第132回國會 衆議院 本會議 第35號 平成7年6月9日(검색일: 2020.10.24).

요청했다.[53] 그리고 오하라 야스오(大原安男) 국학원대학원 교수는 '종전 50주년을 생각한다(終戰五十年を考える)'라는 제목의 강연에서 "이 건에 대해 우리들은 결의가 이루어질 수 없도록 국민적인 서명활동을 하면서, 다른 한편으로 도도부현의 의회에서 다른 결의를 하는 국민운동을 진행하고 있습니다. 그 제목은 '전몰자에게 추도와 감사의 뜻을 표하고, 항구평화의 건설을 맹세하는 결의(戰沒者に追悼と感謝に意を表し, 恒久平和の建設を誓う決議)'입니다"라고 밝혔다.[54] 이후로도 역사검토위원회에서 부전결의안 반대에 대한 의견은 이어졌다.

이런 논의가 있고 난 후, 참가 의원들은 역사검토위원회 활동을 마칠 즈음인 1995년 1월 31일에 부전결의안 반대의 뜻을 같이 하는 의원들 143명을 모아 '종전 50주년 국회의원연맹(終戰五十周年國會議員連盟)'을 결성했다. 의원연맹 회장은 역사검토위원회 고문이었던 오쿠노 세이스케(奧野誠亮) 의원이 맡았다. 이 국회의원연맹은 "오늘날의 평화와 번영은 오로지 쇼와의 국난에 직면하여 일본의 자존자위와 아시아의 평화를 염원하면서 숭고한 생명을 바친 전몰자 200만여 명의 초석 위에 구축되었다는 것을 잊을 수 없습니다. … 우리들은 앞의 전쟁(先の大戰)과 전후 50년의 우리나라의 발자취를 뒤돌아보며 공정한 역사인식과 자부심을 가지고 내외의 전환기에 대처하여 세계에서 우리나라가 해야 할 사명을 명심하는 것이 국정에 부여한 책무라고 통감합니다"라고 결성의 취지를 밝혔다.[55] 그리고 같은 해 4월 13일에 총회를 열어 국회의원연맹의 결성

53　歷史檢討委員會編, 1995, 앞의 책, 268쪽.
54　歷史檢討委員會編, 1995, 위의 책, 382쪽.
55　日本會議, 1995.1, 「'終戰五十周年國會議員連盟'が發足」, 『日本の息吹』, 第86號, 15쪽.

취지로부터 반성이나 사죄 그리고 부전결의는 인정할 수 없으며, 반성의 이름으로 일방적으로 일본의 책임을 판단하는 것은 인정할 수 없다고 선언하면서, 점령정책 및 좌익세력에 의해 왜곡된 자학적 역사인식을 바로 잡겠다는 활동방침을 정했다.[56] 이후에도 국회의 보수의원들은 역사인식, 역사교육, 야스쿠니 문제 등을 둘러싼 문제에 대해 조직적으로 대처하기 위해 다양한 의원연맹을 결성했다. 이후 1990년대에 결성된 국회의원연맹은 〈표 4〉와 같다.

보수운동을 전개하는 단체는 이러한 의원연맹을 지지하면서 협력체제를 유지하고자 했다. 특히 앞에서 언급한 '종전 50주년 국민위원회'는 부전결의 반대 서명운동을 전개하는 과정에서 '종전 50주년 국회의원연맹'이 결성되었기 때문에 400만 명 이상의 서명과 각 현 의회에서 전몰자에 대한 추도·감사 결의가 가결될 수 있었다고 평가했다.[57] 그리고 〈표 4〉에 나타난 보수의원연맹들은 '일본회의(日本會議)'로 통합되어, 메이지(明治)·다이쇼(大正)·쇼와(昭和)의 원호법제화를 현실화하자는 운동을 비롯하여, 쇼와천황(昭和天皇) 재임 60년과 헤이세이천황 즉위 등 황실의 경사를 축하하는 봉축운동, 교육의 정상화와 역사교과서의 편찬사업, 종전 50년 전몰자 추도행사와 아시아공생의 축전 개최, 자위대 PKO활동지원, 전통에 입각한 국가이념을 제창한 신헌법 제창 등 강력한 국민운동을 전개하면서 현재까지 일본의 보수화에 큰 영향을 미치고 있다.[58]

---

56 『朝日新聞』, 1994年 4月 14日.
57 日本會議, 1995.1, 앞의 글, 15쪽.
58 http://www.nipponkaigi.org/about, 일본회의(검색일: 2020.10.24).

〈표 4〉 1990년대에 결성된 일본 국회의원연맹

설립일	모임 명칭	설립 목적 및 특징
1993.8.23	역사검토위원회(歷史檢討委員會)	태평양전쟁 검토. 호소카와 총리의 "침략전쟁" 발언을 부정적인 입장에서 검토하는 자민당 의원연맹
1995.1.31	종전50주년 국회의원연맹(終戰五十周年國會議員連盟)	전후 50주년을 맞아 "반성"과 "사죄"가 포함된 부전결의에 반대하는 자민당 의원연맹
1995.2.21	올바른 역사를 전하는 국회의원연맹(正しい歷史を傳える國會議員連盟)	전후 50주년을 맞아 "반성"과 "사죄"가 포함된 부전결의에 반대하는 신진당 의원연맹
1996.6.4	밝은 일본 국회의원연맹("明るい日本"國會議員連盟)	역사교육 재검토와 중학교 역사교과서 "위안부 기술" 반대
1997.2.27	일본의 앞날과 역사교육을 생각하는 젊은 의원 모임(日本の前途と歷史敎育を考える若手議員の會)	역사교육의 이상적인 모습과 일본인으로서의 자긍심과 정체성과 관련된 역사교과서 기술 재검토 등을 목적으로 당시 5선 이하의 젊은 의원들이 결성
1997.4.2	함께 야스쿠니신사에 참배하는 국회의원모임(みんなで靖國神社に參拜する國會議員の會)	자민당과 신진당의 "야스쿠니신사 참배 의원연맹"이 통합한 야스쿠니신사 참배 초당파 의원연맹
1997.4.15	북한 납치 의혹 일본인 구출 의원연맹(北朝鮮拉致疑惑日本人救援議員連盟)	북한 공작원에 의한 일본인 납치 의혹을 밝히기 위한 초당파 의원연맹

V. 맺음말

1960년대까지 야스쿠니신사는 전몰자에 대한 추모는 국가·민족의 희생이라는 '순국' 성격과 전쟁의 비참함과 반전사상으로 이어지는 '평화'의 성격을 모두 가지고 있었다. 그러나 패전 후 30년이 지난 1960년대 후반부터 전쟁 체험이라는 공통의 기억이 사라지고 장년층과 전후 세대의 전쟁에 대한 인식의 차이가 드러나면서 전쟁 추모에 대한 의견 차이도 현저해졌다. 그 가운데 발생한 것이 나카소네 총리의 야스쿠니신사 공식참배였다. 나카소네 총리의 야스쿠니신사 공식참배로 인해 일본에서는 공식참배라는 행동 자체와 더불어 '야스쿠니 문제'에 대한 근본적인 논의가 시작되었다. 따라서 나카소네 총리가 야스쿠니신사를 공식 참배한 다음 해인 1986년에 본격적으로 공식참배 문제가 대두되었고, 각 신문에서는 "근린제국에 대한 배려"나 "야스쿠니와 국제사회" 등의 표현을 사용하면서 국내문제만이 아닌 국제적인 인식의 문제임을 드러냈다. 동시에 한국과 중국에서는 야스쿠니신사에 A급 전범이 합사된 이후로 야스쿠니신사에 대한 관심이 높아지면서 나카소네 총리의 공식참배 문제는 아시아·태평양전쟁의 피해자와 가해자의 입장을 대변하는 장이 되면서 국제적인 이슈가 되었다.

한편, 국내에서는 야스쿠니 문제의 본질이 일본 정부가 신사와 어떤 관계를 갖는 것인가에 관한 것이기 때문에 국제적인 비난에 대해 불편함을 드러냈다. 즉, 야스쿠니신사와 많은 유족들은 야스쿠니신사는 보통의 신사가 아니라 나라를 위해 목숨을 바친 전몰자를 신으로 합사한 장소이기에 당연히 국가가 보살펴야 하며 국내의 문제라고 한정한 것이다. 이러한 상황에서 야스쿠니신사 문제가 발생하는 것이며, 나카소네 총리의 공식참배는 1989~1992년에 걸쳐 소송으로까지 전개되었다. 소송의 결과는 원고들이 어떠한 권리나 이익에 침해를 받지 않았다는 인식을 하고 있기 때문에 공식참배의 합헌성에 혐의가 있음에도 불구하고, 그 혐의에 대한 판단을 할 필요는 없다는 이유로 기각되었다. 결국 나카소네 총리의 야스쿠니신사 공식참배 소송은 모두 기각된 상태에서 일본에서는 이후에도 고이즈미 준이치로와 아베 신조 전 총리의 야스쿠니신사 공식참배 문제가 대두되었다. 1980년대와 2000년대의 신사참배 논리는 약간의 차이는 있겠지만, 일본의 전후 정치의 탈각이라는 목표로 이어지는데, 자세한 논리에 대해서는 추후의 과제로 삼고자 한다.

　야스쿠니신사 소송이 전개된 1990년대 일본의 정치는 냉전의 붕괴라는 국제정세에서부터 자민당의 장기집권 붕괴와 같은 국내 상황의 변화에 이르기까지 전환기의 과정이었다. 여기에 호소카와, 하타, 무라야마 정권의 침략전쟁 인식과 사죄발언은 일본의 보수세력의 긴장감을 더욱 고조시켰다. 이를 계기로 일본의 보수의원들은 보수의원연맹을 조직하여 보수운동을 전개하면서 야스쿠니사관을 자리매김해 나가게 되었다. 그리고 다른 보수세력과 연대를 형성하여 보수운동과 강력한 국민운동을 전개하여 현재까지 일본의 보수화에 큰 영향을 미치고 있다.

참고문헌

赤澤史朗, 2005, 『靖國神社: せめぎあう戰沒者追悼のゆくえ』, 岩波書店.
_____, 2017, 『靖國神社-「殉國」と「平和」をめぐる戰後史』, 岩波現代文庫.
大江志乃夫, 1984, 『靖國神社』, 岩波書店.
大原康男, 1984, 『忠魂碑の硏究』, 曉書房.
大平正芳, 1977, 『風塵雜俎』, 鹿島出版會.
川口和也, 2006, 『歷史敎科書と靖國問題-日本·中國·韓國古代史ノート(シリーズ敎育直語)』, 批評社.
小熊英二, 2002, 『民主と愛國』, 新曜社.
小堀桂一郞, 1998, 『靖國神社と日本人』, PHP硏究所.
子安宣邦, 2004, 『國家と祭祀: 國家神道の現在』, 靑土社.
中曾根康弘, 2004, 『自省錄』, 新潮社.
日本會議, 1995, 『日本の息吹』, 第86號.
高橋哲哉, 2005, 『靖國問題』, 筑摩書房.
_____, 2005, 『國家と犧牲』, 日本放送出版協會.
村上重良, 1970, 『國家神道』, 岩波新書.
_____, 1974, 『慰靈と招魂-靖國の思想』, 岩波書店.
三土修平, 2005, 『靖國問題の原点』, 日本評論社.
歷史檢討委員會編, 1995, 『大東亞戰爭の總括』.
山本淨邦, 2010, 『國家と追悼-「靖國神社か, 國立追悼施設か」を超えて』, 社會評論社.

남상구, 2006, 「야스쿠니신사 합사 문제에 관한 고찰」, 『일본사상』 제10호.
_____, 2014, 「해방 후 한국인이 야스쿠니신사에 무단으로 합사된 경위」, 동북아역사재단 편, 『야스쿠니신사에 묻는다-야스쿠니신사 무단합사 철폐소송』, 동북아역사재단.

www.kantei.go.jp/jp/singi/tuitou/dai2/siryo1_6.pdf ("閣僚の靖國神社參拜問題に關する懇談會" 1985년 8월 9일 보고서).
https://kokkai.ndl.go.jp/#/detail?minId=110705254X00419860917&current=17 (國會議事錄).
https://www.mofa.go.jp/mofaj/area/taisen/gotouda.html (外務省, "內閣總理大臣

その他の國務大臣による靖國神社公式參拜に關する後藤田內閣官房長官談話").

https://www.kantei.go.jp/jp/singi/tuitou/dai2/gijisidai2.html (追悼·平和祈念のための記念碑等施設の在り方を考える懇談會(第2回)議事次第).

https://dl.ndl.go.jp/info:ndljp/pid/999337(검색일: 2020.10.20), 國立國會圖書館調查立法考查局, 『新編靖國神社問題資料集』, 第四期 昭和五〇(一九七五)年から平成一二(二〇〇〇)年まで. (一)判決, 質問主意書·答弁書, 政府見解·談話等.

https://worldjpn.grips.ac.jp/documents/texts/pm/19930823.SWJ.html (データベース「世界と日本」,(代表: 田中明彦), 日本政治·國際關係データベース).

http://www.nipponkaigi.org/activity/ayumi (일본회의).

福岡地裁平成元年12月14日判時1336號81頁·判夕715號79頁, 福岡高判平成4年2月28日訟月38卷12號2515頁·判時1426號85頁(九州), 大阪地判平成元年11月9日判時1336號45頁·判夕715號79頁, 大阪高判平成4年7月30日訟月39卷5號827頁·判時1434號38頁·判夕789號94頁(大阪), 神戶地姬路支判平成2年3月29日訟月36卷7號1141頁·判時1457號100頁, 大阪高判平成5年3月18日訟月40卷3號544頁·判時1457號98頁(播磨).

『朝日新聞』.

『每日新聞』.

『讀賣新聞』.

『東京新聞』.

제2장

일본 보수운동의 형성과 1980년대 교육개혁의 역사정치적 함의
- 나카소네의 리더십과 '전후 정치 총결산'

| 최은봉 ■ 이화여자대학교 정치외교학과 교수 |

I. 머리말: 나카소네 교육개혁의 양면성

II. 1980년대 나카소네 수상 리더십과 보수혁명

III. '전후 정치의 총결산'과 교육기본법 개정 논리의 상보성

IV. 신자유주의 보수운동과 교육개혁의 전개

V. 맺음말: 나카소네 교육개혁과 보수화의 유산

I. 머리말: 나카소네 교육개혁의 양면성

1980년대 냉전 데탕트기 일본은 포스트 전후 구상의 지평에 네오 내셔널리즘(국가주의, 민족주의)을 어떻게 가시화했는가? 1982~1987년에 재임한 나카소네 야스히로(中曾根康弘, 1918~2019년) 수상은 '전후 정치의 총결산'을 전개하며 네오 내셔널리즘과 보수운동의 틀을 형성했다. 이러한 문제의식하에 이 글은 1980년대 보수운동의 흐름 속에서 나카소네의 전후 정치 총결산의 구조적 프레임과 정책적 의미를 설명하고자 한다. 나카소네 수상은 '전후 정치 총결산'의 과정을 주도하며 데탕트기에 일본 국가 주권의 불완전성의 문제를 본격적으로 제기하고 국가와 시장 간의 관계를 일본 사회에서 새롭게 세우고자 했다. 이 글은 우선 '전후 정치 총결산'이 1980년대 글로벌 차원의 신자유주의 방식에 따라 규제완화의 시장중심적 개혁정책으로 표상되어 공적으로 논의된 점을 살핀다. 다음으로 교육개혁 분야에 있어서 총결산이 보수운동의 차원으로 구상되어 실용주의적 방식으로 전개된 정책과정을 추적하고 구체적으로 교육기본법 개정 시도의 역사적, 정치적 함의를 설명한다.

냉전 데탕트기의 조류 속에서 1980년대 당시 오일 쇼크를 겪은 선진국을 중심으로 신자유주의적 보수혁명이 글로벌하게 전개되었다.[1] 나카소네는 냉전 데탕트 구조와 신자유주의적 보수혁명을 일본의 맥락에 적용하여 내재화 하였다. 이 점을 중시하여 보면 나카소네는 대외적 환경

---

* 이 연구는 동북아역사재단 2020년도 기획연구사업(NAHF-2020-기획연구-20)의 지원을 받아 수행되었다.
** 이 글은 〈한일민족문제연구〉 39집, 47-84쪽에 수록된 논문을 수정·보완한 것이다.
1 토마 피케티 지음, 장경덕 옮김, 2013, 『21세기 자본』, 서울: 글항아리, 5쪽; 토마 피케티 지음, 안준범 옮김, 2020, 『자본과 이데올로기』, 서울: 문학동네.

을 국내 개혁의 동인으로 삼아 아웃사이드-인의 접근, 즉 외부 요인을 활용하여 내부 변화를 도출함으로써 반응형 효과를 추구했다. 나카소네는 1980년대 글로벌 보수혁명에 편승하여 기업가 유형의 변혁적 리더십을 발휘하며 수상-위원회 중심 거버넌스의 기반을 구축했다.[2] 이를 토대로 신자유주의적 교육개혁을 통해 국민 차원의 새로운 공동체 가치의 변용을 모색했다.[3] 교육개혁의 지향점은 전형적 발전국가의 압축형 고도성장이 초래한 사회적 백래시(backlash)인 고립적·폐쇄적 개인주의에 대응하여 국가 가치의 회복과 국가 역량의 강화를 강조하는 보수운동을 유도하는 것이었다. 교육개혁은 개인 및 공동체의 전통과의 관계를 중시하는 네오 내셔널리즘을 새롭게 제시했다. 신자유주의 교육개혁 및 교육기본법 개정, 그것과 연계된 헌법 개정 운동을 통해 전후 정치 총결산의 프레임 속에서 보수화의 다중 구조가 경로의존적으로 연계되었다.[4] 이러한 정책 방향의 형성은 한중일 상호인식의 간극을 확대시켰고 역사문제의 정치화를 추동했다.[5]

전후 한국과 일본의 상호인식의 변화과정에는 몇 차례의 전환점이 있

---

2 최희식, 2012, 「나카소네 야스히로의 정치리더십 연구: 내재화된 변혁적 리더십(Embedded Transformational Leadership)의 성과와 한계」, 『한국정치학회보』 46(5), 247-266쪽; 최희식, 2018, 「전후 일본 외교에서 나카소네 외교의 의미」, 『일본공간』 23, 251-278쪽.

3 이윤미, 2017, 「전후 일본교육개혁의 정치학: 동아시아교육발전모델의 실천적 측면」, 『비교교육연구』 24(1), 59-85쪽; 이윤미, 2015, 「동아시아 교육발전모델의 역사적 구조 탐색: 일본교육의 사례」, 『비교교육연구』 25(4), 235-264쪽.

4 박철희, 2011, 『자민당 정권과 전후 체제의 변용』, 서울: 서울대출판문화원; 박철희, 2015, 「일본정치 보수화의 삼중구조」, 『일본비평』 6(1), 70-97쪽; 이정환, 2015, 「장기불황, 구조개혁, 생활보수주의」, 『일본비평』 6(1), 99-123쪽.

5 이지원, 2014, 「일본의 우경화: 수정주의적 인식과 아베식 전후 체제」, 『경제와 사회』 101, 53-86쪽.

었다고 할 수 있는데 그러한 변환기 가운데서도 1980년대가 중대한 변곡점(critical juncture)이었다. 한국의 1980년대는 민주화를 향한 잠재적 변혁이 진행되던 시대였다. 일본의 1980년대는 '전후 정치의 총결산' 담론의 시대였고 다층적 개혁을 통해 '포스트 전후'를 지향하며 네오 내셔널리즘이 형성되던 시기였다. 한국과 일본 양국의 당시 역사적 경험의 내용은 상이하지만 국가정체성에 대해 재조명하며 국가와 사회 간 관계 변화를 기반으로 민주주의의 새로운 동학의 형성을 경험한 시기였다.[6] 냉전기 주권의 불완전성에 대해 평가적으로 진단하고, 정부 간 합의에 의한 1965년 국교정상화의 과정과 의미에 대한 재평가가 거론되었다. 전후 역사 다시보기와 되돌아보기의 다양한 관점과 행동이 구체성을 갖추고 제기되기 시작한 것이 바로 1980년대였다.

1980년대 나카소네의 '전후 정치의 총결산'의 어프로치는 역사인식에 있어서 갈등 문제를 쟁점화하고 나아가서 정치화시킴으로써 네오 내셔널리즘의 형성이라는 사회적 반향을 의도적으로 조성했다. 역사문제의 주체가 정부만이 아니라 민간을 포함하는 방향으로 다양화되었고, 정치와 경제의 디커플링, 안보와 역사의 분리 인식이 나타났다. 나카소네 수상의 야스쿠니신사 공식참배 등의 행위에서 드러나듯이 운동방식에 있어서는 회고적 국가관에 기반한 우익 사회운동세력의 선호 위주로 구현되어 갔다. 이에 따라 전후 정치 총결산의 포스트 전후 구상은 글로벌 자본주의 시장에 따르는 국제적 시점에서 설정하고 인접국과의 역사문제는 자국중심적 시점에서 접근하려고 했다. 이런 시도는 일본 관점의

---

6 동북아역사재단 한일역사문제연구소 편, 2020, 『일본의 국가 정체성과 동북아 국제관계』, 서울: 동북아역사재단; 한정선, 2013, 「일본에서 민주주의의 형성과 변화」, 『역사와 현실』 87, 105-131쪽.

편향성과 접근의 이중성을 심화시켜 한일 간 역사인식의 간극을 확대시키고 과거사 문제의 갈등을 첨예화시키는 역설적 결과를 가져왔다.

1980년대 일본이 시도했던 '총결산' 과정에서 드러난 역사문제 및 그와 연계된 해석과 인식의 갈등은 그 이후 한일관계의 저류에 중대 과제로 남겨졌다. 이것이 지속적으로 잠복하다가 양국이 대결하는 특정 상황이나 계기에, 그리고 국제정치의 마찰 요인으로 인한 구조적 긴장 국면이 조성될 때 분출하여 마찰이 재현되도록 하고 있다. 한일 간 인식과 역사문제의 기원을 논의하고자 할 때 가까운 과거로서 1980년대 데탕트기, 일본 '전후 정치의 총결산' 시대의 역사정치적 유산을 반드시 살펴보아야 하는 이유가 이러한 점에 있다.

1980년대 일본의 포스트 전후에 대한 미래 조망은 포용의 방향을 지향했고, 그것이 한일 간 인식에 긍정적 영향을 미친 점이 없는 것은 아니다. 경제 관계의 긴밀화를 넘어서서 문화를 포함하는 다차원의 교류와 지역이나 개인이 주체가 되는 협력의 접변 공간을 확보한 측면도 있음이 사실이다. 이처럼 1980년대 전후 정치의 총결산을 통해 추진된 일본의 정치, 경제, 사회 정책들은 다면성을 가지고 있다. 그 가운데서 나카소네 정권의 전후 정치 총결산의 맥락에서 추진된 교육개혁정책에 초점을 맞추어 가치의 변화에 따라 역사문제가 정치화되는 과정을 파악하는 일은 중요하다. 일본에서 1980년대는 네오 내셔널리즘을 내세운 보수 집단의 국가주의적 언설과 행동이 빈번하게 등장하기 시작한 시기이다. 이러한 보수화의 언동이 가시화되면서 한일 간 과거사 문제와 역사인식의 격차가 뚜렷하게 드러났다. 일본의 보수 집단은 상호의존성의 무기화 및 국내정치화를 도모하였고 이것이 이후 보수운동의 원형과 수정주의 역사관을 형성하는 데 지대한 영향을 미쳤다.

II. 1980년대 나카소네 수상 리더십과 보수혁명

일본의 정치에서 국정 리더의 정책기획자(policy entrepreneur-ship)로서의 역할이 중요하게 작용한다는 점을 고려할 때, 1980년대 나카소네 정권(1982~1987년) 시기의 나카소네 야스히로 수상의 리더십을 집중적으로 조명해 보는 것이 중요하다. 나카소네 수상 이전은 스즈키 젠코(鈴木善幸, 1981~1983년 재임) 수상이었고 그 후임은 다케시타 노보루(竹下登, 1987~1989년 재임) 수상이었다. 1980년대 일본의 정치를 이끈 지도자로서 연속성과 단절이라는 차원에서 스즈키-나카소네-다케시타 각 정권이 표명한 역사문제 및 관련 정책지향성이 종합적으로 고려되어야 한다. 그러나 1980년대의 일본의 정치는 '전후 정치의 총결산' 담론과 다차원의 개혁정책, 즉 헌법 개정, 행정개혁, 교육개혁 등을 주도한 나카소네 수상의 리더십 색채가 가장 강했다. 따라서 나카소네 수상 집권기의 신자유주의 경향의 개혁 시도를 서구사회의 보수혁명과 연관해서 중점적으로 살펴보는 것이 중요하다.

1. 나카소네 수상 리더십과 신자유주의 보수혁명

나카소네는 1980년대 데탕트기에 형성된 서구 사회에서의 신자유주의 '보수혁명'의 흐름을 일본에 유입하여 전후 정치 총결산 형성 프레임으로 활용한 정책 기획자이다. 나카소네는 1980년대 일본에서 전후 정치 총결산과 행정·재정개혁의 기치를 내걸고 약 5년간 내각을 이끈 정치가이자 일본 보수의 원류로 인식된다.[7] 1947년 정계에 입문하여 20회 연속 중의원에 당선되어 역대 최다 20선의 기록을 세웠다. 제71, 72,

73대 내각 총리대신으로 4년 11개월 재임했으며 전후 평화헌법의 개정 등 우경화 정책을 주창하였다. 전후 일본 총리로서 처음으로 한국을 공식 방문했고 취임 후 첫 방문국으로 한국을 정하여 한국과의 관계에도 힘을 썼다. 그러나 1985년 일본 총리로서는 처음으로 야스쿠니신사를 참배하여 한국과 중국 등 주변국의 비난을 받았다. 한국과 중국의 반발로 다음 해부터 참배하지 않았지만 이웃 국가 간의 역사 갈등의 씨앗을 뿌렸다는 비판이 일었다. 나카소네는 도쿄재판[8]을 자학적이라고 평가했고 전후는 총결산되어야 한다고 강조했다. 과학기술청 장관, 통산성 장관, 운수성 장관, 자민당 간사장을 지냈다. 총리 퇴임 후 리쿠르트 사건[9]에 연루되어 자민당을 탈당했다가 복당했다. 자민당 내 파벌구도에서 한때 반(反)사토(佐藤英作) 진영에 섰다가 사토 내각(1964~1972년)에서 운수성 장관으로 입각하여 풍향계(風向計)라는 별명을 얻기도 했다.[10]

---

7   服部龍二, 2015, 『中曾根康弘: 大統領的首相の軌跡』, 東京: 中央公論新社.

8   극동군사재판소가 포츠담 선언에 따라 제2차 세계대전 중의 극동지역의 전쟁범죄자들을 심판하였던 재판을 도쿄재판이라고도 한다. 도쿄재판소는 1946년 2월 18일, 연합국 최고사령관인 D. 맥아더에 의하여 W. F. 웹 재판장을 비롯하여 10명의 재판관과 J. B. 키난을 수석검찰관으로 하는 30여 명의 검찰관으로 구성되어 발족했다. 심리과정에는 각 피고인이 선정한 28명의 일본인 변호인단과 2명의 미국 측 변호인단이 참가하였다. 도쿄재판에서 1946년 4월 29일 도조 히데키(東條英機) 및 28명의 피고를 A급 전범자로 정식 기소, 심리 도중 사망한 1명과 정신이상을 일으킨 1명을 제외하고, 교수형 7명, 종신형 16명, 금고 20년 1명, 금고 7년 1명을 선고하였다. (『21세기 정치학대사전』)

9   리쿠르트 사건은 1998년에 일어난 일본 최대의 정치 스캔들이다. 리쿠르트사는 1986년 9월 당시 수상이던 나카소네 야스히로를 비롯해서 다케시타 노보루, 아베 신타로, 미야자와 기이치 등 76명에게 뇌물성 리쿠르트 주식을 양도하였다. 일본 정계의 정경유착에 대한 여론의 강한 비판을 받아 1989년 당시 다케시타 수상이 사임하고 정계 막후 실력자 나카소네 전 수상이 자유민주당을 탈당하였다.

10 나카소네 야스히로 지음, 오문영 옮김, 1993, 『나카소네 야스히로 회고록: 정치와 인생』, 서울: 조선일보사.

1983년 미국 방문 시 로널드 레이건(Ronald Reagan) 대통령과 회동하며 친밀함을 과시하고 '불침항모' 발언으로 미일관계의 강고함을 표현했다. 일본을 소련 군사력으로부터 방위하기 위해서 일본 열도 전체를 미국 군대가 사용할 수 있도록 침몰하지 않는 항공모함의 역할을 하겠다는 의미이다. 외교적으로 레이건 대통령과 밀착된 신뢰관계를 구축해 이른바 '론-야스'[11] 시대를 열었다. 그러나 안보 면의 긴밀한 관계에 비해 당시 일본의 폭발적인 경제성장에 대한 미국의 통상 압력의 결과 1985년에 플라자 합의(Plaza Accord)[12]가 이루어지기도 했다. 이로 인해 엔화가 급강세를 보였고 그 후 버블 붕괴가 일어났다. 일본의 자산 가격의 버블은 1986년부터 1991년까지 부동산과 주가가 크게 부풀려진 일본의 경제 거품이었다. 이 가격 거품이 1992년에 꺼지고 일본 경제는 침체기에 접어들었다. 그러나 나카소네의 재임기에는 일본 경제가 절정기였던 시기여서 당시의 나카소네의 국정에 대한 국내외 평가는 호의적인 편이었다. '재팬 애즈 넘버원(Japan as Number One)'[13]이라고 칭송을 받아 온 일본은 1980년대 말 정점을 찍고 나서 잃어버린 10년/20년/30년의 경제적 침체의 길로 접어들어 우경화를 향하는 흐름이 시작되었다.[14]

---

11 1980년대 로널드 레이건 대통령과 나카소네 야스히로 수상이 서로 '론', '야스'라고 부르면서 전후 가장 긴밀한 동맹을 구축했던 '론-야스' 밀월관계를 말한다.
12 1985년 미국, 프랑스, 독일, 일본, 영국(G5) 재무장관이 뉴욕 플라자 호텔에서 외환시장에 개입해 미국 달러를 일본 엔과 독일 마르크에 대하여 절하시키기로 합의한 것을 말한다. (『한경 경제용어사전』)
13 하버드대학의 E. F. 보겔(Ezra F. Vogel) 교수의 1979년 저서명에서 따온 표현으로 미국은 직면한 문제를 해결하고 현상을 타파하기 위해서 일본의 경험을 배워야 한다는 뜻이다.
14 브래드 글로서먼 지음, 김성운 옮김, 2020, 『피크재팬: 마지막 정점을 찍은 일본』, 서울: 김영사.

나카소네는 21세기를 대비하는 '국제국가 일본'의 비전을 제시하였고 세계 속에서의 일본의 역할과 국제사회에서의 책임을 강조했다. 대외 경제 마찰의 완화와 세계 경제 발전에 대한 공헌을 위해 시장개방, 자본시장 자유화, 엔화의 국제화 및 신라운드 교섭을 적극 추진했다.[15] 나카소네는 50여 년간 국회의원을 지냈고 하시모토 류타로(橋本龍太郎, 1996~1998년 재임) 수상 시절 자신의 지역구를 내놓으면서 종신 비례대표 1번을 보장 받았다. 그러나 고이즈미 준이치로(小泉 純一郎, 2001~2006년 재임) 수상 시절인 2003년, 중의원 비례대표 73세 정년 적용을 시도하며 정치권에서 은퇴를 요구하자 당시 85세였던 나카소네는 중의원 선거 출마를 포기한다는 사실상의 은퇴 성명을 발표했다. 2세 의원이자 자민당 중견 정치가인 나카소네 히로후미(中曽根弘文)가 그의 아들이다. 승부사 기질이 있고 대통령급 총리의 면모를 보였던 나카소네는 일본 우파의 거두, 보수의 상징적 아이콘으로 인지되고 있다.[16]

한일 간 역사문제의 기원을 재조명하고 다층적인 설명을 시도하기 위해서도 일본의 1980년대를 역사적 변곡점으로 주목할 필요가 있다. 한일관계를 다룬 많은 선행연구들은 1960년대 국교정상화의 시기와 1990년대 이후의 시기에 비해 1980년대에 대해서는 비교적 덜 관심을 기울였고 중대한 결정적 시기라는 문제의식도 약했다. 이 글은 일본의

---

15 외교부, 『일본개황』, 2019.
16 나카소네 전 총리는 2019년 11월 29일 101세로 사망했다. 정부·자민당 합동장이 2020년 3월 열릴 예정이었으나 코로나19 확산 여파로 2020년 10월 17일로 장례가 연기됐다. 일본 정부는 우파정치인의 원조 격인 나카소네 전 총리 합동장 당일 각 부처가 조기를 게양하고 오후 2시 10분 묵념을 하기로 했다. 일본 내에서는 뒤늦은 나카소네 전 총리 합동장에 정부가 시대에 걸맞지 않게 과도한 대응을 한다는 지적이 나왔다. 『경향신문』, 2020년 10월 14일 자.

1980년대는 한일관계의 변화를 가져온 기회의 창을 만든 시기이기도 했으나, 역사문제가 쟁점화되는 잠재적 동인을 제공한 배경과 흐름이 형성된 시기이기도 했다는 이중적 측면을 밝힌다. 헌법 개정 시도를 포함한 1980년대 전후 정치의 총결산의 주요 내용은 21세기 아베(安倍晋三, 2012~2020년 재임) 내각의 '전후 레짐으로부터의 탈각'과 적극적 평화주의로 업그레이드되어 계승 추진되고 있고, 일본의 보수우경화와 국가주의로의 회귀를 촉발한 계기가 되었다.

2. '보수혁명'의 흐름과 나카소네 교육개혁의 추진

1980년대 전후 정치의 총결산에서의 교육개혁의 주장은 나카소네 수상의 변혁적 리더십하에서 신속하고 실용적으로 추진되었다. 교육기본법의 개정을 강력하게 주창하였으며 그것을 헌법 개정 추진의 정신과 연계하고자 했다. 그러나 교육기본법 개정 자체의 추진은 교육개혁의 다른 정책들을 우선 수행하기 위해 보류하였다. 이런 점에서 총결산은 전후 헌법의 개헌의 완수나 교육기본법 개정을 포함한 포괄적 수준의 교육개혁을 달성하지는 못했으므로 정책 레토릭으로서의 요란함에 비해 실제 성과는 적었다는 평가도 있다. 하지만 바로 이러한 미완의 측면이 역설적이게도 그 후 정권에 전후의 결산이라는 임무를 양도하는 계기가 되었고 보수운동의 형성 기반을 제공했다. 나카소네 수상은 전후 정치가 총결산해야 할 국정 과제라고 명시하고 헌법 개헌과 교육기본법 개정을 아우르는 교육개혁의 필요성을 국민 여론을 통해 이슈화하려고 시도했다.[17] 이는 1990년대 이후 보수화 담론의 확장과 심화의 계기를 확보하게 했고, 정치적 차원에서 기회구조를 형성하는 주요 역할을 했으며, 보수운동의 의제 설정에 기여했다는 점에서 역사정치적 의미가 크다고 할 수 있다.

일본의 교육개혁 및 교육정책을 시기 구분함에 있어서 1868년 메이지 개혁을 제1기로, 전후 초기 개혁을 제2기로 부르는 것에는 이견이 없는 것 같다. 그런데 그 이후의 시기를 구분하는 것과 명명하는 방식에 대해선 전문가와 실무자 간에 입장이 엇갈리는 견해가 있다. 예를 들면 1971년 중앙교육심의회의 설치를 제3기의 도입이라고 보는 시각도 있고 1984년 나카소네 수상 직속의 임시교육심의회(임교심)의 설치를 제3기의 출발이라고 평가하는 관점도 있다.[18] 일본 문부과학성[19]의 백서를 보면 일본의 교육개혁의 역사를 3단계로 나누어 구분한다. 제1차 교육개혁은 학제를 공포하고 근대교육제도의 효시를 이룬 메이지유신기의 교육개혁을, 제2차 교육개혁은 일본 제국의 패망 이후 미국식 민주주의 헌법과 교육기본법, 학교교육법에 의해 6-3-3-4제가 재건되는 교육개혁과정을 의미한다.[20]

제3차 교육개혁은 경제·사회 발전기에 있어서 교육의 질적 향상을 추구하며 중앙교육심의회의가 심의에 착수하여 4년 만에 발간한 46답신[쇼와(昭和) 46년에 발간되어서 붙여진 명칭]과 이에 기초한 교육개혁실시본부가 주도하는 시기부터라고 전제한다. 이후 교육개혁의 추진 방식

---

17 최은봉, 1999, 『전후 일본에 있어서 헌법 논쟁의 정치적 함의』, 성남: 세종연구소.
18 大獄秀夫, 1993, 「臨敎審における敎育自由化の試み」, 『Leviathan』 12(春); 「中曾根の政治イデオロギの國內政治的 背景」, 『Leviathan』 1(春).
19 일본 문부과학성은 1871년 설치된 문부성과 1956년 설치된 과학기술청이 2001년 통합된 행정기관이다.
20 최영희·노기주·박용완, 2010, 「일본 교육행정 개혁의 동향」, 『교육문제연구』, 15(1), 1543-1572쪽.

이 중앙교육심의회의 답신에 의해 이루어지고 있다는 점에서 이 시기를 분기점으로 간주하는 것이다. 그러나 이 글에서는 임시교육심의회라는 교육개혁 추진조직의 특이성과 국내 사회의 여론에 따르는 정책적 응대 뿐만 아니라 국제적 환경과 연계하여 국가경쟁력의 확보를 추구했다는 점에, 1980년대 중반 나카소네 정권의 임시교육심의회의 교육개혁을 제3기 교육개혁이 전개되는 결정적 출발점으로 본다.[21] 물론 1984년 이후 교육의 재구조화 시기를 다룸에 있어서도 세부적으로 단계를 구분하여 논의될 필요가 있다. 본 글에서는 나카소네 집권기의 임시교육심의회의 교육개혁의 제언이 형식과 내용 면에서 중요한 전환점이라는 전제하에 주로 임교심 활동 전후의 단계를 주목하여 다룬다.

III. '전후 정치의 총결산'과 교육기본법 개정 논리의 상보성

1. 1980년대 개혁 논의의 전개

1980년대 중반 나카소네 수상은 신자유주의를 따르고 신국가주의를 표방하며 헌법 개정을 주장하는 입장이었고 교육개혁에 있어서도 교육기본법 개정의 필요성을 강조했다. 교육기본법은 일본국헌법의 정신을 구체화한 '교육헌법'으로서의 위상을 지니고 있으므로 준헌법적 성격이

---

21 최은봉, 1995, 「국가와 시장: 일본 교육자유화론의 정치이념적 성격과 한계」, 『한국정치학회보』 27(2), 305-328쪽; 최은봉, 1994, 「정치와 교육: 1980년대 일본 교육개혁의 정치과정과 정책적 시사점」, 『성곡논총』 26(2), 1519-1577쪽.

라고 할 수 있다. 1984년 9월 수상 직속 자문기구로 설치된 임시교육심의회에서 교육기본법 개정 논의가 다루어졌다. 나카소네 수상은 개혁의 속도를 내고자 하는 의욕을 가지고 있었으나 자민당 내 소수 파벌을 이끄는 입장이었다.[22] 나카소네 수상으로서는 관료에만 의존한 기존의 방식에 한계를 느꼈고, 이것이 수상 직속의 임시교육심의회라는 방식을 선호한 주요 이유이다.[23] 임시교육심의회를 통한 수상의 적극적 개혁 추진 의도도 있었고 심의회 위원의 구성 성향에도 반영되었듯이 헌법 개정 논의와 함께 교육기본법 개정에 대한 필요성이 제기되었다. 임시교육심의회 내부에서도 교육기본법의 목적 조항을 안건으로 상정하여 수차례 개정을 공론화하려는 시도가 지속적으로 있었다.

그러나 당시 나카소네 내각은 야당의 협조를 구해야만 국정 운영이 가능한 정치적 환경의 제약하에 있었다. 이런 장애물을 돌파하기 위해 임시교육심의회 제1조에 "교육기본법의 정신에 입각하여 그 실현을 위한 제반 시책에 수반한 개혁을 도모한다"고 하였다. 현실을 수용하여 교육기본법의 개정을 추진하는 데까지 나아가지는 않을 것임을 표면적으로 밝힌 것이다. 임시교육심의회는 4차에 걸친 교육 전반에 대한 개혁안을 담은 답신을 제출하는 역할로 한정했다. 이 점을 두고 임시교육심의회를 통한 나카소네의 교육개혁의 시도는 불완전했고 미완의 개혁이었

---

22 박철희, 2011, 앞의 책.
23 Leonard James Schoppa, 1991, *Education Reform in Japan: a Case of Immobilist Politics*, London and New York: Routledge; 山崎政人, 1986, 『自民黨の 敎育政策: 敎育委員任命制から 臨敎審まで』, 東京: 岩波書店; 고전, 2016, 「일본의 최근 교육개혁 정책의 특징과 평가: 문부과학성과 중앙교육심의회를 중심으로」, 『비교교육연구』 26(4), 173-198쪽; 고전, 2013, 「일본 교육위원회 개혁 논의의 쟁점과 시사점」, 『비교교육연구』 23(4), 83-105쪽.

다고 지적되는 것이다. 사실상 교육기본법의 개정은 2006년에 가서 이루어졌다는 점에서 일면 타당한 지적이다. 그러나 나카소네는 헌법 개정에 대한 열망과 함께 교육기본법의 개정에 대한 의지를 지속적으로 병행했다고 본다. 여기서 왜 나카소네를 포함한 보수정치인들이 교육기본법의 개정을 주창했고 어떠한 개정 방향을 제시했는지를 파악해 보는 것은 중요하다. 교육기본법의 개정을 강조한 데는 교육과 정치가 밀접하게 연동되어 있다는 인식이 전제되어 있다.[24] 따라서 교육기본법의 역사적 위상과 개정 논의의 전개, 국가의 교육권력 및 국민의 교육인권 등의 세부적 내용을 살펴볼 필요가 있다.[25]

교육기본법은 교육을 받을 권리를 국민에게 보장한 일본국헌법의 기초하에 일본 공교육의 바람직한 방향 전반을 규정하고 있는 법률이다.[26] 일본 최고재판소의 교육에 관한 소송의 대표적인 사례인 홋카이도 아사히카와(北海道 旭川) 지역에서 제기된 국가주관 학력테스트에 대한 재판의 대법정 1976년 5월 21일 판결에 따르면 교육기본법의 형식적 위상은 법률이라고 할 수 있으나 해석과 적용의 내용적 측면에 있어서는 준헌법적 성격을 인정했다.[27] 구 교육기본법(2006년 개정 이전 교육기본법)은

---

24 호리오 데루히사 지음, 심성보·윤종혁 옮김, 1997, 『일본의 교육』, 서울: 소화; 小川正仁, 2010, 『教育改革のゆくへ: 國から 地方へ』, 東京: 筑摩書房.

25 조엘 스프링 지음, 정일환·김혜숙·이혜미 외 옮김, 2016, 『미국 교육정치학』, 서울: 교육과학사.

26 일본국헌법에서의 교육조항: 〈제26조〉 모든 국민은 법률이 정하는 바에 의해 그 능력에 따라 등등하게 교육을 받을 권리를 가진다. 2. 모든 국민은 법률이 정하는 바에 의해 그 보호하는 자녀에게 보통교육을 받게 할 의무를 진다. 의무교육은 이를 무상으로 한다. 일본국헌법 https://www.shugiin.go.jp/internet/itdbmannai.nsf/html/statistis/shiryo/dl-constitution.htm.

27 통상 '학력테스트 재판'이라고 부르는 이 판결은 다음과 같다. …교육기본법은 헌법에서 교육방식의 기본을 규정한 것에 비하여 일본의 교육 및 교육제도 전반을 통한

전후 점령기 교육개혁을 추진하는 가운데 1947년에 제정되었고, 전문에 개인의 존엄을 존중하고, 진리와 평화를 희구하는 인간의 육성을 기함과 동시에 보편적이면서도 개성이 풍부한 문화의 창조를 추구하는 교육을 보급하는 데 주력하지 않으면 안 된다고 했다. 일본국헌법의 정신에 따라 교육의 목적을 명시하여 새로운 일본 교육의 기본을 확립하기 위해 제정된 것이라고 선언하며 일본국헌법과의 일체성을 선언했다. 일반적으로 교육기본법은 전체로서 일본국헌법이 구체화된 규범, 즉 헌법의 부속법으로서의 성격을 가지며, 내용적으로 준헙법적 성격을 지닌다는 입장이 받아들여지고 있다.[28]

그렇다면 헌법 개정과 긴밀하게 연계되어 있는 교육기본법의 개정이 추구되는 과정에서 어떠한 논쟁이 전개되었는가? 그 논쟁은 정치적, 역사적 차원에서 어떠한 함의가 있는가? 교육기본법 개정의 문제제기는 냉전체제하에서 국가에 대한 애국주의의 강조가 부각되면서 본격화되었

기본 이념과 기본 원칙을 선명하게 하는 것을 목적으로 제정된 것으로서, 전후 일본의 정치, 사회, 문화 각 방면에 있어서 여러 개혁 가운데 가장 중요한 문제의 하나였던 교육의 근본적 개혁을 목적으로 하여 제정된 입법들 중에서 중심적인 지위를 차지하는 법률이다. 이 점은 교육기본법의 전문(前文)의 기술 및 각 규정의 내용에 비추어 볼 때 확연하다. 이러한 이유로 교육기본법에 정한 것은 형식적으로 통상의 법률 규정으로서 이와 모순되는 다른 법률 규정을 무효로 하는 효력을 갖는 것은 아니다. 그러나 일반적으로 교육관계 법령의 해석 및 적용에 있어서는 법률 자체에 별도의 규정이 없는 한에서, 가능 범위에서 교육기본법의 규정 및 이 법의 취지와 목적을 준수하려는 고려가 되어져야 한다. 그런데 그 이전의 1970년 7월 17일 도쿄지방재판소가 교육기본법의 법적 효력이 다른 법률에 대해 우월한 것은 아니라고 판결한 상이한 전례도 있기 때문에 이 점은 논쟁적이었다. 이런 상황에서 2006년 개정된 교육기본법도 내용적 측면에서의 준헌법적 성격을 인정하므로 정당성을 부여 받고 있다고 할 수 있다. 고전, 2014, 『일본교육개혁론』, 서울: 박영스토리, 96-141쪽.

28 최경옥, 2006, 「일본에 있어서의 교육기본법의 사상적 배경」, 『헌법학연구』 12(5), 303-328쪽.

다.²⁹ 일본의 점령정책이 미소 양국 간의 대립을 기점으로 초기 민주화에서 반공화로 이행하는 역코스³⁰의 시점에 당시 요시다 시게루(吉田茂, 1878~1967년, 재임 45대 1946~1947년, 48대~51대 1948~1954년) 수상은 문정심의회(文政審議會)라는 자문기구를 통해 전전(前戰) 일본 천황의 의사로 제정하여 내린 흠정(欽定) 성격의 교육칙어(敎育勅語)³¹와 같은 교육선언문이 필요하다는 점을 제시했다. 국가를 위한 교육관 정립의 강조는 냉전이 격화되면서 심화되어 갔고 1951년 아마노 테이유(天野貞祐) 문부대신 시기의 국민실천요령(國民實踐要領)의 구상에 전형적으로 나타났다.³² 국민실천요령의 의도는 국민도덕의 기준을 설정하는 교육요강을 제정하려는 것으로서 국가의 운명과 비전을 국민에 대한 애국심 교육을 통해서 구현하려는 것이었다.³³ 문부성 내 보수 인맥의 황국사관의 색채가 드러난 것이다.

당시 개정 시도를 뒷받침하는 논거에는 전전 일본에 대한 복고 의식, 동조감, 그리고 향수가 배어 있었다. 그러나 교육기본법의 개정을 반대

---

29 박균섭, 2015, 「한국에서 본 전후일본교육의 궤적: 교육칙어와 교육기본법의 연속과 불연속」, 『일본근대학연구』 50, 23-45쪽.
30 1947년 트루먼 독트린으로 냉전이 시작되고, 연합국최고사령부(GHQ)도 1948년부터 이를 적용하여 역코스(reverse course)로 불리는 점령정책의 전환이 시작되었다.
31 1890년 일본의 메이지(明治) 일왕(천황)이 천황제에 기반을 둔 교육 방침을 공표한 칙어를 말한다. 천황의 신격화와 유교적 가족도덕관을 강조하였고 군신 및 부자 등의 상하 관계를 중시한 제국 일본 신민이 준수해야 할 정신적 규범이었다. 전후 1947년 의회에서 무효 결정이 되었다.
32 이웅현, 2017, 「전후 일본 보수 인맥의 태동: 역코스기를 중심으로」, 『동북아역사논총』 57, 406-446쪽.
33 한용진, 1996, 「전후 일본 교육의 민주화 과정에 관한 고찰(1): 미군정 초기 점령교육정책을 중심으로」, 『안암교육학연구』 2(1), 157-180쪽; 한용진, 1997, 「전후 일본 교육의 민주화 과정에 관한 고찰(2): 교육사절단 활동과 교육기본법 제정을 중심으로」, 『안암교육학연구』 3(1), 71-101쪽.

하는 강한 사회적 여론으로 인해 전전 교육칙어 회귀의 방향으로 개정이 달성되지 않았다. 하지만 국가 및 민족주의 교육노선으로의 교육기본법 개정을 주장하는 입장은 그 이후 교육개혁 사상의 저류에서 지속적으로 작동하였다. 1947년에 제정된 교육기본법에 대한 개정과 개정 반대는 이후 일본 교육계와 정치계의 중심적인 논쟁주제로 지속되었다. 교육기본법에 대한 논의는 내용 해석, 조문 추가의 수준을 넘어서는 담론 논쟁이다. 그 개정과 개정 반대의 진영 대립은 교육에 관한 이념과 가치의 변경을 포함하는 특정한 이데올로기와 사상적인 입장을 반영하고 있는 정치적 대결이자 대결적 정치였다. 이는 국가와 국민의 지위와 범주를 규정하는 헌법 개정, 개헌의 논의와 연계되어 있는 사안이고, 그런 요인으로 인해 더욱 정치화되었다.

1950년대 전개된 교육기본법에 대한 불만의 표출은 55년체제[34] 성립을 전후하여 자주권 회복의 내셔널리즘이 고조되면서이다. 전통적 가치관에 따른 도덕성 향상과 국가의식의 강화라는 관점에서 국회 내에서도 공식 논의가 이루어졌고, 자주헌법제정론과 연계하여 도덕고양론을 지지하는 방식으로 교육기본법 개정 논의가 본격적으로 전개되었다. 1955년 11월 보수 합동으로 출범한 자유민주당(자민당)도 당의 정책강

---

34 전후 일본에서 1955년 체제의 형성은 1951년 점령자문위원회 출범을 통하여 온건 보수파와 신세대 보수파 역사가들이 등장하게 되고 정치적 영향력을 확보해 가면서부터 시작되었다고 할 수 있다. 일본 우익 정치세력은 일본유족회(日本遺族會)를 강력한 물적, 인적 지지기반으로 삼아 전전과는 다른 형태의 정치적 양상을 띠며 황국사관(皇國史觀) 학파의 재기와 함께 부상한다. 1951년 『요미우리신문(讀賣新聞)』의 '역코스' 연재기사와 샌프란시스코체제의 수립을 통해 점령정책에 대한 반동의 흐름이 조성되었다. 여기에 더해 전전 보수우익에 대한 회고가 결합하여 전후 일본 보수주의 주도의 원점이 형성되었고, 자유민주당의 출현으로 보수계 통합정당이 성립하자 그것이 계기가 되어 '55년체제'의 등장이 가시화되었다.

령에서 교육개혁을 역설하며 '올바른 민주주의와 조국애를 고양하는 국민도의의 확립을 위해서 현재의 교육제도를 개혁한다'고 표명했다. 이런 입장은 이후 국가와 민족의 전통에 교육과 도덕의 근거를 두려는 교육기본법 개정 논의의 정치적 동인이 되었고 나카소네 수상이 추구했던 방향도 이에 근거하였다.[35] 요시다와는 경쟁관계였던 하토야마 이치로 (鳩山一郎, 52~54대 1954~1956년 재임) 내각에서도 1956년 임시교육제도심의회설치법안을 제시했고 당시 문부대신도 교육기본법 개정론을 주장했다. 이처럼 보수우익의 정치인들에 의해 주장되어 온 교육기본법 개정 논의는 전통적 도덕의 부활과 애국심의 함양을 중시하면서, 당시의 교육기본법은 전후 일본국민의 심정과 정서라는 면에서 본다면 문제가 있다고 지적하였다.

1960년대와 1970년대 일본이 고도성장 과정과 경제부흥의 경험을 거치면서 국민적 자신감이 고양되고 일본인론, 일본문화론에 대한 관심과 함께 새로운 국가의 정체성이 추구되기 시작했다.[36] 보수세력과 집권층은 교육기본법의 개정을 재강조하였고 세계의 여러 민족으로부터 경애를 받는 일본인의 육성이라는 슬로건을 내세웠다. 그런데 교육기본법은 국가주의와 민족공동체의 요소가 결핍되었으므로 개정이 필요하다고 새롭게 역설했다. 전후 교육기본법에서 상정하는 인간상에 대해 비판적인 개정 주창론자들은 자민당의 보수정치인들을 결집하여 교육칙어

---

[35] 남경희, 2014, 「일본의 도덕교육의 성립 전개와 도덕의 교과화 시도」, 『한국일본교육학연구』 19(1), 1-18쪽; 남경희, 2016, 「전후 일본에서 학력 논쟁과 학력관의 동향」, 『한국일본교육학연구』 21(1), 21-36쪽.

[36] 최은봉, 1995, 앞의 글, 305-328쪽; 최은봉, 2020, 「전후 일본 정체성 변용의 국내적 내파와 대외적 굴절: 오키나와 배제와 동아시아 주변화」, 『일본역사연구』 51, 89-130쪽; 동북아역사재단 한일역사문제연구소 편, 2020, 앞의 책.

예찬론을 내세우거나 교육기본법 개정 요구 결의문을 선포하기도 했다. 나카소네 수상의 교육개혁론에서 교육기본법 개정의 강조는 이러한 보수운동 세력화 흐름의 연속선상에서 제기된 것이다. 교육기본법 개정이 실제로 본격 재개된 것은 2000년대이다. 그러나 개정을 주창하는 보수적 논거는 나카소네 수상의 교육개혁에서 헌법 개정과 연계하여 핵심 정책담론으로서 변곡점을 찍으면서 형성적 단계를 거쳤던 것이다.

2. 교육기본법 개정 논의의 역사적 배경

교육기본법 개정사에 대한 선행연구는 개정 주도의 두 가지 입장을 복고적 개정론과 미래지향적 개정론으로 구분하기도 한다. 집권 자민당의 여러 수상들과 일부 문부대신, 개헌론을 주장하는 자민당의 보수우파 정치인들의 입장은 복고적 국가주의적 가치의 회복을 중시하는 본질적 개정론에 해당된다. 미래지향적 개정론은 주로 시대 변화에 대한 부응을 강조하는 실용적인 반응적 입장으로서 교육기본법의 개정을 넘어서서 새로운 교육기본법을 제정해야 한다는 입장에 선다. 미래 대응의 입장은 포스트 냉전, 후기 산업사회의 급격한 글로벌 환경 변화에 맞추어 신일본인의 육성, 전통 및 문화의 존중과 발전, 교육진흥기본계획의 책정 등의 연계를 시도하였다. 교육기본법의 개정 혹은 신교육기본법의 제정을 둘러싼 다양한 입장이 구분되지만 그것은 정책 내용에 대한 상대적인 평가이고 그 저류에는 보수 회귀를 유도하는 일종의 공통점이 있다.

복고적 개정론이나 미래지향적 개정론의 입장을 포괄하여 개정론자들은 공통적으로 우선, 교육기본법의 제정과정, 환경, 제정의 주체에 문제가 있다는 점을 지적한다. 전후 교육기본법은 연합국최고사령부

(GHQ), 즉, 사실상 미군의 점령하에 점령군 GHQ의 주도로 강압적인 환경에서 교육 주권을 상실한 채 만들어졌다는 것이다.[37] 나아가서 교육기본법은 교육목적의 규정에서도 개인의 존엄이나 인격의 완성 등 개인의 존재감과 보편적 인류 등은 강조되는데 가정, 향토, 국가, 민족, 애국심 등 공(公)의 영역이나 일본의 역사, 전통, 문화, 종교적 정서의 존중 등이 포함되지 않아서 일종의 무국적의 교육기본법이 되었다는 것이다. 이와 같은 가치와 규범이 결핍된 교육기본법은 피교육자들과 교육 자체를 왜곡시키는 원인을 제공했다는 것이다. 일부 교육기본법의 개정론은 전전 천황이 하사한 교육칙어에 대한 친근감을 환기하며 전후 일본 사회에도 그 의미가 있다고 강조한다.

교육기본법 개정을 강력하게 주장한 나카소네 수상의 입장은 보수집단의 교육칙어로의 회귀에 대한 관심에 지속적으로 반영된다. 이러한 정신은 이후 모리 요시로(森喜郞, 85~86대 2000~2001년 재임) 수상과 교육개혁국민회의를 통해 복고적 요소의 회복과 미래지향성을 강조하는 개정론으로 부활했으며, 이를 주창하는 적극적 개정론자들에게 계승되었다. 이들은 전후 일본의 교육이 위기에 직면했고 세계적 경쟁의 시대가 도래하므로 선도적 일본인상을 정립하고 국민적 정체성을 재정립해야 한다는 명분을 내걸었다. 그러기 위해서 일본의 전통과 국가주의 현창을 중시하는 보수 국수주의 내용의 교육기본법 개정·제정이 이루어져야 한다고 강조했다.

---

37 GHQ는 일본 지배를 위해 미국이 만든 '20세기의 막부(幕部)'라고도 한다. GHQ 주도의 개혁을 통해 교육 영역에서 국가 신도의 폐지, 교육칙어의 폐지, 천황 신격화의 금지, 군국주의 교육의 금지, 미국식 6·3·3·4제도의 도입 등이 추진되었다.

3. 교육기본법 개정 방향의 대립

교육기본법 개정론의 기저에 있는 사상적 색채는 전통의 존중과 애국심의 육성, 가정교육의 중시, 종교적 정서의 함양과 도덕교육의 강화였고, 이에 따라 국가와 지역사회에 봉사, 문명의 위기에 대처하기 위한 국제협력, 교육에 있어서 행정책임의 명료화 등을 강조했다. 이러한 방향의 교육기본법 개정은 민족공동체로의 회귀를 지향하는 것으로 비판받기도 했다. 조국애의 숭상, 국가의식과 도덕 관념의 함양, 공덕심과 전통존중 심성의 중시는 개정론의 특징으로서 이후 '새로운 역사교과서 만들기 모임'의 수정주의적 역사관에 반영되었다. 이것이 '전후 정치의 총결산'을 통한 교육개혁을 통해 추구된 교육기본법 개정의 중요한 축이었고 제국 일본의 경험과 체제로의 복고를 꾀하는 의도가 작동했다. 물론 전후의 교육기본법 개정은 자국 중심성의 복구를 추구하며 과거지향적, 정신적 차원을 강조하면서도 점령기의 체험과 국제사회를 의식한 현실주의적이며 실용주의적 대응을 내세우는 것이다. 다시 말해 교육기본법 개정의 당위성을 제시하며 당기는(pull) 요소와 미는(push) 요소를 동시에 강조했다. 국내의 동향에 맞추어 일본 사회의 정서와 여론에서 요구되는 독립회복과 조국애를 부각시키고 경제발전에 걸맞는 국민적 자존감의 확보, 국가정체성의 동요와 개인의 상실감이 증대하는 시대 상황에 대처하기 위한 전통의 존중, 유교적 가족윤리, 좋은 일본인상을 내세웠다.

앞서 언급했듯이, 나카소네 수상의 교육개혁의 추진을 통해서 교육기본법 개정의 결과를 직접 도출해 내지는 못했다.[38] 그러나 나카소네 수상의 전후 정치 총결산에서 교육기본법의 결함과 문제를 호명하여 총체적으로 조명하였는데 그것은 보수우파의 헌법 개헌의 주장과 맞닿아 있었다. 교육기본법의 개정과 헌법 개정의 완결을 총결산의 검토 기준으로 삼는다면 전후 정치의 총결산의 실적은 미흡했던 것으로 평가해야 한다. 그러나 냉전 데탕트기에 전후를 총괄 조명하고, 전후 정치의 범주에 교육을 포함하여 생각했으며, 이를 헌법 개정과 연계하여 총결산의 대상을 목록화했다. 이런 점에서 나카소네 수상의 교육개혁은 보수우경화로의 방향성의 토대를 제공하고 관점을 프레이밍하는 중요한 형성적(formative) 역할을 했다.

이에 비해 교육기본법 개정 반대론자들인 진보 진영, 혁신 집단으로부터의 반론은 교육기본법이 평화를 지향하는 일본국헌법의 이념 실현을 성취하고 있다는 입장이었다. 당시 교육기본법 성립은 교육쇄신위원회가 작성한 법안을 상정하여 제국의회와 중의원, 귀족원의 논의를 거쳐서 제정되었기 때문에 절차상 하자는 없다고 본다. 또한 전후 일본 교육은 교육기본법의 정신하에 실행되어져 왔으므로 이 법의 의미가 축소 평가되어서는 안 된다고 반박한다. 개정 반대론자들은 개정론자들이 강조하는 국적 있는 교육이념, 새로운 시대에 걸맞는 요소들이 교육기본법의 기본 원칙에 의거하여 수용 가능하므로 개정 없이도 생애 교육, 남녀 공동 참가, 환경문제, 다문화 교육, 고등교육 개편 등의 개혁을 추진할 수 있다고 보았다. 당시의 교육기본법 제1조는 '평화적 국가 및 사회의 구성자로서 국민을 육성한다'고 명기하여 교육내실화 교육과 정책추진을 충분히 달성할 수 있다고 주장했다. 이에 더하여 교육기본법 전문에 표명된 '보편적이면서도 개성 넘치는 문화 창조를 목표로 한 교육을 보급

---

38 교육기본법 개정은 2006년 12월에 이루어졌다(2006.12.22. 법률 제120호).

한다'는 조항에 전통에 대한 언급도 반영되어 있는 것으로 해석했다.[39]

옹호론자들은 1980년대 개정론자들의 주장이 전후의 교육기본법은 일본의 교육법이 아니라 무국적 교육법이라는 논거를 내세웠다고 지적한다. 이는 보편적 이념과 원리를 중시하며 민주주의와 평화주의, 다문화 공생을 담고 있는 교육기본법의 성격을 왜곡 해석한 것이라고 반론을 폈다. 오히려 교육의 위기는 교육기본법의 정신을 충분히 구현하지 못한 현실의 교육 제도와 현장에서 초래된 것이므로 개정을 통한 충격요법은 교육의 문제를 회피하는 부정적 결과를 가져올 것이라고 비판했다. 더욱이 교육의 황폐화 현상에 대한 대책을 강구하며 국가가 개입하는 방식으로 문제해결을 추구하고 개혁을 전개하는 것은 시대에 역행하는 시도이고 바람직하지도 않다는 것이다. 특히 반대론자들은 교육기본법이 다른 기본법들과는 구별되는 특성을 가졌다는 점을 주목했다. 교육기본법은 헌법의 이념을 구체화하고, 개별 법률이나 정책의 근간이 되는 제도와 이념을 제시하는 것으로서 국가의 정책목표의 방향성, 행정상의 대책을 다루는 여타의 기본법과는 성격이 상이하다는 것이다. 교육기본법 개정 반대 입장은 교육기본법 개정의 논의와 교육개혁의 논의는 층위가 다른 사안으로 보아야 한다고 주장한 것이다.

더욱이 교육기본법 개정에 반대론자들이 우려하는 것은 보수우익의 정치 집단과 지도자들이 헌법 개정과 함께 교육기본법의 개정을 거론해 온 점이다. 헌법 개정과 교육기본법 개정을 연동하여 나카소네 수상이 전후 정치 총결산에서 추구한 데서 드러났듯이 교육기본법의 개정은 다

---

39 신도 무네유키 지음, 안재헌 옮김, 2015, 『교육위원회 무엇이 문제인가: 일본 교육위원회제도의 변천과 개혁논의』, 서울: 한울아카데미.

름 아닌 헌법 개정의 수순으로 인식되어 왔다. 그런데 교육기본법이 준헌법적 위상을 갖는 것이라면 교육기본법 개정의 논의는 헌법의 개정 이후에 전개해야 할 작업이지 헌법 개정 이전의 사전 단계일 수 없다고 개정 반대론자들은 인식했다. 더욱이 준헌법적 성격의 교육기본법의 개정 문제의 논의를 법적 근거가 미약하며 임시 기구인 수상의 직속 자문위원회에서 토론의 주제로 다룬다는 것은 법치국가에서는 절차상 위법 행위라고 항변했다.

이처럼 일본의 교육기본법 개정을 둘러싸고 상이한 이념을 가진 집단 간 찬반 공방이 전개되었다. 그것을 보면 교육은 정치와 밀접하게 연계되어 있고 교육의 의미를 부여하는 것은 정치적 행위라는 지적이 타당하다는 점이 드러난다. 보수 정치 집단과 지도자가 전후 일본의 총결산의 목록에 왜 교육개혁의 일환으로 교육기본법 개정을 포함하기를 염원했는지 알 수 있다. 1980년대 이후 인구구조의 고령화와 잃어버린 10년을 겪으면서 심화된 일본 사회의 보수우경화는 2006년 교육기본법의 개정이 실현되는 데 기여했고, 역으로 교육기본법의 개정은 일본의 인적 자원의 국가경쟁력 강화라는 명분하에 일본 사회와 개인의 보수성을 강화하는 데 일조했다. 그 이후의 교육개혁의 흐름이 전후 정치의 총결산이 깔아둔 보수우경화로의 경로 전개와 궤적을 따랐음을 읽어 낼 수 있다.

IV. 신자유주의 보수운동과 교육개혁의 전개

나카소네 교육개혁의 또 다른 축은 실용주의적이며 현실주의적인 접근이다. 나카소네의 전후 정치 총결산을 파악하기 위해서 교육개혁의 이

중성을 조명하는 것이 필요하다. 나카소네 수상이 교육정책의 변화를 급선무라고 강조한 데는 일본의 시공간을 넘어서 1980년대 당시 교육개혁이 강조되는 국제 실상을 인식했기 때문이다. 선진산업사회와의 비교 속에 국가 경쟁력을 확보하기 위해서는 교육개혁을 추동하는 대외적 환경이 고려되어야 한다는 판단이 작용했다.[40]

1. 국제사회의 영향과 최우선 순위의 교육개혁

1980년대 세계적으로 교육개혁을 자극한 추세는 어디서 유래했는가? 1983년 미국 레이건 정부하의 연방 교육부 장관 자문위원회가 「위기에 선 국가(A Nation At Risk)」라는 보고서를 발표한 것을 계기로 세계적 교육개혁의 트랜드가 형성되었다.[41] 1980년대는 교육개혁의 시절, 교육개혁 붐의 시기였다. 미국에서는 이를 계기로 교육의 수월성과 개인의 경쟁력을 강조하는 교육개혁 정책이 활발히 전개되었다.[42] 영국에서는

---

40 최은봉, 2002, 「글로벌리제이션과 현대 일본의 교육개혁」, 『일본연구논총』 16, 57-104쪽; D. B. Willis, 2002, "Citizenship Challenges for Japanese Education for the 21th Century: 'Pure' for 'Multicultural' Citizenship Education in Japan," *International Education Journal* 3(5), pp. 16-32; 김지은, 2006, 「글로벌화 시대의 교육 과제: 일본교육의 비판적 검토를 통한 제안」, 『비교교육연구』 16(1), 75-107쪽.

41 Keita Takayama, 2007, "A Nation at Risk Crosses the Pacific: Transnational Borrowing of the U.S. Crisis Discourse in the Debate on Education Reform in Japan," *Comparative Education Review* 51, pp. 423-466; Keita Takayama, 2009, "Is Japanese Education the 'Exception'?: Examining the Situated Articulation of Neo-Liberalism Through the Analysis of Policy Keywords," *Asia Pacific Journal of Education*.

42 21세기에 들어서서 이 같은 신자유주의 교육개혁에 대한 비판이 제기되기 시작했다. 마이클 W. 애플·제프 위티·나가오 아키오 편, 정영애·이명실·고경임·김미란 옮김,

대처 수상이 이끄는 보수당 정부에 의한 개혁이 진행되어 1988년 교육개혁법을 수립했다. 프랑스에서도 미테랑 대통령의 주도하에 신교육기본법(조스펭 법)이 제정되었다. 독일에서는 1990년대 들어서 고등교육을 중심으로 한 개혁이 진행되었다. 중국은 1985년 공산당이 교육체제 개혁에 관한 결정을 발표하고 교육의 개혁 개방 정책을 표방했다. 한국은 1985년 대통령 자문기구로서 교육개혁심의회가 수립되었다. 교육개혁심의회는 이후 1988년 교육정책자문회의, 1994년 교육개혁위원회, 1998년 새교육공동체위원회, 2000년 교육인적자원정책위원회, 2003년 교육혁신위원회로 이어진다.

일본은 1980년대 접어들면서 도시화와 핵가족화가 급속히 진행되는 환경하에 사회의 연대의식과 공동체적 인식이 약화되고 교육력에 있어서 가정의 역할이 축소되어 가는 현상을 전 사회적으로 경험한다. 단카이(團塊) 세대[43]로 상징되는 제1차 베이비 붐에 이어 2차 베이비 붐으로 인해 학교 교육에 있어서 과대규모가 가시화되고 수험경쟁이 심화되면서 연령수준이 낮아지고 학력주의가 심화되는 추세로 인해 교육환경이 악화되어 갔다. 동시에 청소년의 비행, 중학생들 간의 집단괴롭힘(이지메), 등교 거부, 교내 폭력 등이 증가하여 사회적 이슈가 되었다. 1960년대의 고도경제성장과 학교 교육의 급격한 확대에 수반하여 문제화된 학

2011, 『비판적 교육학과 공교육의 미래: 신자유주의 교육개혁을 재검토한다』, 서울: 원미사. 최근 마이클 샌델은 정치와 교육의 불가분의 관계에 주목하며 1980년대 이후 미국의 교육정책이 추구해 온 능력주의를 비판적 시각에서 심층적으로 다룬다. 그는 교육의 수월성과 개인의 역량만을 중시하는 교육정책의 문제점과 의도하지 않은 부정적 결과들을 공동체주의의 관점에서 지적한다. 마이클 샌델 지음, 함규진 옮김, 2020, 『공정하다는 착각: 능력주의는 모두에게 같은 기회를 제공하는가』, 서울: 와이즈베리.

43 단카이 세대는 1947~1949년에 태어난 전후 일본의 베이비 붐 세대를 말한다.

력주의와 과열된 수험 경쟁의 폐해, 주입식 교육, 관리주의 교육, 청소년 비행, 학교 폭력, 괴롭힘 등을 해소, 완화하기 위해 입시개혁이 진행되었고 교육의 기본 가치의 전환이 고려되었다.[44]

1980년대 교육개혁을 거쳐 그 후에는 여유 교육(유토리 교육)이나 열린 학교 만들기와 같은 구조조정의 방책이 제시되었고, 2000년 교육개혁국민회의의 설치, 2006년 교육기본법 개정도 후기 선진산업사회 일본의 문제를 비중 있게 다룬 교육개혁의 추진이었다. 이를 종합하여 전후 일본의 교육환경의 변천이라는 각도에서 본다면, 1950년대 재건과 확립의 시대, 1960년대 확대 발전의 시대, 1970년대 구조 변용의 시대, 1980년대 회의와 조정의 시대, 1990년대 전환과 모색의 시대로 나누는 구분은 설득력이 있다. 이를 수용하며 이 글에서는 1980년대 회의와 조정의 시대였던 나카소네 정권하에서 추진된 임시교육심의회의 교육개혁에 초점을 두고 그것의 정치적, 정책적 의미를 설명하고자 한다.

2. 나카소네 교육개혁의 실용주의적 실행

나카소네 수상은 전후 정치의 총결산을 주도하면서 국유철도민영화와 같은 개혁에 대해서는 국철노조에 강력 대응하며 비온정적인 입장을 견지했다.[45] 반면 교육개혁에 있어서는 타협적, 실용적 접근을 보여 주었다. 교육기본법은 개정의 필요성을 강조하는 담론적 차원에서 이슈 형

---

44 최은봉, 1996, 「일본 신 중간층의 정치사회적 지위: 학력주의와 사회계층과의 관계를 중심으로」, 『아세아연구』, 39(2), 1-26쪽.
45 최은봉, 1992, 「일본국유철도 분할 민영화의 정치과정」, 『일본평론』, 1992 봄/여름호, 309-345쪽.

성을 주도하는 접근을 취하고, 전반적 교육개혁은 포괄적, 실무적 차원에서 부문별 정책을 추진했다. 그 기초는 임시교육심의회에서 제출한 4차례의 답신이었는데, 답신을 통해 21세기를 향한 교육개혁의 기본 원칙으로 개성 중시의 원칙, 평생학습체계의 이행, 국제화, 정보화 등 변화에의 대응을 강조했다. 임시교육위원회의 개혁 기본 원칙은 획일주의와 학교중심주의로부터의 탈피를 도모하며 교육행정이 변화에 유연하게 대응할 것을 요청한 것이다.

이에 부응하여 정부는 임시교육심의회의 답신의 방안을 실현하는 차원에서 교육개혁 추진 각료회의를 설치하였고 문부과학성(당시 문부성)에 1987년 8월 교육개혁 실시 본부를 두었다. 1987년 10월에 각료회의에서 결정된 교육개혁 추진 대강을 기본방침으로 하여 개혁의 실행에 박차를 가했다. 동시에 문부과학대신의 자문기관으로서 대학심의회를 새로 설치하고 대학설치심의회 및 사립대학심의회를 통합 재편성하여 대학설치 학교 법인심의회를 발족시켰다. 1989년 4월에는 중앙교육심의회의 활동이 재개되어 '평생학습의 기반 정비에 관하여'라는 답신에 기초하여 1990년 8월에 사회교육심의회를 개편함으로써 평생학습심의회를 출범시켰다.

중앙교육심의회는 전후 교육개혁을 추진하기 위해 발족한 교육쇄신심의회의 후신으로 1952년 이전에는 내각총리대신의 자문기관이었다가 그 후에는 문부과학대신의 자문기관의 위치에 있으면서 1980년대는 임시교육심의회와 함께 교육개혁의 중심축을 담당했다. 중앙교육심의회는 문부과학대신의 자문에 응하여 교육의 진흥 및 평생학습의 추진을 중책으로 한 풍부한 인간성을 갖춘 창조적인 인재의 육성에 관한 중요한 사항과 스포츠의 진흥에 관한 중요 사항을 조사 심의하여 문부과학대신에게 의견을 낸다. 또한 평생학습에 관련된 기회의 정비에 관한 중요 사항을 조사 심의하고 문부과학대신 또는 관계 행정기관의 장에게 의견을 내고, 법령의 규정에 근거하여 심의회의 권한에 속하는 사항을 처리한다.

1984년 9월 나카소네 정권하에서는 급격한 사회적, 교육적 환경의 변화를 배경으로 시의성과 시급성을 강조하며 수상 직속 자문기관으로서 임시교육심의회를 설치하였다. 내각 직속의 조사 심의 기간이 교육문제와 관련하여 설치된 것은 드문 시도로서 전후 두 번째였다. 이전의 전례는 요시다 내각하에 1946년에 설치된 교육쇄신위원회가 있다. 1980년대 중반기의 교육개혁은 교육의 재구조화를 추구하였다는 점에서 메이지유신 후 제3의 교육개혁이라고 불리기도 했다. 메이지유신을 일본의 근대화의 출발점으로 간주하고 당시의 교육개혁을 제1의 교육개혁이라고 한다면, 전후 미국 교육철학과 방법 제도의 이식은 제2의 교육개혁기에 해당된다. 미국 점령정책에 의해 추동된 서구식, 미국식 교육개혁은 1946년 교육쇄신위원회, 1949년 교육쇄신심의회, 1952년 중앙교육심의회가 주축이 되어 전개되었다.

전후 일본의 교육개혁의 흐름은 1945~1950년대의 전후 개혁기에 이어 1960년대~1984년의 학교 교육의 확대 발전 및 구조조정기로 접어들었다. 1950년대가 새로운 법률과 제도를 수립하여 교육시설과 환경을 정비하는 시기였던데 비해, 1960년대는 교육의 양적 성장을 도모했던 시기였다. 1960년대 이후 일본의 경제부흥, 소득증대, 고도경제성장, 중산층의 등장 등이 괄목할 만한 교육의 양적 성장의 경제사회적 토양이 되었다. 1970년대에 접어들자 1950년대와 1960년대의 제도정비 및 양적 성장형 교육개혁의 부정적 유산에 대한 비판적 평가가 제기되고 그에 대응하기 위한 질적 관리의 필요성이 강조되었다. 이에 관료 행정

중심의 교육개혁이 추진되어 1971년 중앙교육심의회는 정책적 가이드라인으로 '46답신'을 발표했다.

제3의 교육개혁이라고 평가되며 1984년에 착수한 교육의 재구조화는 제도 수립, 규모의 확충 차원을 넘어서 신중산층의 시대에 진입한 일본 사회의 변화를 반영하고 국제적으로 대국의 위상을 확립한 일본의 대외적 비전을 구현하기 위한 것이었다. 동시에 1980년대 중반은 세계적으로 시장력 강화를 통한 국가경쟁력의 증대를 지향하는 교육개혁의 흐름이 형성되고 있었고 이러한 신자유주의적 물결이 전면적 교육개혁의 배경으로 작용하였다. 1980년대 교육개혁은 국가 중심, 일본의 경우는 특히 수상 직속의 임교심에 의해 주도되어 포괄적으로 접근하는 경향이 강했다. 그 이후 강조되기 시작한 분권화의 논의는 이 시기에 등장은 했으나 아직 강하게 거론되지는 않았다.

1980년대 임시교육심의회의 조사 심의 활동은 4개 영역으로 진행되었는데, 앞서 설명했듯이 정치적 환경을 고려하여 논의 항목에 교육기본법의 개정을 명시하지는 않았기 때문에 그 법의 기본 정신의 실현에 기반을 두고 전개되었다. 임시교육심의회는 1985년 6월 26일 발표한 교육개혁에 관한 제1차 답신에서 개성 존중의 원칙 아래 초·중등 교육에 관해서 6년제 중학교 및 단위제(학점제) 고교의 설립 등을 제안했다. 1986년 4월 23일 발표한 제2차 답신과 1987년 4월 4일 발표한 제3차 답신에서는 생애학습체제로의 이행, 초·중등 교육의 개혁, 국제화 정보화에의 대응, 교육행정개혁의 개선방향, 교육비와 교육재정의 개선방향에 대하여 제언하였다. 그리고 1987년 8월 7일의 제4차 답신에서는 개성중시, 생애학습, 변화에의 대응이라는 세 가지 관점에 따른 구체적 방안을 논의하였다. 임시교육심의회는 1987년 8월 20일 해산하면서 1차에서 4차에 이르는 답신을 구체화하여 교육개혁추진대강을 내놓았고 이는 1987년 10월 16일 각료회의에서 채택되었다.[46]

임시교육심의회의 개혁에 관한 제언은 동 심의회의 답신이 나온 1985~1987년 이전부터 설치되어 있던 교육과정심의회, 교육직원양성심의회, 보건체육심의회, 학술심의회와 새롭게 신설된 평생학습심의회, 대학심의회 등을 통해서 임시교육심의회의 4차에 걸친 답신을 구체화하기 위한 전문적인 검토를 병행하였다. 우선, 개성 중시의 원칙에 따른 새로운 시도는 다음과 같다. 1989년 3월에 유치원, 소학교, 중학교, 고등학교의 학습지도요령을 전면 개정하였고, 10월에는 맹아학교, 농아학교, 양호학교의 학습지도요령도 전면 개정되었다. 개정의 방향은 평생학습의 기반 구축의 관점에서 사회의 변화에 자체 대응할 수 있는 인간을 육성하는 것을 목표로 하는 것이었다. 소학교 저학년의 수준에 생활과를 신설하였고, 중학교에서는 선택 이수를 확대하였으며, 고등학교에서는 교육과정의 탄력화를 추구했다. 학습지도요령 개정의 또다른 특징은 자기교육력의 육성을 중요시하는 새로운 학력관을 내세웠다는 점이다.

제도적인 면에서 고등학교에 종합학과를 창설했고, 중학교와 고등학교를 일관하는 6년제 중등교육학교를 제도화하고, 고등학교 입학자 선발 방법을 한층 다양화하고 선발 기준을 다원화했다. 동시에 여성차별철폐조약을 비준함에 따라 고등학교에서 가정과를 남녀 학생이 함께 수학할 수 있도록 조치했다. 교원의 차원에서는 교사의 자질 향상을 위해서 신규채용 교사를 대상으로 약 1년간의 초임자연수제도를 도입하였

---

[46] 일본 문부과학성 www.mext.go.jp; 일본 국립교육정책연구소 http://www.nier.go.jp.

고, 교육직원면허법을 개정하여 사회인의 활용과 대학원 수준의 교원자격증 신설을 가능하도록 했다. 대학 및 고등교육에 관해서는 대학설치기준의 대강을 마련하고 대학원제도를 탄력화하기 위한 대학원설치기준을 개정했다. 교육상의 예외조치로서 17세 학생의 대학 입학을 허용했다. 공통의 제1차 시험을 대신한 대학입시센터 시험의 실시를 정했으며 추천 입학을 포함하여 선발 방법을 다양화하였고, 대학 3학년생의 대학원 진학이 가능하도록 하는 등의 개혁을 실시했다. 21세기를 향한 교육개혁의 기치하에 나카소네의 전후 정치 총결산의 틀 속에서 임시교육심의회의 정책제언은 아웃사이드-인(outside-in)의 방식으로 국제적 교육개혁의 흐름을 수용하여 인터-메스틱(inter-mestic)의 연계를 통해 신자유주의적 개혁방안을 제시하였다.

V. 맺음말: 나카소네 교육개혁과 보수화의 유산

이 글은 정치와 교육의 관계를 중시하며 1980년대 일본 교육 자유화 정책의 아이디어, 과정, 내재화를 살펴보기 위해 나카소네의 교육개혁의 지향점과 추진방식을 논의했다. 구체적으로 왜 1980년대가 중요한가, 왜 나카소네 수상 리더십하의 전후 정치 총결산과 교육개혁의 정치적 의미를 재조명하는가를 설명했다. 연구 접근 방법으로는 문화정치론적 접근을 통해 정책과 법의 입안, 가치와 정체성의 재구조화, 포스트 산업사회의 일본적 지향성이 교육개혁에 반영된 내용에 주목했다. 동시에 시계열적 과정추적법을 적용하여 포괄적 흐름으로 교육개혁 1.0, 교육개혁 2.0, 교육개혁 3.0을 고찰했다. 초점 사례인 교육기본법 개정 논의를 설명하기 위해 1980년대 교육개혁 3.0의 전개 과정의 변주와 파급을 파악했다. 문헌검토 연구로서 1차 자료, 정부 문서, 보고서를 참고하면서 2차 선행연구 자료를 통해 국가 지표를 대비하여 살펴보았다.

일본의 1980년대 나카소네가 주도한 전후 정치의 총결산하의 교육개혁의 정치적 전개는 보수와 혁신 집단의 갈등적 표상과 보수우경화의 저류를 형성하였다. 국내외 환경 요인으로 국제 정치에 국내 정치가 반응하여 연계됨으로써 인터-메스틱(inter-mestic)의 되먹임 구조가 특징으로 나타났다. 당시 영국의 대처, 미국의 레이건, 일본의 나카소네의 신자유주의 '보수혁명'은 글로벌 차원의 공명을 일으켰다. 총리 직속의 임시교육심의회가 중심이 되어 교육정책을 주도한 일본의 보수 집단은 이중적으로 대응했다. 이념 차원에서 나카소네는 신자유주의 아이디어와 정책 패키지를 전후 정치 총결산의 레토릭하에 효과적으로 수렴하였다. 국가주의를 기반으로 한 네오 내셔널리즘의 변혁적 리더십을 발휘하여 교육개혁, 행정·재정개혁을 추진하고 헌법 개정 논의를 아젠다로 내세웠다. 전후 일본의 총결산에 따른 교육개혁 논의는 교육기본법 개정론의 핵심 내용, 국가-사회-개인의 관계, 신자유주의적 보수주의의 모순과 통합, 국가의 공교육 통제와 관리, 자율성의 범위와 책임의 주체를 이전과는 구별되는 새로운 시각에서 다루었다.

전후 정치의 총결산의 개혁 목록은 행정·재정, 교육, 헌법 개혁을 아우르는 포괄적인 것이었다. 그러나 각 정책 개혁은 실용주의적 접근을 통해 집행했다. 신자유주의 개혁 주도 집단은 추진 체계의 다중구조를 활용했고, 시장과 교육 간의 의존적 회로를 형성하였으며, 민주주의에서의 중앙-지방의 신분권화의 문제를 제기했다. 실천적 수준에서 평가하자면 전후 정치의 총결산은 역사문제의 정치화, 국가 교육정책과 권위주의적 대중주의의 영합, 학교, 교사, 보호자, 학생 간 소비자 담론의 등장, 전통적 가치의 구성과 내재화를 가져왔다. 이를 통해 회귀적 보수정책의 형성적 기반을 공고화하는 결과를 초래했다. 이를 기반으로 1980년대 나카소네의 전후 정치의 총결산하의 교육개혁은 신자유주의의 궤적에 따라 실행되었고 네오 내셔널리즘의 가치를 보수운동의 동력이 되도록 프레이밍했다. 나카소네 교육개혁은 일본 내 그리고 동아시아 주변국과의 관계에 있어서 역사인식을 마찰과 갈등 국면으로 이끄는 경로를 형성했고, '전후 정치 회피'의 역사정치적 유산을 남겼다고 할 수 있다.

참고문헌

고전, 2014, 『일본교육개혁론: 21세기 교육개혁의 해설과 비판 II』, 서울: 박영스토리.
브래드 글로서번 지음, 김성훈 옮김, 2020, 『피크재팬: 마지막 정점을 찍은 일본』, 서울: 김영사.
나카소네 야스히로 지음, 오문영 옮김, 1993, 『나카소네 야스히로 회고록: 정치와 인생』, 서울: 조선일보사.
동북아역사재단 한일역사문제연구소 편, 2020, 『일본의 국가 정체성과 동북아 국제관계』, 서울: 동북아역사재단.
박철희, 2011, 『자민당 정권과 전후 체제의 변용』, 서울: 서울대출판문화원.
마이클 샌델 지음, 함규진 옮김, 2020, 『공정하다는 착각: 능력주의는 모두에게 같은 기회를 제공하는가』, 서울: 와이즈베리.
조엘 스프링 지음, 정일환·김혜숙·이혜미 외 옮김, 2016, 『미국 교육정치학』, 서울: 교육과학사.
신도 무네유키 지음, 안재헌 옮김, 2015, 『교육위원회 무엇이 문제인가: 일본 교육위원회 제도의 변천과 개혁논의』, 서울: 한울아카데미.
마이클 W. 애플 지음, 성열관 옮김, 2003, 『미국 교육개혁, 옳은 길로 가고 있나: 학교교육의 시장화와 교육과정의 보수화 비판』, 서울: 우리교육.
마이클 W.애플·제프 위티·나가오 아키오 편, 정영애·이명실·고경임·김미란 옮김, 2011, 『비판적 교육학과 공교육의 미래: 신자유주의 교육개혁을 재검토한다』, 서울: 원미사.
외교부, 2019, 『일본개황』.
최은봉, 1999, 『전후 일본에 있어서 헌법 논쟁의 정치적 함의』, 성남: 세종연구소.
토마 피케티 지음, 장경덕 옮김, 2013, 『21세기 자본』, 서울: 글항아리.
_____, 안준범 옮김, 2020, 『자본과 이데올로기』, 서울: 문학동네.
호리오 데루히사 지음, 심성보 윤종혁 옮김, 1997, 『일본의 교육』, 서울: 소화.

服部龍二, 2015, 『中曾根康弘: 大統領的首相の軌跡』, 東京: 中央公論新社.
小川正仁, 2010, 『教育改革のゆくへ: 國から 地方へ』, 東京: 筑摩書房.
山崎政人, 1986, 『自民黨の 教育政策: 教育委員任命制から 臨教審まで』, 東京: 岩波書店.

Schoppa, Leonard James, 1991, *Education Reform in Japan: a Case of Immobilist Politics*, London and New York: Routledge.

고전. 2013, 「일본 교육위원회 개혁 논의의 쟁점과 시사점」, 『비교교육연구』 23(4).
_____, 2016, 「일본의 최근 교육개혁 정책의 특징과 평가: 문부과학성과 중앙교육심의회를 중심으로」, 『비교교육연구』 26(4).
김지은, 2006, 「글로벌화 시대의 교육 과제: 일본교육의 비판적 검토를 통한 제안」, 『비교교육연구』 16(1).
남경희, 2014, 「일본의 도덕교육의 성립 전개와 도덕의 교과화 시도」, 『한국일본교육학연구』 19(1).
_____, 2016, 「전후 일본에서 학력 논쟁과 학력관의 동향」, 『한국일본교육학연구』 21(1).
박균섭, 2015, 「한국에서 본 전후일본교육의 궤적: 교육칙어와 교육기본법의 연속과 불연속」, 『일본근대학연구』 50.
박철희, 2015, 「일본정치 보수화의 삼중구조」, 『일본비평』 6(1).
이웅현, 2017, 「전후 일본 보수 인맥의 태동: 역코스기를 중심으로」, 『동북아역사논총』 57.
이윤미, 2015, 「동아시아 교육발전모델의 역사적 구조 탐색: 일본교육의 사례」, 『비교교육연구』 25(4).
_____, 2017, 「전후 일본교육개혁의 정치학: 동아시아교육발전모델의 실천적 측면」, 『비교교육연구』 24(1).
이정환, 2015, 「장기불황, 구조개혁, 생활보수주의」, 『일본비평』 6(1).
이지원, 2014, 「일본의 우경화: 수정주의적 인식과 아베식 전후 체제」, 『경제와 사회』 101.
최경옥, 2006, 「일본에 있어서의 교육기본법의 사상적 배경」, 『헌법학연구』 12(5).
최영희·노기주·박용완, 2010, 「일본 교육행정 개혁의 동향」, 『교육문제연구』 15(1).
최은봉, 1992, 「일본국유철도 분할 민영화의 정치과정」, 『일본평론』 1992 봄/여름호.
_____, 1994, 「정치와 교육: 1980년대 일본 교육개혁의 정치과정과 정책적 시사점」, 『성곡논총』 26(2).
_____, 1995, 「국가와 시장: 일본 교육자유화론의 정치이념적 성격과 한계」, 『한국정치학회보』 27(2).
_____, 1996, 「일본 신 중간층의 정치사회적 지위: 학력주의와 사회계층과의 관계를 중심으로」, 『아세아연구』 39(2).
_____, 2002, 「글로벌리제이션과 현대 일본의 교육개혁」, 『일본연구논총』 16.

_____, 2020, 「전후 일본 정체성 변용의 국내적 내파와 대외적 굴절: 오키나와 배제와 동아시아 주변화」, 『일본역사연구』 51.

최희식, 2012, 「나카소네 야스히로의 정치리더십 연구: 내재화된 변혁적 리더십(Embedded Transformational Leadership)의 성과와 한계」, 『한국정치학회보』 46(5).

_____, 2018, 「전후 일본 외교에서 나카소네 외교의 의미」, 『일본공간』 23.

한용진, 1996, 「전후 일본 교육의 민주화 과정에 관한 고찰(1): 미군정 초기 점령교육정책을 중심으로」, 『안암교육학연구』 2(1).

_____, 1997, 「전후 일본 교육의 민주화 과정에 관한 고찰(2): 교육사절단 활동과 교육기본법 제정을 중심으로」, 『안암교육학연구』 3(1).

한정선, 2013, 「일본에서 민주주의의 형성과 변화」, 『역사와 현실』 87.

大嶽秀夫, 1993, 「中曾根の政治イデオロギの國內政治的 背景」, 『Leviathan』 1(春).

_____, 1993, 「臨敎審における敎育自由化の試み」, 『Leviathan』 12(春).

Dale, R., 2005, "Globalization, Knowledge, Economy and Comparative Education," *Comparative Education* 41.

Takayama, Keita, 2007, "A Nation at Risk Crosses the Pacific: Transnational Borrowing of the U.S. Crisis Discourse in the Debate on Education Reform in Japan," *Comparative Education Review* 51.

_____, 2009, "Is Japanese Education the 'Exception'?: Examining the Situated Articulation of Neo-Liberalism Through the Analysis of Policy Keywords," *Asia Pacific Journal of Education*.

Willis, D. B., 2002, "Citizenship Challenges for Japanese Education for the 21th Century: 'Pure' for 'Multicultural' Citizenship Education in Japan," *International Education Journal* 3(5).

『경향신문』, 2020년 10월 14일.
『21세기정치학대사전』.
『한경 경제용어사전』.
세계법제정보센터 www.world.moleg.go.kr.
일본 내각부 https://www.cao.go.jp.

일본국헌법 https://www.shugiin.go.jp/internet/itdbmannai.nsf/html/statistis/shiryo/dl-constitution.htm.

일본 문부과학성 www.mext.go.jp.

일본 국립교육정책연구소 http://www.nier.go.jp.

일본회의 http://www.nipponkaigi.org.

일본 개발교육협회(DEAR) http://www.dear.or.jp/org/index.html.

UNESCO. Global Citizenship Education ; An Emergent Perspective. http://unesdoc.unesco.org/images/0022/002241/224115E.pdf. 2013.

부록

교육기본법 (2006년 개정)

교육기본법 개정은 2006년에 이루어졌고 (2006.12.22. 법률 제 120호) 그 내용은 아래와 같다.

전문

우리 일본 국민은 꾸준한 노력으로 쌓아 온 민주적이고 문화적인 국가를 더욱 발전시키는 동시에 세계의 평화와 인류의 복지향상에 공헌하는 것을 희망한다.

우리는 그 이상을 실현하기 위해, 개인의 존엄을 존중하고 진리와 정의를 희구하고 공공의 정신을 존중하여, 풍부한 인간성과 창조성을 갖춘 인간의 육성을 기함과 더불어 전통을 계승하여 새로운 문화의 창조를 지향하는 교육을 추진한다.

이에 우리는 일본헌법의 정신에 따라 우리나라의 미래를 개척할 교육의 기본을 확립하고 그 진흥을 도모하기 위해 이 법률을 제정한다.

제1장 교육의 목적과 이념

〈교육의 목적〉
제1조 교육의 인격 완성을 목표로 평화롭고 민주적인 국가 및 사회의 형성자로서 필요한 자질을 갖춘 심신이 모두 건강한 국민의 육성을 기해 이루어져야 한다.

〈교육의 목표〉

제2조 교육은 그 목적을 실현하기 위해 학문의 자유를 존중하면서 다음에 열거된 목표를 달성하도록 행해지는 것으로 한다.

1. 폭넓은 지식과 교양을 습득하여 진리를 구하는 태도를 기르고, 풍부한 정조와 도덕심을 키우는 동시에 건전한 신체를 기르는 것.

2. 개인의 가치를 존중하고, 그 능력을 신장시켜 창조성을 기르고, 자주 및 자율 정신을 기르는 것과 동시에, 직업 및 생활과의 관련성을 중시하고 근로를 존중하는 태도를 기르는 것.

3. 정의와 책임, 남녀의 평등, 자신과 타인에 대한 경애와 협력을 중시함과 아울러 공공의 정신을 바탕으로 주체적으로 사회의 형성에 참여하여 그 발전에 기여하는 태도를 기르는 것.

4. 생명을 존중하며, 자연을 소중하게 여기며, 환경의 보전에 기여하는 태도를 기르는 것.

5. 전통과 문화를 존중하고 그것들을 길러 온 국가와 향토를 사랑하고 다른 나라를 존중하여 국제사회의 평화와 발전에 기여하는 태도를 기르는 것.

〈평생학습의 이념〉

제3조 국민 개개인이 자기의 인격을 연마하고, 풍요로운 삶을 보낼 수 있도록 그 생애에 걸쳐 모든 기회와 모든 장소에서 학습할 수 있고 그 성과를 적절하게 살릴 수 있는 사회의 실현을 도모하지 않으면 안 된다.

〈교육의 기회 균등〉

제4조 모든 국민은 동등하게 그 능력에 따른 교육을 받을 기회를 부여받지 않으면 안 되며, 인종, 신조, 성별, 사회적 신분, 경제적 지위 또는 가문에 따라 교육상 차별되어서는 안 된다.

2. 국가 및 지방공공단체는 장애가 있는 사람이 그 장애 상태에 따라 충분히 교육을 받을 수 있도록 교육상 필요한 지원을 강구하지 않으면 안 된다.

3. 국가 및 지방공공단체는 능력이 있는 데도 불구하고 경제적 이유로 인해 수학이 곤란한 자에게 장학의 조치를 강구하지 않으면 안 된다.

제2장 교육의 실시에 관한 기본

〈의무 교육〉

제5조 국민은 그 보호하는 자녀에게 따로 법률로 정하는 바에 따라 보통교육을 받게 할 의무를 진다.

2. 의무교육으로 행해지는 보통교육은 각 개인이 가진 능력을 신장시키면서 사회에서 자립적으로 사는 기초를 기르고, 또한 국가 및 사회의 형성자로서 필요한 기본적인 자질을 키우는 것을 목적으로 행해지도록 한다.

3. 국가 및 지방공공단체는 의무교육의 기회를 보장하고, 그 수준을 확보하기 위해 적절한 역할 분담 및 상호협력하에 그 실시에 책임을 진다.

4. 국가 또는 지방공공단체가 설치하는 학교의 의무교육에 대해서는 수업료를 징수하지 않는다.

〈학교 교육〉

제6조 법률에 정하는 학교는 공공의 성질을 가진 것이며 국가, 지방공공단체 및 법률에 정하는 법인만이 이를 설치할 수 있다.

2. 전항의 학교에서는 교육의 목표가 달성되도록 교육을 받는 사람의 심신 발달에 따라 체계적인 교육이 조직적으로 행해지지 않으면 안된다. 이 경우 교육을 받는 사람이 학교생활을 영위하는 데 있어서 필요한 규율을 존중함과 아울러 스스로 학습에 임하는 의욕을 높이는 것을 중시해 행해지지 않으면 안 된다.

〈대학〉

제7조 대학은 학술의 중심으로 높은 교양과 전문적 능력을 키움과 아울러

깊은 진리를 탐구해 새로운 지식과 견해를 창조하고, 이들 성과를 널리 사회에 제공함으로써 사회 발전에 기여하도록 한다.

2. 대학에 대해서는 자주성, 자율성 기타 대학에 있어서 교육 및 연구의 특성이 존중되지 않으면 안 된다.

〈사립 학교〉

제8조 사립학교가 갖는 공공의 성질 및 학교 교육에서 담당하는 중요한 역할을 감안하여, 국가 및 지방공공단체는 자주성을 존중하면서 조성 및 기타 적당한 방법에 따라 사립학교 교육의 진흥에 힘쓰지 않으면 안 된다.

〈교원〉

제9조 법률에 정하는 학교 교원은 자신의 숭고한 사명을 깊이 자각하고 끊임없는 연구와 수양에 힘쓰며, 그 직책 수행에 힘쓰지 않으면 안된다.

2. 전항의 교원에 대해서는 그 사명과 직책의 중요성에 비추어 그 신분은 존중되고, 대우의 적정을 기하는 것과 동시에, 양성과 연구의 충실화를 도모하지 않으면 안 된다.

〈가정교육〉

제10조 부모 그 외 보호자는 자녀교육에 대해 일차적 책임을 가지는 것이며, 생활을 위해 필요한 습관을 몸에 익히도록 함과 동시에 자립심을 육성하고 심신의 조화로운 발달을 도모하도록 노력한다.

2. 국가 및 지방공공단체는 가정교육의 자주성을 존중하면서 보호자에 대한 학습의 기회 및 정보의 제공 기타 가정 교육을 지원하기 위해 필요한 시책을 강구하도록 힘쓰지 않으면 안 된다.

〈유아기 교육〉

제11조 유아기의 교육은 생애에 걸친 인격 형성의 기초를 기르는 중요한

것임을 감안하여 국가 및 지방공공단체는 유아의 건강한 성장에 이바지하는 양호한 환경의 정비, 기타 적당한 방법에 따라 그 진흥에 힘써야 한다.

〈사회 교육〉

제12조 개인의 희망이나 사회의 요청에 부응하여, 사회에서 행해지는 교육은 국가 및 지방공공단체에 의해 장려되지 않으면 안 된다.

2. 국가 및 지방공공단체는 도서관, 박물관, 공민관, 기타 사회교육시설의 설치, 학교시설의 이용, 학습의 기회 및 정보의 제공 기타 적당한 방법에 따라 사회 교육의 진흥에 힘쓰지 않으면 안 된다.

〈학교, 가정 및 지역 주민 등의 상호 연계 협력〉

제13조 학교, 가정 및 지역주민, 기타 관계자는 교육에서의 각각의 역할과 책임을 자각함과 함께 상호의 제휴 및 협력에 힘써야 한다.

〈정치교육〉

제14조 양식 있는 공민으로서 필요한 정치적 교양은 교육상 존중되지 않으면 안 된다.

2. 법률에 정한 학교는 특정 정당을 지지하거나 이에 반대하기 위한 정치교육, 기타 정치적 활동을 해서는 안 된다.

〈종교 교육〉

제15조 종교에 관한 관용의 태도, 종교에 관한 일반적인 교양 및 종교의 사회생활에서의 지위는 교육상 존중되어야 한다.

2. 국가 및 지방공공단체가 설치하는 학교는 특정 종교를 위한 종교교육, 기타 종교적 활동을 해서는 안 된다.

제3장 교육 행정

〈교육 행정〉

제16조 교육은 부당한 지배에 따르지 않고, 이 법률 및 기타 법률이 정한 바에 따라 행해져야 하며, 교육행정은 국가와 지방공공단체와의 적절한 역할 분담 및 상호협력하에 공정하고 적정하게 행해지지 않으면 안 된다.

2. 국가는 전국적인 교육의 기회균등과 교육수준의 유지향상을 도모하기 위해 교육에 관한 시책을 종합적으로 책정하고 실시하지 않으면 안 된다.

3. 지방공공단체는 그 지역에서의 교육의 진흥을 도모하기 위해 그 실정에 맞는 교육에 관한 시책을 책정하고 실시하지 않으면 안 된다.

〈교육 진흥 기본계획〉

제17조 정부는 교육의 진흥에 관한 시책의 종합적이고 계획적인 추진을 도모하기 위해, 교육의 진흥에 관한 시책에 대한 기본적인 방침 및 강구해야 할 시책, 기타 필요한 사항에 대해 기본적인 계획을 정하고 이를 국회에 보고하는 동시에 공표하지 않으면 안 된다.

제4장 법령의 제정

제18조 이 법률에 규정하는 여러 조항을 실시하기 위해 필요한 법령이 제정되지 않으면 안 된다.

부칙

〈시행 기일〉

1. 이 법률은 공포의 날로부터 시행한다.

제3장

일본 보수본류의 역사인식과 국가주의 강화
- 1980~1999년

| 이종국 ■ 동북아역사재단 명예연구위원 |

Ⅰ. 머리말
Ⅱ. 문제인식과 선행연구
Ⅲ. 고도성장기 국가주의 동향과 역사인식
Ⅳ. 냉전기 일본 보수정치인들의 역사인식
Ⅴ. 냉전 종식 이후 국가주의 확장과 역사인식 후퇴
Ⅵ. 맺음말

I. 머리말

그동안 한일관계에는 일본 정치가들의 과거사 관련 '망언'으로 역사인식이 충돌하는 현상이 자주 발생하였다. 최근 '역사인식'문제'를 둘러싸고, 일본의 우파정치인·보수적인 역사학자들이 역사수정주의 노선을 지지하면서 일본은 '우경화'하고 있다. 이러한 현상은 1970년대 일본이 고도성장을 이룩하면서 동시에 국내적으로 보수주의와 민족주의가 확산하는 과정에서 발생하였다. 그 이후 일본의 역사인식 문제는 한일 간의 문제만이 아니라 동북아시아의 문제를 넘어 글로벌한 문제로 확대되었다.

1970년대는 세계적인 경제위기로 일본의 정치경제 역시 어려운 시기였다. 이러한 국제적인 위기가 일본의 정치·경제·사회·문화에 어떠한 영향을 끼쳤는가 하는 문제는 흥미롭다. 물론 복합적인 원인에 의해 일본의 1970년대 이후의 현대사는 연속성을 가지고 있음에 틀림이 없다. 다시 말

---

* 이 글은 『일본역사연구』 제53집(2020.12.30, 173~197쪽)에 게재된 원고를 수정·보완한 것임.

1 동북아시아에서 논쟁이 생기게 된 계기는 냉전이 종식되고 난 이후 일본의 침략전쟁으로 인한 피해자들의 목소리가 높아지면서이다. 그리고 탈냉전 이후 근대국가의 역할이 변화하면서 역사인식 문제도 새롭게 문제제기 되었다. 일본에서는 1990년대 전반 일본 정부가 법적 책임을 부인하는 입장을 보이자, 1995년 일본의 가해책임에 대한 대법정이 개최되면서 시민들에 의한 평화운동이 전개되었다. 90년대 후반은 반동기로, 일본의 전후 역사는 '자학사관'이라고 비판하면서 자국중심적인 역사관을 주장하는 그룹들의 활동이 강화되었다. 그러므로 90년대는 역사인식을 둘러싸고 논쟁이 치열하게 전개된 시기였다. 그 이후 일본의 역사인식은, 글로벌사로 인식되는 흐름도 있으나, 새로운 국가주의적인 경향이 강화되는 상황에 있다. 이러한 논의에 대해서는 이하 문헌 참조. 다카하시 데쓰야 지음, 임성모 옮김, 2009, 『역사인식 논쟁』, 동북아역사재단; 若宮啓文, 2006, 『和解とナショナリズム』, 朝日新聞社; 若宮啓文, 2014, 『戰後70年保守のアジア觀』, 朝日新聞社; 中野晃一, 2015, 『右傾化する日本政治』, 岩波書店; 菅英輝 編, 2011, 『東アジアの歴史摩擦と和解可能性』, 劉風社.

해 이 시기에 일본이 고도성장을 거치면서 아시아적이고 일본적인 것을 찾으려고 한 것은 그들의 정체성을 확인하는 작업과 깊은 관련이 있다.

몇 년 전 전후 70년을 맞이한 동아시아 3국은 물론 관계국들은 관련 행사를 치르면서 전후를 회고하는 각종 학술회의와 전시회를 개최하였다. 그리고 여러 국가의 전문가들은 전쟁 종결과 전후 처리, 전후 질서에 관한 전후사 재평가 연구를 진행하였다. 이러한 작업들은 제2차 세계대전을 어떻게 '기억'할 것인가? 그리고 전후 처리가 남긴 역사적인 의미를 기억하면서 어떠한 교훈을 얻을 것인가? 이러한 물음은 일본의 과거사 인식문제와 깊이 관련되어 있다.

그럼에도 불구하고 전후 질서를 둘러싸고 일본 국내정치는 역사인식을 서로 달리하고 있다. 그것은 '전쟁책임론'[2]과 '전후 질서 탈각'[3]과 같은 형태로 주장되고, 역사인식을 통한 정체성 수립 과정에서 갈등으로 나타났다.

이 연구에서는 1979~1998년에 이르기까지 진행된 일본 보수정치가들이 국가주의 역사인식을 어떻게 강화해 나갔는가를 중심으로 연구할 것이다. 이 시기는 국제적으로 신자유주의 흐름이 진행되면서 동시에 일

---

2 전쟁에 초점을 맞추어 일본의 근대사 전체를 문제시하는 것으로, 1945년 이전뿐만 아니라 그 이후의 역사를 대상으로 하는 시각이다. 그리고 전쟁책임을 회피하는 일본을 비판한다. 전쟁책임과 관련하여 일본 내에서는 전쟁책임 긍정파(大沼保昭,高橋哲哉, 小管信子)와 부정파(小堀桂一郎, 渡邊昇一)로 나눌 수 있다.

3 아베 총리를 비롯하여 일본의 보수정치인들에 의해 주장되는 것으로, 역사교과서 기술을 둘러싸고 '新しい教科書をつくる會'의 활동을 활발하게 전개하였고, 교과서 기술에서 위안부(慰安婦) 문제를 삭제하려는 국민운동을 전개하기도 하였다. 정치인들도 '明るい日本國會議員連盟'을 결성하여 자학사관을 비판하기 시작하였다. 1990년대의 일본의 동향은 정치 차원과 민간 차원에서 동시에 전후의 역사관을 바꾸려는 움직임이 나타났다(다카하시 데쓰야, 2009, 앞의 책, 104쪽 참조).

본에서는 새로운 우파들이 국가주의를 복권시키려는 움직임이 진행되었던 시기였다. 그러므로 왜 이 시기에 일본의 국가주의 복권 형상이 어떠한 조건 아래서 진행되었는가를 분석할 것이다. 그리고 본 연구를 진행함에 있어서 과거 진행된 선행연구를 참고하면서, 먼저, 전후 일본이 고도 성장기를 거치면서 정치·사회적으로 어떠한 변화가 발생하였는가를 관찰할 것이다. 그리고 '전후 정치 총결산'이라는 명목으로 진행된 집권 자민당의 보수본류의 정치인들의 역사인식이 한일관계에 어떠한 영향을 미쳤는가를 분석할 것이다.

덧붙여서 이 글에서는 전후 일본이 경제대국으로 성장하면서 냉전기 동안 집권 자민당의 보수정치인들이 한일관계에서 어떠한 역사인식을 가졌는가를 중심으로 설명한다. 그리고 냉전이 종식된 후 일본의 보수 정치인들이 자국의 정체성과 이데올로기를 강화하면서 역사수정주의 노선을 선택하는 과정을 볼 것이다. 마지막으로 자민당 보수연합에 의해 진행된 그들의 역사정책이 왜 발생하였으며, 한일관계에 어떠한 영향을 미쳤는가를 확인할 것이다.

II. 문제인식과 선행연구

일반적으로 일본의 역사인식 문제는 과거 일본이 동아시아에서 행한 식민지 지배와 전쟁범죄 행위를 둘러싸고 도덕적·법적 책임을 충분히 인식하지 못하면서 제기되었다. 이 문제는 제2차 세계대전 종결 후 일본이 미국의 점령통치를 받으면서, 그리고 1960년대 일본의 경제성장이 어느 정도 완성되고 일본의 자립이 강조되기 시작하면서 '강한국가' 일본으로서의 정체성, 그리고 냉전종식 이후 패권국가 미국이 후퇴하는 과정에서 일본의 위치를 생각하는 시점에서 논의되었다. 또한 잃어버린 20년과 중국의 부상이라는 상황 속에서 미래 일본을 둘러싼 논의가 진행되면서 일본의 정체성 논의는 더욱 활발해졌다. 이러한 과정에서 일본의 역사인식은 일본이 주변국가들의 관계 속에서 과거사와 전쟁을 어떻게 인식하느냐의 문제로 학술적인 차원에서 논의되었으며, 일본의 보수 우익 정치인들은 약화되는 일본을 지키기 위하여 침략전쟁을 부인하는 동시에 전후체제를 부정하면서 바람직한 역사인식을 거부하고 있다.

그동안 1970년대 이후, 소위 자민당 보수체제가 형성된 이후 진행된 선행연구를 세 그룹으로 나누어 설명하면, 먼저, 일본의 보수적인 시각[4]의 연구로, 일본 전후사의 해방이라는 입장에서 러일전쟁부터 아시아·태평양전쟁까지라고 표현한 시기를 다룬 호소야 유이치(細谷雄一)의 『역사인식이란 무엇인가?』는 보수와 진보를 넘어서서 논의를 시작하고 있다. 그러나 호소야의 시각은 보수 진영의 논리를 아주 세련되게 설명하고 있다. 그리고 한일역사인식 문제를 이론과 실제 사례를 통하여 연구한 기무라 칸(木村幹)의 『일한역사인식문제란 무엇인가』가 있다. 둘째로, 리버럴한 시각에서 이루어진 연구[5]로, 다카하시 데츠야의 『역사인식 논쟁』이 있다. 데츠야는 역사인식 문제를 총괄적으로 다루면서, 동아시아 국가와 유럽 국가들 사이에서 초국가적 역사인식의 가능성을 시험한 것

---

4 細谷雄一, 2015, 『歷史認識とは何か日露戰爭からアジア太平洋戰爭まで』, 新潮選書; 木村幹, 2014, 『日韓歷史認識問題とは何か』, ミネルヴァ書房.

5 다카하시 데츠야, 2009, 앞의 책; 若宮啓文, 2006, 앞의 책; 中野晃一, 2015, 앞의 책; Lind Jennifer, 2008, *Sorry States: Apologies in International Politics*, Cornell University Press.

으로 동아시아에 있어서 과거 극복을 하는 데 좋은 자료를 제공하고 있다. 그리고 일본의 전후 아시아관 속에서 역사인식을 비판하고 있는 연구로는 와카미야 요시부미(若宮啓文)의 연구가 있다. 그는 전후 70년 보수정치인들의 아시아관을 소개하면서 탈냉전 이후 일본의 정치지도자들의 역사인식을 설명하였다. 또한 1970년대부터 아베정권에 이르기까지 일본의 우경화를 만들어 낸 원인을 분석한 연구로 나카노 고이치(中野晃一)의 『우경화하는 일본정치』가 있다. 셋째로, 국경을 초월하여 역사인식을 공동연구하는 작업에 관한 연구[6]로 동북아역사재단이 펴낸 『역사적 관점에서 본 동아시아의 아이덴티티와 다양성』이 있다.

이렇게 다양하게 연구된 선행연구들은 각각 장단점을 가지고 진행되었으나, 1970년대부터 냉전 종식에 이르기까지 일본의 보수정치인들의 역사인식과 역사정책을 동시에 고려한 연구는 부족한 상황이다. 그동안 일본의 역사정책은 전전 일본이 전개한 제국주의 정책의 연장선에서 진행된 것이다. 일본제국주의가 전제한 역사정책의 핵심은 식민지 정책을 통한 제국질서의 유지 발전이었을 것이다. 이러한 논리에 의해서 전개된 식민지 정책은 일본의 전전 역사의 내용을 이루었다. 그리고 일본 제국은 서양의 제국주의와 국제주의의 시각을 차용하여 공존하는 논리로 만들어 갔다.[7]

이 글의 연구대상 시기는 1960년부터 냉전 종식까지이다. 먼저 1960년대는 자민당 정권의 황금기에 해당하는 시기로, 이케다 하야토 총리는 '관용과 인내'를 주장하며 국민소득배양 정책을 주장하였다. 그는 노선

---

6 동북아역사재단 편, 2010, 『역사적 관점에서 본 동아시아의 아이덴티티와 다양성』, 동북아역사재단.

7 사카이 데쓰야, 2010, 『근대일본의 국제질서론』, 연암서가, 251-252쪽.

대립이 심각한 안전보장 정책은 뒤로하고 경제정책을 주요 쟁점으로 하는 정책을 전개하였다.

그 결과 외교와 안전보장 정책에 있어서 자민당 내의 대립구조가 잠복상태로 들어감으로써 정치적 현실주의의 입장에서 요시다 독트린이 보수본류의 정치사상으로 정착하였다. 이때부터 일본은 철저하게 미국의 방위정책에 의존하면서 대미협조외교를 기본방침으로 하였다. 당시 혁신세력은 비무장 중립론을 주장하였지만, 자민당이 전개하는 고도성장 정책 아래서는 많은 국민의 지지를 받기 어려웠다.

경제정책에서도 경제적 자유주의와 일본형 중상주의 사이의 이념적 대립은 잠복상태로 들어가고 하토야마와 기시에 의해서 진행된 산업정책이 중심을 이루었다. 당시 자민당이 전개한 경제정책은 이념상의 대립보다는 경제성장에서 얻은 이익을 어떻게 분배하느냐에 관심이 기울여졌다. 당시 자민당 정치가들은 자신의 지역구를 중심으로 이익을 분배하면서 이익유도정치를 진행하였다.

이 시기에는 정치적 현실주의와 일본형 중상주의 기반 아래 보수본류의 사상이 지배적으로 되었다. 이렇게 하여 이익의 정치가 아이디어의 정치를 압도하였으며, 자민당 정권이 계속되게 되었다. 즉 이 시기는 정치적인 현실주의와 일본형 중상주의를 기조로 하는 시기로 자민당의 보수본류의 사상이 지배적인 시기였다. 이 시기는 아이디어보다는 이익정치가 우선시되고 이익유도정치가 최고의 전성기를 누린 시기였다.

다음으로, 1980년대 후반부터 1990년대 전반에 이르기까지의 시기로 일본이 직면한 경제환경과 국제환경의 변화가 급격하게 이루어진 시기이다. 경제정책에서 과거와 같은 이익유도정치가 일본 정치사회에 부정적인 영향을 미치는 가운데 신자유주의적인 개혁이 요구되는 상황이었다. 구체적인 요인을 보면, 먼저 미일경제마찰이 심각해졌다. 당시 미국으로부터 외압이 가해지는 가운데 수입확대와 내수확대를 위하여 정치경제구조의 개혁이 요구되었다. 둘째로 1990년대 초 버블 붕괴와 함께 공공사업을 중심으로 한 경기부양책이 효과가 없는 가운데 재정적자가 쌓여가자 진정한 구조개혁이 필요하다는 인식이 확산되어 갔다. 셋째로 글로벌화로 단기자본이 국경을 넘어 활발해졌지만 일본의 지위를 유지하기 위해서는 구조개혁이 절실하였다. 마지막으로 냉전 종식 후 보수진영 내의 대립이 나타남과 동시에 자민당의 지지기반도 분열되기 시작하였다. 이렇게 보면 이 시기는 일본형 중상주의와 경제적 자유주의의 대립 축이 그대로 나타나고 있음을 알 수 있다.

외교와 안전보장 분야에서도 새로운 현상이 나타났다. 먼저 냉전 종식과 함께 미일안보체제의 수정이 가해져야 하였다. 기존의 동맹체제를 수정하면서 향후 미일동맹관계에서 일본의 안전보장 전략을 적극적으로 하여야 한다는 논의가 나오기 시작하였다. 둘째로 1990년 이라크의 쿠웨이트 침공 후 걸프전에서 일본은 국제적인 공헌을 하여야 하는 상황에 직면하였다. 이러한 상황은 일본의 안전보장 면에서의 국제적인 공헌관련 논의를 제기하였다. 마지막으로 오자와 이치로에 의한 신당 결성은 안전보장 문제에서 일본의 역할론에 관한 논의를 쟁점화시켰다. 이러한 일본의 외교와 안전보장 분야에서의 새로운 쟁점들의 방향은 군사적 현실주의에 해당하는 것이었다. 그리고 비무장중립론이 소멸하였으므로 지금까지의 정치적 현실주의와 새로운 대항 축인 군사적 현실주의가 중요한 대립 축을 이루게 되었다.

이 글에서는 1979년 이후 전개된 일본 정치인들의 역사인식을 중심으로 일본의 보수주의의 인식을 구체적으로 살펴보면서 망언의 역사를 볼 것이다. 그리고 전후 일본의 보수정치인들은 전후 국제관계의 성격과 내용을 어떻게 파악하면서 역사인식을 하였으며, 그리고 어떻게 한국과 마주보면서 주권국가 간의 공간 속에서 정상화를 모색하였는지를 분석할 것이다.

III. 고도성장기 국가주의 동향과 역사인식

1970년대 이후 동아시아는 미중 간의 긴장완화를 시작으로 새로운 단계에 직면하였다. 동아시아는 냉전질서를 극복하고 새로운 행위자로서 회복하는 단계에 접어들었다. 이러한 긴장완화는 패권국가들의 정책의 변화 속에서 진행된 것으로 한반도는 이러한 변화에 적응하면서 포지티브 섬(positive sum)적인 정책을 전개하였다.

동시에 국제질서에는 경제적인 상호의존이 진행되면서 협력을 통하여 지역질서를 회복하려는 움직임이 나타났다. 즉 국가 간의 이익의 조정을 통하여 협력을 강화하고, 동아시아의 의식을 공유하려고 노력하는 정체성을 회복하기 위한 움직임이 동시에 진행되었다.

1. '55년체제'의 한계

전후 '55년체제'는 고도성장과 함께 위기에 직면하기 시작하였다. 정당구조로부터 보면 보혁 대립의 상황이었지만, 혁신세력이 등장하여 일본의 정치지형은 혁신세력에 의한 혁신의 혁신이 진행되고 있었다. 동시에 보수 내부는 보수가 안고 있는 문제로 점점 논리가 붕괴되어 갔다.

지금까지 개발주의에 기초한 고도성장으로 일본은 전후 부흥을 이루었지만, 대외적으로 무역마찰이 발생하였다. 1960년대 이후 일본이 직면한 문제였지만 1970년대를 지내면서 '일본이질론'이 등장하고 '안보무임승차론'이 제기되면서 일본이 직면한 외교문제가 되었다. 국내적으로는 경제성장 이후 도시화와 공업화가 진행되면서 농촌인구의 감소와 고령화가 심각해지기 시작하였다.[8] 그 결과 보수 자민당의 지지세력이었던 농촌지역은 이익유도정치에서 멀어지게 되었다.

둘째로, 보수정치를 운영하기 위한 통치 네트워크의 정치부패가 점점 증가하였다. 당시의 정치지형은 보수본류인 아케다파·오히라파·미야자와파 3개 파벌의 계보인 고치카이(宏池會)와 당의 근대화를 주장하는 보수방류(후쿠다 다케오, 미키 다케오)의 경쟁구도였다. 이러한 구도 속에서 파벌과 족의원, 국회대책위원회가 발호하는 퍼주기식 정치가 전개되어 야당의 비판의 대상이 되었다. 즉, 구 보수세력은 담합에 의한 정치부패를 초래하는 정치세력으로 규정되었다.[9]

2. 복고적인 국가주의로 전환

1960년대부터 1970년대에는 구 우파연합들이 경제성장이라는 목표 아래 발전지향형 국가를 추구했다. 그러므로 그들은 자민당 중시의 이익유도정치가 전개하는 정치행위를 통하여 관 주도의 정책을 추진하였다. 또한 헌법 개정을 보류하고 경무장 경제우선주의를 정책으로 국민

8　中野晃一, 2015, 앞의 책, 47쪽.
9　中野晃一, 2015, 위의 책, 49쪽.

의 생활전체를 발전시킨다는 일본판 국민정당의 모습을 하였다. 여기서 주의할 것은 전전부터 이어져 오는 국가 보수주의가 유지되는 권력구조를 하고 있다는 것이다. 이렇게 보면 경제 내셔널리즘과 국가 내셔널리즘이 동시에 공존하는 상태에 있었다고 볼 수 있다.

일본 경제의 고도성장과 자민당의 선거에서의 압도적인 승리는 좌우익의 내셔널리즘을 부활시키는 데 영향을 미쳤다. 사상적으로 보면 내셔널리즘이 현저하게 나타나기 시작하였으며, 수정적인 역사관을 보인 하야시 후사오(林房雄)가 '대동아전쟁긍정론'을 주장하였다. 이러한 배경에서 당시 우익사건들이 발생하여 잡지사 사장을 협박하는 등 안보투쟁 이후 극우사건이 나타나기 시작하였다.[10]

당시 일본에서는 근대일본에 관한 회의가 개최되고, 미국에서는 미일 양국의 학자들이 참가한 미국의 아시아 학회가 개최되었다. 여기에 참가한 일본학자들은 근대화론에 관심을 보이면서, 한편으로는 너무 객관주의적인 미국의 접근법에 염려하면서도 근대주의에 깊이 감동을 받고 근대화의 질적인 면에 관심을 가졌다. 이렇게 보면 근대화론이 일본의 내셔널리즘과 경제대국의식의 부활에 관련이 있음은 틀림없다.[11]

1960년대 안보투쟁으로 보수정치는 새로운 전환기를 맞이하였다. 당시까지 복고주의적인 정치로부터 경제성장을 우선시하는 정치로 전환하였다. 보수정치가 국민의 경제생활을 최고 우선시하는 계기가 되었다.[12]

---

10 Andrew Gordon ed., 1993, *Postwar Japan History*, University of California, p. 416.
11 Andrew Gordon, 1993, 위의 책, p. 418.
12 渡邊治, 2001, 『日本の大國化とネオナショナリズムの形成』, 櫻井書店, 69쪽.

3. 자민당 개혁과 일본형 다원주의

당시 자민당은 총재예비선거를 둘러싸고 개혁 논의가 한창이었다. 먼저 미키와 후쿠다에 의한 당의 근대화론과 오히라 코야마 등의 일본형 다원주의라는 흐름이 있었다. 이러한 움직임은 70년대 록히드 사건 이후 계속되는 정치부패를 개혁하면서 고도성장 이후 자민당이 추구하여야 할 방향성과 깊은 관련이 있었다. 보수의 재생이라는 목표를 달성하기 위하여 자민당의 구 보수세력은 다음과 같은 정책을 구상하였다. 먼저, 현상인식으로 '신중산층론'을 주장하였다. 내용은 고도성장의 결과 소득격차의 축소, 대중소비의 고도화, 매스컴의 발달, 고등교육의 보급 등이 진행되어 국민이 균질화하면서 중류의식을 갖게 되어 새로운 중간계층이 성립한다는 것이었다.

그리고, 역사인식에 있어서 '이에 사회[イエ社會, 가(家)를 기초적인 단위로 한 일본의 전통적인 촌락사회의 구조]'론을 주장하였다. 개인주의적인 서양과는 달리 일본의 독자성을 강조하면서 이에 사회로 이행하고 있음을 강조한다. 그리고 일본은 이러한 독자적인 집단주의적 근대화에 성공하였다고 설명하면서 일본의 집단주의를 재평가하였다.

세 번째로, 일본의 미래를 구상하면서 일본형 복지주의를 주장하였다. 이것 또한 향후 일본형 복지사회를 위한 비전을 만드는 과정에서 제시된 것으로 일본 독자적인 복지사회를 건설하기 위하여 제시되었다. 유럽의 일원적인 가치관을 전제로 한 집권적인 사회보장제도를 비판하면서, 다원적이면 분권적인 제도를 만들어 가야 한다고 설명하였다.

이러한 구상은 일본정치가 보수와 혁신이 비슷하게 경쟁하는 가운데, 보수의 재생프로젝트를 실시하면서, 일본의 집단주의를 재평가하는 것이었다. 또한 그동안 진행된 고도성장은 '따라잡기'식 근대화라고 생각하면서, 일본의 전통적인 집단주의를 재평가하면서 여러 가지 정책수단을 활용하여 보강해 나간다는 것이었다. 이러한 내용을 일본형 다원주의 정당이 담당하여야 하며, 정당도 그러한 체질로 변화하여야 한다는 것이다.

4. 국가주의의 동향

동아시아의 전후 질서 속에서 일본의 국가주의의 동향을 보면, 냉전이 시작되면서 한일 양국은 안전보장과 경제성장이라는 두 가지 과제에 집중한 결과 국가 이데올로기 문제와 역사문제는 부차적인 문제로 다루었다. 그 결과 식민지 문제와 제2차 세계대전에 대한 전쟁책임과 같은 '역사문제'는 충분히 논의되지 못하였으며 일본의 역사왜곡 정책에 충분한 대응이 진행되지 못하였다. 그리고 미완의 전후 질서가 형성되고, 역사문제는 동아시아 국가들 사이에서 논의의 대상이 되지 못한 채 국교정상화와 같은 외교행위로 봉합되었다.

그러나 역사문제는 일본 정치가들의 망언 등으로 거듭 외교문제가 되었으며, 이것이 정치와 외교에 영향을 미쳐 사죄와 반성을 촉구하는 형태로 진행되었다. 1980년대 이후 세계적으로 상호의존 관계가 깊어지고 동시에 국가 간 우호적인 관계가 진전되면서도 역사문제는 국가 간의 상호협력 관계를 약화시키는 형태로 간헐적으로 나타났다.

그동안 일본의 역사인식을 둘러싼 문제와 그들의 역사정책은 정치인 개인의 사과와 장관직 해임이라는 형태로 마무리되기도 하였으나, 냉전이 종식되고 글로벌화가 진전되면서 일본 내에서는 '신대국주의'[13]와 '신자유주의 개혁'[14]과 함께 중요한 쟁점이 되었다. 동시에 민주당의 정책실패로 자민당이 정권을 탈환하고, 아베 총리가 집권하면서 역사문제를 대하는 태도가 보다 국가주의가 강화되면서 보수·우익적인 경향으로 진행되었다.

'55년체제' 형성 이후 진행된 자민당 우위의 정치환경 속에서 국내외적인 환경의 변화와 함께 일본 정치사회는 정치엘리트들의 보수화가 진행되면서 동시에 일본 사회에도 영향을 미쳐 일반 여론도 점점 우경화하게 되었다. 즉 정치의 우경화가 사회의 우경화를 유도하게 되었다. 이러한 의미에서 일본 정치가들의 보수우경화 경향을 자세히 살펴보는 것은 일본의 정치사회의 변화를 이해하는 데 중요하다. 그러므로 이 글에서 기본적으로 정치엘리트들에 의해 일본정치는 보수·우경화하고 있음을 전제로 하고 설명한다. 구체적으로 1970년대 이후 일본의 보수정치인들의 국가주의의 경향을 제시하면서, 우경화 과정이 단선적으로 진행되는 것이 아니라 진자처럼 점점 우경화가 진행되고 있음을 확인할 수 있다. 즉 이러한 국가주의의 성향은 자민당 보수우파 정치인들이 전개하는 역사 관련 정책 전환 속에서 진행되고 있음을 볼 수 있다.

일본의 신우파 전환의 흐름은 나카소네 야스히로, 오자와 이치로, 하시모토 류타로, 고이즈미 준이치로, 아베 신조 등에 의해서 활발하게 진

---

13 1990년대 이후 등장한 '신대국주의'의 흐름은 전후 존재하였던 복고주의와는 달리 전개되기 시작하였다(渡邊治, 2001, 위의 책, 139쪽 이하 참고). 1990년대 이후 일본의 보수·우익정치인들이 안전보장 면에서 새로운 우파의 정책전환을 적극적으로 전개하였다. 참고로 1980년대부터 일본의 내셔널리즘이 부활하기 시작하였으며, 두 가지 흐름에 따라 국가이념과 운동이 진행되었다(鄭敬娥, 2011, 「歷史認識をめぐる日韓摩擦の構造とその變容」, 菅英輝 編, 『東アジアの歷史摩擦と和解可能性』, 劉風社, 235-236쪽)고 설명하고 있다.
14 渡邊修, 2013, 『安倍政權と日本政治の新段階』, 旬報社, 65-66쪽.

행되었다. 그들은 주로 우파의 정책전환을 진행하면서 대부분 '구조개혁'이라는 이름으로 진행하였다.

일본에서는 두 가지 정치흐름이 우파들의 정책전환에 영향을 미쳤다. 먼저, 신자유주의 흐름이다. 이것은 개인이나 기업의 경제활동의 자유를 주장하면서 여러 가지 제약을 배제하는 자유시장과 자유무역을 권장하는 '작은 정부론'을 추구하고 있다. 일본에서는 민영화, 특수법인의 통폐합, 중앙정부의 개편 등을 통해 효율적인 정부를 목표로 하였다. 이러한 흐름은 과거 일본에서 유행되었던 호송선단식을 뒤로하고 금융시스템에서 규제완화를 실시하여 금융업 분야에도 영향을 미쳐 통폐합을 진행하면서, 일본금융업계의 글로벌화를 가속화시켰다.[15]

둘째로 일본 우파연합의 국가주의 흐름을 지적할 수 있다. 이러한 흐름은 강한 국가 일본을 위한 개혁을 진행하여 시민사회에서나 국제관계에서도 일본 정부의 권위를 강화하겠다는 보수세력의 전후 탈각의 흐름이라고 볼 수 있다. 이러한 흐름은 내셔널리즘의 한 형태로 국민의 통합과 국가의 권위를 강화하는 경향이 강한 정책을 전개하겠다는 것이다. 일본은 메이지유신 이후 국가권위를 강화하면서 자신들의 정치사회의 질서를 구축하는 과정에서 국가보수주의를 통치 이데올로기로 삼았다. 전후도 보수정치인들에 의해 여전히 이러한 보수성은 유지되면서 서서히 이념의 복권을 목표로 하면서 정책적인 분야에서도 보수적인 모습을 보여 주고 있다. 예를 들면 오자와 이치로에 의해 주장되었던 일본 개조계획이나 아베 총리에 의해 주장되고 있는 일본을 회복하겠다는 주장은 이러한 분위기를 반영하고 있다. 바로 '전후 레짐의 탈각'이라는 것은 전

---

15 中野晃一, 2015, 앞의 책.

후 일본의 보수정치인들에게 있어서는 지상과제와 같은 것이다.

이러한 일본의 우파정치인들은 새로운 보수정치를 구축하면서 두 가지를 회복하지 않으면 안 된다고 생각하였다. 먼저 헌법을 개정하여 자주헌법을 제정하겠다는 것이다. 그리고 역사인식을 새롭게, 과거 일본이 행한 전쟁을 정당화하는 역사인식을 강화하겠다는 것이다.[16]

IV. 냉전기 일본 보수정치인들의 역사인식

냉전기의 동아시아 질서에서 역사문제는 중요한 이슈가 아니었다. 냉전기 한일 양국에게 중요한 문제는 공산주의에 대응하기 위한 안전보장 정책이었다. 그러므로 당시 미국은 역사문제와 관련된 사항에 관해서 동아시아 국가들과 논의를 제기하지 않았다.[17] 과거 동북아 냉전질서는 두 가지 요소에 의하여 구성되었다. 첫째는 미소를 중심으로 한 팍스 루소 아메리카라고 명명되어진 세계질서였다. 둘째로는 두 초강대국에 의해 유지되는 강력한 대결구조의 국제정치의 전개라고 할 수 있다. 이러한 요소들이 냉전 초기부터 전쟁이라는 형태를 거치면서 변용되기 시작하였다.

이러한 질서 속에서 냉전기 한일관계는 기능적인 명분보다는 실리 위주의 관계를 중심으로 전개되었다. 그러므로 역사인식 문제는 정책당국에게 관심 밖의 문제였으며, 혹시 문제가 발생하면 대응하기에 급급하였

---

16 中野晃一, 2015, 앞의 책.
17 Mike Mochizuki, 2011,「修正主義,ナショナリズム,グローバリゼーション」, 菅英輝 編, 『東アジアの歴史摩擦と和解可能性』, 劒風社, 439쪽.

다. 즉 냉전체제는 안전보장을 중심으로 한일관계를 가깝게 하는 역할을 하였다. 이것은 주로 기능주의적으로 안전보장과 경제협력 분야에서 이루어졌다. 그러나 냉전체제는 역사문제에서 한국의 정체성과 관련하여 부분적으로 부정적인 역할을 하여 식민지 청산을 어렵게 만든 측면도 있었다. 그러므로 한일관계는 냉전체제의 변화와 함께 '망언'과 사죄 요구라는 역사문제의 형태를 경험하게 되었다.

이러한 의미에서 냉전구조는 한일 간의 역사문제를 해결하는 데 장애요인이 되기도 하였다. 그 이유는 미소 간의 냉전이 군사적, 경제적, 이데올로기적인 차원에서 대립하였기 때문이다. 냉전의 대립이 진행되는 가운데 서방 진영 간의 관계 정상화가 우선 진행되었으며, 식민지 청산문제는 첨예하게 대립하였음에도 불구하고 우선순위에서 밀려났다. 그 결과 한일관계 속에서 역사 갈등 문제는 외교문제의 쟁점이 되지 못하였다.

냉전기 역사문제는 주로 과거에 대한 일본 정치인들의 망언, 일본 교과서 검정문제를 둘러싼 갈등, 그리고 일본 국내에서는 야스쿠니 관련 법안을 둘러싼 대립이 주로 그 내용이었다. 이러한 내용을 둘러싸고 일본은 항상 회피하려는 입장을 취하였다. '한일기본조약'에서도 과거 청산문제는 역사적 배경으로만 기록되는 등 문제점을 남기고 국교정상화 교섭이 진행되었다. 즉 역사문제는 경제협력의 방식으로 부분적으로 해결된 것이다. 이렇게 역사문제는 양국 간 교섭과정에서 배제되고 '불완전한' 국교정상화를 이루었다. 그 이후 양국은 가끔 분출하는 역사문제를 둘러싼 갈등을 해결하기 위하여 여러 가지 모색도 하였지만 처리되지 못하고 현재에 이르고 있다.

당시 냉전구조 속에서 역사문제가 처리되려면 어떠한 조건과 노력이 필요하였을까? 물론 한일 양국은 역사문제가 한일 양국 간의 중심과제가 되기를 원하지 않았고, 그 영향도 잘 알고 있었으므로 서로 갈등요인을 관리하고자 노력하였다. 당시 양국 지도자들에게는 경제문제와 안전보장 문제가 중요하였으므로, 역사문제에서 발생하는 긴장관계는 관리하여야 한다는 생각을 하였다. 그 결과 국교정상화 교섭이 진행되었으며 1965년 국교정상화가 성립하였다. 이러한 한일 간의 형태는 동아시아 냉전시스템 속에서 작동하면서 한일관계는 관리 대상이 되었다.[18]

한국 정부는 역사문제를 '보류' 상태로 하고 안전보장과 경제교류를 중심으로 국가운영을 진행하였으나, 한국이 민주화되면서 그동안 보류상태에 있던 역사문제에 대해 점점 목소리를 내게 되었고 정체성의 새로운 정의를 시작하였다. 이러한 상황이 진행되면서 한일 양국은 기능적인 접근을 통하여[19] 역사문제를 다루었으나, 1982년 '교과서 문제' 등으로 한일 양국의 갈등이 재현되기도 하였다.

일본의 역사왜곡으로 한국에서 반일 내셔널리즘이 강하게 나타나자, 일본에서는 1980년대부터 '망언'이 분출[20]하기도 하였다. 당시 자민당의 우파는 친한파로 반공을 중시하면서 한일협력을 진행하였으나, 다른 한편으로는 자신들의 과거의 역사를 정당화하려는 사람들이었다.[21]

---

18 Christopher W. Hughes, 2011, 「修正主義, ナショナリズム, グローバリゼーション」, 菅英輝 編, 『東アジアの歴史摩擦と和解可能性』, 凱風社, 163쪽; Victor D. Cha, 1999, *Alignment Despite Antagonism: The United States-Korea-Japan Security Triangle*, Stanford University Press.
19 Christopher W. Hughes, 2011, 위의 글, 164쪽.
20 박진우, 2013, 「야스쿠니 문제의 논리적 비판을 위해서」, 동북아역사재단 편, 『일본아베정권의 역사인식과 한일관계』, 87쪽.
21 若宮啓文, 2006, 앞의 책, 206쪽.

1982년 제1차 교과서 문제에서 일본은 자신들의 대외침략을 '진출'로 표시하고, 우리의 3·1운동을 '폭동'이라고 서술하여 한국과 중국의 비판을 받았다.[22] 그러자 일본은 '내정간섭'이라는 논리로 대응하는 등, 과거의 역사에 대한 인식문제가 한일 간에 표면화되었다. 또 하나의 사건으로는 1986년 9월 당시 문부대신이었던 후지오 마사유키(藤尾正行)가 월간잡지에 "한일강제병합은 합의하에 이루어졌다"고 주장하고 "한국에도 책임이 있다"고 기고하여 문제를 일으켰던[23] 제2차 교과서 사건이다. 이 사건은 나카소네 총리가 야스쿠니 참배 후 중국으로부터 비판을 받고, 자신의 방침을 전환시키려고 하는 과정에서 발생하였으며, 의식적인 자민당 우파의 반발이었다. 이처럼 나카소네 정권에서도 일본의 강경파 정치인들은 한국의 감정을 자극하는 논리를 전개하면서 자신들의 정당화를 계속 주장하였다. 그 이후 호소카와 총리가 취임한 뒤인 1993년 10월 이시하라 신타로(石原愼太郎)도 "전쟁에 대해 일본이 사과할 필요가 없다"고 주장하는 등 자민당의 우파 가운데 반미파들은 반한적인 논리구조로 한국인의 감정을 건드렸다.

이상에서 본 것처럼 일본의 국내정치는 1950~1970년대까지 고도성장기를 거치면서 일본이 서서히 자신감을 얻기 시작하자, 일본의 국가 내셔널리즘을 강화시키는 환경을 만들어 갔다. 그리고 80년대 나카소네 정권에 이르러, 국제적으로 신자유주의 흐름과 함께 일본은 대국화 논의를 활발하게 진행하면서 역사왜곡을 강화해 나갔음을 확인할 수 있다.

---

22 당시 일본 국내에서는 군국주의 대두의 증거라고 보기도 하였다(木村幹, 2014, 앞의 책, 134쪽).
23 若宮啓文, 2006, 앞의 책, 208-209쪽.

1980년대 이후 일본의 역사인식은 역사교과서 논쟁 등을 통하여 왜곡된 역사인식을 반영하기도 하였다. 특히 교과서 논쟁이 정치문제화하면서 일본 정부는 '근린제국조항'을 추가하였다. 그리고 역사교과서에서 전시가해 관련 내용이 기술되면서 가해자의 책임을 묻는 목소리가 높아갔다. 그동안 침묵하였던 아시아·태평양 지역의 피해자들의 목소리가 높아지면서 전후보상에 대한 요구도 높아 갔다.[24]

그리고 '위안부' 문제도 80년대부터 한국의 시민운동단체들에 의해 문제제기 되기 시작하였다. 식민지 시대에 발생한 '위안부' 문제는 일본의 왜곡된 역사인식 속에서 발생한 것으로 여성문제라는 시각에서 접근하기 시작하였다. 이러한 문제의식은 한일 양국에서 새로운 역사인식을 요구하는 계기가 되었다. 당시 일본의 나카소네 정부는 이웃 국가들의 역사교과서에서 보이는 역사관을 수용하는 방향으로 다가섰다. 한국은 일본의 사회당과 함께 역사인식 문제로 협력관계를 유지하기 시작하였고, 일본의 자민당과는 갈등관계를 유지하였다. 일본의 사회당은 식민지 지배청산과 침략전쟁에 대한 책임을 일본 국회에서 제기하면서[25] 한국과의 관계 개선을 적극적으로 추진하기도 하였다.

1. 나카소네 보수정치의 전환

나카소네 야스히로는 신우파 전환을 시도하였다. 그는 오히라와 함께 일본이 고도성장으로 발전함으로써 국제적으로 협조노선을 취하여

---

24 다카하시 데쓰야, 2009, 앞의 책, 117-118쪽.
25 木村幹, 2014, 앞의 책, 144쪽.

야 한다는 입장을 가지고 있었다. 그는 국제적 요청에 대응하면서 일본의 내셔널리즘을 자랑스럽게 하겠다는 생각을 가지고 있었다. 그가 생각하는 국가주의는 국제협조주의 속에서 일본이 국제적으로 공헌하기 위하여 헌법 9조를 개정하면서 자주방위가 필요하다는 것이다. 즉 일본 국가주의의 복권이었다.[26] 1970년대 말 나카소네는 포괄적인 민족의 통합과 발전이라는 정치목표를 내걸고 국가주의를 지향하였다. 그는 보수방류에 속하면서 국가주의를 지향하였고, '전후 정치의 총결산'을 주장하면서 구 보수세력의 정치를 본격적으로 재검토하겠다고 생각하였다. 또한 그는 원래 복고주의적인 국가주의를 지향하는 정치가였다. 그리고 그는 총리가 되고 야스쿠니를 공식참배하였다. 나아가 전후 교육이 자신들의 전통과 문화, 공동체와 같은 틀을 가지고 있지 않다고 주장하면서 교육개혁에 집착을 보였다.[27]

그러나 나카소네가 총리가 되고 난 후 그의 국가주의적인 신조는 어느 정도 억제되었다. 총리가 되기 전 그는 교육개혁에 강한 집착을 보였으나, 총리가 된 후 임시교육심의회(임교심)를 통하여 교육기본법 개정에 직접 관여하지 않을 것을 표시하였다. 또한 임교심 내부 토론에서도 복고적인 교육론을 다루지 않고 교육자유화에 대한 논의만 하였다.

이러한 나카소네의 정치적인 신념은 당시의 국제관계를 중시하면서 근린 국가들을 배려하지 않으면 안 된다고 생각하여 변화하기 시작하였다. 그리고 일본이 국제사회에서 무엇인가 역할을 하기 위해서는 과거사를 반성한 뒤에 국제협조를 확대하여야 한다고 판단하였다.

26　中野晃一, 2015, 앞의 책, 60쪽.
27　中野晃一, 2015, 위의 책, 61쪽.

2. 신자유주의의 시작

나카소네 정권은 기본적으로 이전의 오히라, 스즈키 정권이 전개한 정책들과 깊은 관계 속에서 운영되었다. 특히 나카소네가 추진한 '개혁' 역시 경제적 자유주의라는 이념 속에서 전개되었다. 그 개혁은 프리드먼이 주장하는 철저한 이기주의에 기초한 신자유주의만을 믿지 않았지만, 중간단체의 존재나 역할을 중시한 집단주의적인 '일본형 다원주의'를 이상으로 한 것이었다. 왜 이러한 선택을 하였을까? 나카소네 정권은 기본적으로 구 보수세력의 정치운영 속에서 태생적 한계 때문이다. 그리고 그들의 정치와 보수연합을 유지 발전시키기 위하여 더욱 필요하였다.

당시 구 보수세력 사이에서 진행된 신자유주의 개혁은 오히라 내각 때부터 진행되었지만, 실질적으로 정책이나 제도개혁으로 진행된 것은 나카소네 정권부터라고 볼 수 있다. 이미 나카소네는 스즈키 내각에서 행정관리처 장관을 역임하면서 '증세 없는 재정재건'이라는 구호로 일을 하였으며, 행정개혁을 경험한 것은 큰 도움이 되었다. 그는 이전 보수정치인들이 자신들의 연합과 권력유지를 위하여 신자유주의 개혁의 필요성을 주장하고 있었던 사실을 잘 알고 있으므로, 구체적인 정책이나 제도개혁에 초점을 맞추면서 경제전문가들을 중용하여 추진하였다. 그리고 1985년 플라자 합의를 계기로 일본 국내에서는 부동산 가격과 주식이 폭등하여 버블경제에 접어들었다. 이러한 현상은 나카소네와 그 브레인들의 정책의도와는 다른 방향으로 흘러가고 결국 신자유주의적인 상황이 진행되었다. 그리고 1980년대 미일 무역마찰이 진행되면서 나카소네는 일본 경제의 수출 문제를 구조적으로 조정하는 방안을 마련하기 위하여 노력하였다. 이것은 국제협조형 경제구조로 개혁하기 위한 것이었다. 결국 이러한 개혁은 구 보수정치인들이 고집해 온 개발주의와 이익유도정치로부터 벗어나아 가야 하는 것이었다.

3. 일본형 다원주의 속에서 보수 부활

거듭되는 정치부패 속에서 자민당에게는 당의 개혁과 지지율을 어떻게 회복하느냐가 중심사안이었다. 1977년에 실시한 『아사히신문』의 여론 조사를 보면 지지율이 38%까지 하락하는 상황을 보였다. 그러나 자민당은 당 개혁과 당의 약진을 위한 결기대회를 통하여 41%까지 지지율을 회복하면서, 참의원 선거에서 투표 대상이 아닌 선거구를 포함하여 과반수의 의석을 넘는 결과를 가지고 왔다. 어려운 상황 속에서 이러한 결과는 자민당의 승리라고 여겨졌다. 그리고 1978년 이후 자민당은 총재 예비선거 실시라는 제도개혁을 통하여 지지율을 회복하려고 노력하였다. 1979년에 접어들어 지방선거에서도 좋은 결과를 가지고 오면서 보수의 부활을 알리는 인상을 주었다. 당시 이러한 현상을 가지고 온 배경으로는, 총재 선출제도 개혁을 통하여 당원을 획득하는 적극적인 움직임이 있었기 때문이다. 이러한 결과는 자민당 결당 이래 획기적인 성과로, 열린 국민정당으로 한 발 다가가게 되었다. 또한 지금까지 유권자들이 가지고 있던 밀실정치라는 비판을 불식시키고 자민당이 신뢰를 얻는 효과도 얻었다.

오히라 총리 사망 후 스즈키 총리가 탄생하는 과정을 보면, 그때까지 보여 주었던 파벌투쟁보다는 대화를 통한 자민당 총재결정을 진행하였다. 그리고 이어서 등장한 나카소네 총리 역시 제도개혁의 효과 덕분에 자민당 총재에 당선되어 오히라 전 총리가 설계한 구상들을 오히라 브레인들과 추진해 나가기 시작하였다. 처음에는 다나카소네(田中曾根) 내각 혹은 가쿠에이(角影) 내각이라는 비판도 있었지만, 코야마 켄이치 등과 같은 오히라 총리의 브레인들과 함께 행정개혁의 이념을 기초한 전문가들과 정책을 전개하였다. 그리고 국제사회에 대한 공헌의 증대와 함께 큰 정부를 부정하면서 개인의 자조와 가정·지역·직장의 협력을 강조하는 활력 있는 복지사회의 실현을 위해 노력하였다.

V. 냉전 종식 이후 국가주의 확장과 역사인식 후퇴

동북아 질서는 냉전기의 엄격한 구조로부터 새로운 질서를 모색하면서 미중일 3국 관계가 새롭게 전개되었다. 또한 세계에서 유일한 패권국이 된 미국은 중국의 등장과 함께 동북아시아 지역에 어떠한 형태로 관여할 것인가를 고민하면서 정책의 변화를 모색하였다. 그리고 그 이외 국가들은 지역의 패권을 차지하기 위해 치열하게 경쟁하고 있다.[28]

이러한 상황에서 일본은 냉전 종식과 함께 자신들의 정체성을 강화하면서 동시에 강대국화의 전략을 추구하기 시작하였다. 먼저, 미국과의 관계를 중요시하였다. 동아시아 질서 속에서 일본의 위치를 어떻게 할 것인가? 그리고 대국주의 이데올로기를 어떻게 구축할 것인가? 이러한 일본의 문제의식은 기본적으로 일본의 내셔널리즘과 깊은 관계가 있으

---

28 로버트 케이건 지음, 황성돈 옮김, 2015, 『돌아온 역사와 깨진 꿈』, 아산정책연구원.

며, 당시 대국주의의 특징은 과거 제국주의 침략성을 사과하지 않으면서 대국화를 이루려는 구상을 하는 것이었다.[29] 특히 자민당 우파에 속하는 보수주의 정치인들의 입장이 여기에 해당한다. 이러한 새로운 대국주의를 주장하는 분위기 속에서 일본의 보수정치인들은 침략전쟁, 식민지 사과 등을 둘러싸고 충분한 사과와 행동을 하지 않고 오히려 역사왜곡을 하면서 자신들의 정당화 논리를 주장하였다.

일본 정치인들의 이러한 움직임과 관련하여 외국의 언론과 일본 국내, 그리고 한국의 언론들은 과거보다 일본의 '우경화'에 대하여 많은 비판을 가했다. 특히 일본의 안전보장과 역사인식 두 분야와 관련하여 논의가 활발하게 진행되었고 먼저, 안전보장 문제에서 보면 일본은 미일동맹을 중심으로 전개되고 있는 측면에서 우파적이고 군비확장을 중심으로 하는 안보정책을 채택하고 있다고 염려하였다. 그리고 일본의 역사인식 문제는 과거의 침략전쟁에 대해 조금은 반성하면서, 새로운 대국으로서의 행동과 과거를 구별하려는 움직임을 보였다고 분석하였다.

냉전 종식 이후 일본의 정치사회는 혁신세력의 위축이 계속되는 상황이었다. 전후 일본정치에서 혁신세력에 의한 국제협조주의는 약화되면서 국가주의가 복고주의적인 성격을 강화하며 세력을 넓혀갔다. 이러한 과정에서 역사수정주의가 자민당 내에서 등장하였고 동시에 우익적인 운동단체들이 활동을 전개하였다.

그동안 일본 정치인들에 의한 우익적인 '망언'은 한일 간의 정치에 부정적인 영향을 미치기도 하였다. 1993년 자민당은 내부에 '역사검토위원회'를 설치하고 우익적인 학자들과 연계하는 활동을 시작하였다. 그

---

29 渡邊治, 2001, 앞의 책, 142쪽.

리고 1995년 전후 50주년을 계기로 일본의 우익정치인들과 단체들은 조직으로 역사수정주의적인 활동을 전개하였다. 이러한 과정을 거치면서 자민당 내부의 우파들의 세대교체가 진행되었다.[30]

1995년 무라야마 담화를 계기로 역사수정주의자들의 반발이 시작되었으며, 1996년 검정에 합격한 1997년도용 중학교역사교과서에 '위안부' 내용이 기술된 것도 반발의 이유가 되었다. 그 결과 그들은 1997년부터 본격적으로 반발하였고 '새로운 역사교과서를 만드는 모임(새역모)'이 결성되었다.

1. 일본 정치인들의 역사 망언

전후 일본 정치인들의 역사인식은 1995년 이전까지 '망언'이라는 표현으로 널리 표면화되었다. 당시 정치인들은 일본 국내정치에서 자민당의 거물들로 자신의 의정활동에서 어느 정도 경륜과 자신감을 가지고 있던 인사들이었으나, 과거의 침략이나 식민지 지배에 관한 종합적인 지식에서는 이웃 국가들에 대한 배려가 부족하였다.

그들의 주장은 3가지 형태의 망언으로 전개되면서,[31] 한국 내에서 비판의 대상이 되었다. 먼저, 그들은 '아시아 해방사관'을 강하게 주장하면서, 국회결의가 있을 경우 표결 반대쪽에서 문제의 발언을 계속하였다. 대표적인 인물은 자민당 우파의 대표격이라고 할 수 있는 오쿠노 세이스케(奧野誠亮)였다. 그리고 법무대신이었던 나가노 시게토(永野茂門)는

30　中野晃一, 2015, 앞의 책, 107쪽.
31　若宮啓文, 2006, 앞의 책, 258-261쪽.

난징사건의 날조론을 주장한 인물로 오쿠노보다 더욱 심각한 인물로 기억되고 있다. 그리고 이러한 연장선에서 사쿠라이 신(櫻井新)은 "일본은 침략전쟁을 하려고 싸운 것은 아니다. … 아시아는 일본 덕에 유럽지배의 식민지로부터 독립하여 아시아에는 경제부흥의 기세가 생겨났다"는 문제발언을 하여 경질되었다.

그리고 "한일병합이 원만하게 이루어졌다"라는 식의 망언 형태이다. '식민지 지배'와 '침략'이라는 문구를 넣을 것인가 말 것인가를 둘러싸고 국회에서 공방이 오가는 중, 와타나베 미치오는 "일한병합은 원만하게 이루어진 국제적 조약"이라고 주장하였다. 그래서 국회에서 '식민지 지배'와 '침략'이라는 문구를 넣을 필요가 없다는 것이다. 이러한 발언은 한국의 심각한 반발에 직면하였다.

마지막으로, "일본이 좋은 것도 했다"는 망언 형태이다. 무라야마 총리가 무라야마 담화를 준비하는 중에, 에토 다카미(江藤隆美)는 총리의 발언이 잘못이라고 지적하면서, "식민지시대에 일본이 좋은 것도 하였다"고 주장하여 한국을 자극하였다.

당시 왜 이러한 현상이 발생하였는가? 한일 국교정상화를 진행하는 과정에서 나타난 일본 외교관들의 모습에서 볼 수 있듯이 당시 일본 정부와 의회 그리고 여론은 전전 일본의 '아시아관'[32]과 비슷한 인식을 하였기 때문이다.

---

32 일본의 아시아관은 대체로 대일본주의와 소일본주의로 나누어 설명 가능하다.

2. 망언과 총리담화

그들이 주장하는 망언은 기본적으로 전전 일본의 지도자들이 주장한 것과 비슷하였다. 전후 50년이 되는 해인 1995년을 맞이하면서 일본 정치인들로부터 망언이 다수 등장하였다. 특히 일본 정치인들이 바라보는 '아시아관'과 과거사에 대해 많은 문제를 일으켰다. 즉 사죄와 망언이 당시 한일관계를 긴장시키는 요인이 되었다.

당시 3당 합의로 무라야마 총리가 '무라야마 담화'를 채택하면서 담화의 중심 내용인 과거의 '침략', '식민지 지배', 통절한 '반성'과 진심으로 '사과' 문제를 둘러싸고 자민당 우파정치인들과 우익들의 저항이 강해졌다.[33] 자민당 우파정치인들은 우익적인 활동을 강화하면서 내셔널리즘을 고양시키고, 역사교과서를 둘러싼 새역모 등이 조직적으로 활동을 전개하였다. 예를 들면, 무라야마 정권의 통산장관이었던 하시모토 류타로(橋本龍太郎)는 아시아 국가들을 "상대로 침략전쟁을 일으키려고 하였다"는 등의 발언을 하면서 아시아 침략의 역사를 왜곡하려고 하였다. 하시모토 역시 자민당 소속의 매파 국회의원으로 당시 진행되던 일본의 내셔널리즘을 강화하는 측에 속했다. 다음으로 와타나베 미치오(渡邊美智雄)는 강제병합을 "국제적으로 합법적이라는 것이 일본 정부의 입장"이라고 주장하였고, 우리 정부와 여론은 그것을 도발행위라고 강하게 비판하였다.

---

[33] 당시 무라야마 정권은 전후 50년 결의를 채택하려고 하였지만, 사죄결의에 반대하는 세력들이 존재하여 어려운 상황에 직면하였다. 특히 오쿠노 세이스케 등은 일본이 아시아를 해방시켰다는 논리를 거듭 주장하며 무라야마 정권에 저항하였다.

3. 새로운 대국화 이데올로기

걸프전쟁 이후 일본에서 대국화를 지향하는 국가목표에 관한 논의가 진행되면서 이 슬로건이 이데올로기로 등장하였다. 정치가들이나 매스컴에서는 국제공헌론 혹은 국제책임론을 주장하면서, 1960년대 이후 일본이 소극적으로 대응해 온 안전보장이나 외교문제보다 적극적인 자세를 보이기 시작하였다. 이러한 움직임을 대국화의 움직임이라고 본다면 일본에 자발적으로 이러한 분위기가 생겨나고 이러한 분위기에서 자신들이 논의를 시작하였다는 점에서는 중요한 특징이라고 할 수 있다. 물론 냉전이 종식되고 세계는 자본주의 사회를 중심으로 하나가 되어 가는 분위기였기 때문에 더욱 세계평화를 지키기 위하여 서로 협력하고 노력하여야 한다는 입장을 가지고 있었다. 이러한 입장은 과거 일본이 냉전기에 가지고 있던 자세와는 상당히 변화된 모습이었다.

그러므로 1990년대 나타나기 시작한 일본의 대국화 이데올로기의 특징은 먼저, 과거 1980년대에 정치 분야에서 대국화를 주장한 사람들, 주로 신사나 유족회 그리고 생장의 집과 같은 우익지지단체들, 또한 보수우익적인 매스컴들에 의해서 주장되던 것이, 냉전 종식 후 경제동우회나 경단련과 같은 재계의 단체들 그리고 오자와 이치로와 같은 자민당의 정치인들, 그리고 『요미우리신문』 같은 매스컴 등 일본 정치사회의 주류들에 의해서 문제제기 되었다는 점이다. 이처럼 문제제기 하고 일본의 대국화를 담당할 사람들의 등장은 과거와는 많이 다른 변화의 모습이라고 볼 수 있다.

그리고, 1990년대 이후 등장하는 대국화의 의미는 과거의 내셔널리즘적인 차원이 아니라 국제적인 시각을 가지고 있었다. 국제공헌론이라든가 국제적 책임과 같은 용어를 사용하면서 국제적인 관점을 부각시키고 있다는 점이다. 특히 오자와 이치로 같은 정치인은 "일본이 평화롭고 풍요로운 국가로 생존하려면 세계의 평화질서가 불가결하며 그러기 위해서는 무력을 포함한 적극적인 공헌을 하여야 한다"고 주장하였다. 즉 자위대 해외파병의 정당화를 시도하기도 하였다

동시에 국가주의적인 흐름이 있었다. 앞서 설명한 자유주의적인 사상을 통하여 일본의 우파들은 국가주의를 강화하는 정책들을 전개하였다. 그들은 정치개혁과 구조개혁을 통하여 권력 강화를 추구하면서 강한 국가를 지향하였다. 전후 민주주의의 발전으로 형성된 일본의 리버럴한 사회와 시민세력은 새로운 전환점을 맞이하게 되었으며, 전후 보수세력은 국가의 권위를 강화하면서 우파연합을 통하여 우익운동을 강화하게 되었다. 보수세력들은 자유나 주권을 강화하기보다는 국가의 권위를 강화하고 권력을 강화하자는 주장을 하였다. 메이지유신 이후의 일본의 국가 보수주의는 국가의 권위를 강화하여 사회를 그 아래에 두고 관료들을 중심으로 국가를 운영해 왔다. 이러한 국가 이데올로기가 전후 일본의 보수주의 정치에서 계속되었음을 보면 새삼스럽지는 않지만, 신자유주의의 강화를 통하여 자민당 중심의 보수정치체제가 새로운 국면에 접어들면서 강한 국가를 목표로 진행되고 있음을 확인할 수 있다. 1993년 오자와 이치로에 의하여 주장된 일본개조(日本改造) 계획이라든가 최근에 아베 총리에 의해서 주장되었던 일본을 회복하겠다는 주장에 이르기까지, 보통국가론을 넘어 일본 정치사회는 분명히 새로운 '강한 국가' 일본을 목표로 하고 있다. 이러한 현상은 과거 자민당 원로정치인을 비롯하여 새로운 보수정치인들에 이르기까지 확대되고 있다. 그들이 바라는 주장은 '전후 레짐의 탈각'이라는 주장을 하면서 다음과 같은

목표를 가지고 있다.

나아가, 자주헌법을 제정하겠다는 것이다. 일본의 보수정치인들은 현재의 헌법이 미국의 강요에 의해서 제정되었으므로 전후 레짐으로부터 탈각하는 입장에서 헌법 9조뿐만 아니라 관련 헌법을 개헌하여야 한다는 것이다. 그들은 현재 미일안전보장 조약을 기초로 논의되는 가이드라인을 재조정하면서, 평화헌법 제9조를 개정하여 유엔평화유지 활동이나 방위력 증강을 실시할 수 있게 하면서, 향후 전개될 국제분쟁에서 적극적인 역할을 할 수 있도록 하고자 한다. 그들의 이러한 노력은 국내외적으로 국제공헌과 보통국가라는 논의를 전개하면서 관련 법률들을 수정 보완해 나가고 있다. 최근 북한의 핵미사일 위협이나 납치자 문제, 위안부 문제 등을 전면에 등장시켜 국민들의 관심과 정서를 부정적으로 만들어 가고 있다. 그리고 한국, 중국, 러시아와의 영토문제를 전면에 내세워 주권국가로서 당연히 영토문제 해결을 위해 적극적으로 대처할 것이라고 선언하면서 내각부를 중심으로 과거와는 다른 대응을 하고 있다.

다음으로 그들의 목표는 역사인식과 역사교육 및 도덕 교육에서 일본의 정체성을 강화하는 것이다. 과거와는 달리 일본 보수정치인들은 정치개혁을 해 나가는 과정에서 애국심을 강조하는 여러 가지 법률이나 교육현장에서의 애국심 강화의 조치를 취하고 있다. 일본이 패전국가가 아니고 보통의 국가였다면 이러한 교육을 실시하는 데 문제제기는 별로 없겠지만, 패전국가로서 전쟁에 대한 진정한 반성이 부족한 상태에서 보수정치인들의 이러한 행태에 대하여 일본 국내에서도 비판이 있다는 점을 반영한다면, 일본의 고유한 전통을 중시하면서 교육의 현장에서 다시 강조한다는 것은 피해국가들의 입장에서 보면 염려하지 않을 수 없다. 예를 들면 교육기본법을 개정하고, 교육현장에서 기미가요와 일본의 국가를 강요하고 있다. 그리고 야스쿠니사관을 중심으로 일본이 근대화 과정에서 침략한 전쟁들에 대하여 자위자존을 위하여 그리고 평화를 위하여 전개하였다고 하는 정당화는 바로 역사수정주의 자체라고 할 수 있다. 이러한 입장에서 일본의 보수정치인들은 교과서 문제, '위안부' 문제, 야스쿠니 문제들을 통하여 자신들의 입장을 주장하면서 근린 국가들에게 상처를 주면서 국제적인 문제로 만들고 있다. 일본의 양심적인 연구자들에 의하면 보수정치인들이 주장하는 논리는, 전근대적인 가치질서를 유지하면서 일본의 보수혁명의 정신적인 것으로, 국가보수주의 사상이라고 지적하고 있다. 즉 교육칙어에 입각한 국민은 국가에 충성하고 스스로 국가의 의사를 고려하여 추구하여야 한다는 것이다. 그러므로 보수정치인들은 과거 그들이 주장한 정치메뉴에 새롭게 제기되고 있는 이슈들을 접목시켜 야스쿠니사관처럼 자신들의 정치 이데올로기로 만들어 가고 있다.

VI. 맺음말

그러면 왜 보수정치인들이 새로운 우파연합을 적극적으로 추진하고 있는가? 그 이유는 글로벌화가 진행되면서 일본의 내셔널리즘이 위기에 직면하지 않을까라는 일종의 위기의식이 있기 때문이다. 그들은 현실주의적인 입장에서 신자유주의와 국가주의를 이해하면서 자신들의 이익을 강화하려는 성향을 가지고 있었다. 특히 일본 정치사회에 있어서 자민당 중심의 전후 구조 속에서 형성된 이익유도정치의 틀을 어떻게 해서라도 유지하려는 경향이 강하게 작용하고, 그들이 구축한 정치구조나 제도가 정치개혁이나 구조개혁으로 없어질 위기에 직면하였기 때문에 그들은 자신들 중심의 시장과 사회를 재구축하려고 우파연합 형성에 적극적이었다. 그리고 자신들이 신자유주의를 통해 이해관계가 서로 일치한다고 보았다. 신자유주의 구조개혁과 글로벌화의 진전으로 인한 최대의 수익자는 물론 기업들이지만, 국가주의의 강화로 권력의 중심에 있는 엘리트들, 즉 보수정치인이나 관료들도 그들의 권력기반을 구축하는 데 유리한 환경이 조성되었다. 이러한 환경은 일본을 중심으로 동맹국인 미국과의 관계에서도 동맹강화의 효과를 가져와 현실주의의 입장에서 국제적인 권력강화를 추진하게 된다. 마지막으로, 일본의 보수정치인들은 기업경영자들과 어느 정도의 이해의 일치와 정치적인 보완성을 유지하려고 하였다. 보수정치인들은 전후 민주주의를 지탱해 온 노조, 그리고 노조를 지지한 정당, 혁신세력과의 계급투쟁을 통해 자신들의 권력을 유지해 왔다. 그동안 그들은 리버럴 정치세력에 대해 반감을 가지면서 55년체제 속 보혁(保革)대립의 구조에서 자신들은 보수를 지켜 왔다고 생각하였다. 신자유주의 사상의 정책전개를 통해 보수정치인과 대기업은 서로 이익의 합치를 통하여 그리고 리버럴 세력과 공동으로 대응하는 상호보완성을 보이고 있다.

이렇게 일본의 보수정치는 신자유주의에 기초한 정책전환에 의해 새로운 보수연합을 형성해 나갔다. 그들은 신자유주의 사상을 배경으로 국민들에게 국가주의를 설명하면서 자유과 개인주의에 제한을 가하는 여러 조치들을 준비하고, 근린 국가들과의 역사문제와 영토문제에 바람직한 역사인식을 거부하면서 내셔널리즘을 이용하여 국민들에게 자신들의 논리를 설득하고 있다. 이러한 논리에 일반 국민들은 생각할 여지없이 역사수정주의와 야스쿠니사관에 유혹되어, '위안부'에 대한 잘못된 이해를 하면서, 포퓰리즘 정치가들의 정책을 받아들이는 결과를 낳았다.

참고문헌

나카노 고이치 지음, 김수희 옮김, 2016, 『우경화하는 일본정치』, AK.
다카하시 테츠야 지음, 임성모 옮김, 2009, 『역사인식 논쟁』, 동북아역사재단.
동북아역사재단 편, 2010, 『역사적 관점에서 본 동아시아의 아이덴티티와 다양성』, 동북아역사재단.
박철희, 2011, 『자민당 정권과 전후 체제의 변용』, 서울대 출판문화원.
와다 하루키 지음, 「동아시아 영토문제에 관한 일본의 정책」, 현대송 편, 『한국과 일본의 역사인식』, 나남.
이면우, 2014, 『일본민주당 정권의 정책성향과 대외관계』, 세종연구소.
_____, 2014, 『일본정계의 '우익'성향 강화와 동북아』, 세종연구소.
정재정, 2008, 「한일의 역사갈등과 역사대화」, 현대송 편, 『한국과 일본의 역사인식』, 나남.
현대송, 2008, 『한국과 일본의 역사인식』, 나남.

Christopher W. Hughes, 2011, 「修正主義, ナショナリズム, グローバリゼーション」, 菅英輝 編, 『東アジアの歷史摩擦と和解可能性』, 劍風社.
マイク・モチヅキ, 2011, 「未完の課題としての歷史和解」, 『東アジアの歷史摩擦と和解可能性』, 劍風社.
菅英輝, 2011, 『東アジアの歷史摩擦と和解可能性』, 劍風社(菅英輝, 東アジアの歷史摩擦と和解可能性:冷戰後の國際秩序と歷史認識をめぐる諸問題).
渡邊治, 2001, 『日本の大國化とネオナショナリズムの形成』, 櫻井書店.
_____, 2007, 『安倍政權論: 新自由主義から新保守主義へ』, 旬報社.
_____, 2013, 『安倍政權と日本政治の新段階』, 旬報社.
木村幹, 2014, 『日韓歷史認識問題とは何か』, ミネルヴァ書房.
細谷雄一, 2015, 『歷史認識とは何か日露戰爭からアジア太平洋戰爭まで』, 新潮選書.
小熊英二, 2003, 「〈民主〉と〈愛國〉」, 新曜社.
小熊英二・上野陽子, 2003, 『〈癒し〉のナショナリズム一草の根保守運動の實證硏究』, 慶應義塾大學出版會.
若宮啓文, 2006, 『和解とナショナリズム: 新版・戰後保守のアジア觀』, 朝日新聞社.
鄭敬娥, 2011, 「歷史認識をめぐる日韓摩擦の構造とその變容」, 菅英輝 編, 『東アジアの歷史摩擦と和解可能性』, 劍風社.

中野晃一, 2015, 『右傾化する日本政治』, 岩波書店.
和田春樹, 2006, 「安倍晋三氏の歴史認識を問う」, 『世界』 10月號.

Cha, Victor D., 1999, *Alignment Despite Antagonism: The United States-Korea-Japan Security Triangle*, Stanford University Press.

Gordon, Andrew ed., 1993, *Postwar Japan History*, University of California Press.

Gordon, Andrew, 2003, *A Modern History of Japan: From Tokugawa Times to the Present*, Oxford University Press.

Jennifer, Lind, 2008, *Sorry States: Apologies in International Politics*, Cornell University Press.

Man, Gilbert ed., 2010, *U.S. Leadership, History, and Bilateral Relations in Northeast Asia*, Cambridge University Press.

제4장

1980년대 한일 지식인 교류와 역사인식
– 요미우리신문사 주최 '일한좌담회'를 중심으로

| 박삼헌 ■ 건국대학교 일어교육과 교수 |

I. 머리말: 한일 신시대의 도래, 그리고 새로운 역사 갈등의 시작

II. 왜 기획되었을까

III. 누가 참가하였을까

IV. 무엇을 토론하였을까

V. 맺음말: '인간적 차원의 상호이해'에서 '국가적 차원의 역사인식'의 차이로

I. 머리말: 한일 신시대의 도래, 그리고 새로운 역사 갈등의 시작

식민통치가 끝난 지 36년을 맞이한 1981년 8월 16일, 『마이니치신문(每日新聞)』은 "일한 신시대의 장애물"이라는 제목의 연재기사를 시작하였다. 여기에서 '일한 신시대'는 박정희 대통령 암살이 초래한 의도치 않은 한국의 정치적 변화를 전제로 한다. 즉 박정희 대통령 사후, 정권의 중추 세력들이 "일본의 식민지 지배를 몸으로 기억"하며 "일본어를 할 수 있는" 세대에서 "이승만 시대의 반일교육을 받고 일본어를 하지 못하는 한글세대"로 교체된 것이다.[1] 이들은 박정희 정권을 떠받쳤던 사람들처럼 자신들의 인생 경험에서 축적된 일본과의 강력한 인적 네트워크가 없었기 때문에 일본에 대한 그들의 지식이나 인맥은 제한적이었고 그 관심도 결코 컸다고는 말할 수 없었다.[2]

『마이니치신문』의 연재기사는 '일한 신시대의 장애물'을 해소하기 위해 양국 '의원들의 활발한 교류' 등을 통한 '새로운 일한 파이프' 구축이 필요하다는 결론을 제시하고 있다.[3] 이는 같은 해 4월, 일본만이 아니라 한국의 정치권도 '새로운 한일·일한 파이프' 구축의 필요성을 느끼고 기존의 한일 양국 국회의원의 친선모임(한일의원연맹·한일친선협회·한일

---

* 이 글은 『한일민족문제연구』제40집(2021.06.30, 119-170쪽)에 게재된 원고를 수정·보완한 것이다.
1 「日韓新時代へのハードル」(上), 『每日新聞』 1981.8.16, 2면.
2 기무라 간 지음, 김세덕 옮김, 2019, 『한일 역사인식 문제의 메커니즘』, 제이앤씨, 133-134쪽 참조.
3 「日韓新時代へのハードル」(下), 『每日新聞』 1981.8.18, 2면.

의원안보협의회·한일경제협의회·한일협력안)을 한일·일한 의원연맹으로 일원화하고 10·26사건으로 중지된 활동을 곧바로 재개한 것을 염두에 둔 제언이었다.[4]

'한일·일한 신시대' 도래를 맞아 한일 양국 정치권이 '새로운 한일·일한 파이프' 구축을 도모하기 시작한 것과는 별개로 한일 양국 사이에는 일본의 역사교과서 문제로 촉발된 역사인식의 갈등이 새롭게 시작되었다. 1982년 6월, 일본 정부가 발표한 고등학교 역사교과서 검정 결과와 관련해서 한반도와 중국에 대한 '침략'을 '진출'로, 3·1운동을 '폭동'으로 바꾸는 등 표현이 수정되고 3·1운동으로 인한 한국인 사망자가 7,000명이라는 부분도 삭제되었다는 내용이 일본 언론에 보도되었고, 7월 하순부터는 한국과 중국의 언론들이 일제히 일본의 역사교과서 왜곡을 비판하기 시작한 것이다. 한국에서 역사문제를 두고 전국적으로 반일감정이 분출되고 일본과의 감정적 마찰이 몇 개월 동안 계속된 것은 이때가 처음이다.[5] 이에 대해 일본에서도 반한 시위가 전개되면서 양국의 국민감정이 충돌하는 양상으로 번져 갔다.

일본 정부는 11월 24일, 역사교과서 검정에 근린제국조항을 신설하는 것으로 한국 사회의 반일감정을 수습하는 한편, 이듬해 1983년 1월에는 나카소네 야스히로(中曾根康弘)가 현직 수상으로서는 처음으로 한국을 공식 방문하여 "불행한 역사를 반성한다"고 발언하고, 이어서 개최

---

[4] 「'하나의 창구'로 기능중복 해소 한·일 의원기구 일원화」, 『동아일보』 1981.4.22, 3면. 한일·일한 의원연맹은 1972년에 일본 자민당 소속 의원 48명과 한국 의원 13명이 한일·일한 의원간친회 결성에 합의하고 창립한 한일·일한 의원간친회가 1975년 1월 12일 확대 개편된 친목단체이다.

[5] 8월 28일에는 사회 각계 대표들이 독립기념관 건립준비위원회를 구성하고 국민성금을 전국적으로 전개하였다. 독립기념관은 1987년 8월 15일 천안시에 건립되었다.

〈그림 1〉「불행한 過去(과거) 진심으로 遺憾(유감)」
『조선일보』 1984.9.7, 1면.

된 최초의 한일정상회담에서 '한일정상공동성명'을 발표하고 '한일·일한 신시대'의 도래를 선언하였다.[6]

한국 정부도 1984년 9월, 전두환이 현직 대통령으로서는 처음으로

---

6 「한일 새 유대의 巨步 불행했던 過去 반성」,『동아일보』1983.1.12, 1면.

일본을 공식 방문하였다. 이때 쇼와(昭和) 천황이 "불행한 과거 진심으로 유감"이라고 발언함으로써 '한일·일한 신시대'의 도래를 실감시켰다 (〈그림 1〉 참조).[7]

이 과정에서는 '새로운 한일·일한 파이프'로 구축된 한일·일한 의원연맹이 두드러진 활약을 하였다. 한일·일한 의원연맹이 양국 사이에서 발생하는 갈등을 완화시키거나 해결하는 갈등의 중재자 기능을 수행한 것이다.[8]

그렇다면 정치권과 거리를 유지하면서도 정치권을 비판 또는 지원하는 기능을 수행하는 한일 양국의 시민사회에서는 '한일·일한 신시대'를 맞아 누가 어떠한 역할을 수행했을까.

본고에서는 한일 대중언론에 게재된 한일 지식인 좌담회를 검토하고자 한다. 좌담회는 직접 얼굴을 맞대고 논의한다는 점에서 현장성을 지닌다. 때문에 좌담회의 편집·기록은 당대의 주요한 이슈는 물론이고, 참여자 사이의 관계성, 즉 권력관계, 사상의 차이, 문화적 차이 등을 다각적으로 드러낸다. 이러한 경향은 당대의 민감한 이슈를 공유하기 위해 기획된 다국적 좌담회인 경우 한층 더 두드러진다. 따라서 1980년대 한일 양국의 대중언론에 게재된 한일 지식인 좌담회는 '한일·일한 신시대'에 등장한 역사인식의 갈등에 대해 양국의 시민사회가 합의할 수 있는 경계선이 어디인지 확인할 수 있는 좋은 재료이다. 단, 대중언론에 게재된 좌담회의 내용이 '편집'된다는 점에 주의할 필요가 있다. 물론 좌담회 원고

---

[7] 최희식, 2020, 「전두환 정부하의 역사 문제-1980년대 한·일 역사 문제의 새로운 전개-」, 조윤수 편, 『한·일 관계의 궤적과 역사인식』, 동북아역사재단, 168-177쪽 참조.
[8] 최준영, 2008, 「갈등 속의 한일관계와 한일의원연맹의 역할」, 『사회과학연구』 제16집 1호, 11-12쪽.

는 출판되기 전에 참가자들의 검토를 받는다. 그럼에도 좌담회 원고는 구어체를 문어체로 변환하고, 지면 확보 상황에 따라 '편집'된 형태로 독자들에게 제시된다. 따라서 대중언론의 좌담회를 분석할 때에는 참가자들의 성향 못지않게 그 편집이 어떻게 이뤄졌는지도 확인할 필요가 있다.

분석 대상은 일본의 요미우리신문사(讀賣新聞社)가 연재한 1차 일한좌담회(1982.7.7~1982.7.28)와 2차 일한좌담회(1984.2.25~1984.3.11)이다.[9] 이것은 1982년에 발생한 일본의 역사교과서 문제로 한일 양국의 시민사회가 서로의 역사인식에 문제의식을 갖기 시작한 시기에 개최되었고, 더군다나 나중에 살펴보듯이 한일 양국에서 큰 호응을 받았던 만큼, 당시 한일 양국의 시민사회가 합의할 수 있는 역사인식의 경계선이 어디까지인지 확인할 수 있는 좋은 재료이다.

II. 왜 기획되었을까

1982년 1월 12일 『동아일보』가 발표한 '새해 관심사' 여론조사에 따르면, 가장 싫어하는 나라는 ① 북한(59.4%) ② 일본(21.9%) ③ 소련(9.6%) ④ 중공(2.7%) ⑤ 베트남(1.8%) 순이었다. 분단이라는 특수상황을 고려한다면, 한국인들이 가장 싫어하는 나라는 일본인 것이다. 또한 "우리의 우방으로서의 일본은?"이라는 설문에도 평범한 우방이다(31.7%), 우방이라 할 수 없는 나쁜 근성을 가지고 있다(20.1%), 불이익을 초래하

---

9 누가 좌담회를 기획했는지, 그 주체를 분명히 드러내기 위해 본고에서는 '한일좌담회'가 아니라 '일한좌담회'를 사용하고자 한다.

는 우방이다(18.9%)와 같이 부정적 인식이 70%에 달할 정도였다.[10] 일본 신문사의 서울특파원들은 "미움 받는 일본"이라는, 다소 자극적인 제목으로 『동아일보』의 여론조사 결과를 보도하였다.[11]

한국의 여론조사 결과가 일본에 보도되고 얼마 후, 재일조선인 작가 김달수(金達壽)는 『요미우리신문』 문화란에, 10년 전 일본의 여론조사에서도 싫어하는 나라 2위가 한국(조선)이었음을 상기시키면서 "양자가 왜 이렇게 서로 싫어하는지, '데스크 토론'만이 아니라 일본과 한국(조선)의 대표자가 모여서 그것을 규명하는 토론회를 열면 어떨까"[12]라고 제안하는 글을 실었다.

김달수의 '제안'에 답한 것은 요미우리신문사였다. 그 제목은 '일한좌담회 이해의 길'로, 요미우리신문사는 "제2차 세계대전 후 한국이 독립한 지 30여 년이 지났음에도 일본과 한국의 관계가 정부도 국민 사이도 원만하지 못하다"고 지적하고, "그 깊은 골을 메우려면 몇 십 만개의 돌이 필요하겠지만, 지금이야말로 열이든 스물이든 돌을 넣을 시기"이므로 "일한 양국이 서로 이해하는 길을 찾아보고자 일한좌담회를 준비하였다"고, 그 기획의도를 밝히고 있다.[13]

그런데 1차 일한좌담회 연재기사가 시작된 1982년 7월 7일은 마침

---

10 「本社 '새해 關心事' 여론조사」, 『동아일보』 1982.01.13, 10-11면. 통계 조사일은 1981년 11월 24일부터 12월 17일까지이다.

11 「嫌われています日本 韓國で世論調査 不人氣國の第二位」, 『朝日新聞』 1982.1.13, 3면; 「デスク討論 韓國になぜ嫌われる 風化しない"歷史" 及び腰やめ積極對話を」, 『讀賣新聞』 1982.1.15, 5면 등.

12 「なぜお互い嫌い, 嫌われているのか "日韓討論會" 開いてみては?」, 『讀賣新聞』 1982.2.4, 7면.

13 「日韓座談會·理解への道(1)」, 『讀賣新聞』 1982.7.7, 1면.

일본의 역사교과서 문제가 발생한 지 2주 정도밖에 지나지 않은 시기였다. 물론 실제 1차 일한좌담회는 역사교과서 문제가 발생하기 이전인 5월 15일 개최되었고, '속기록을 정리하고 원고를 작성하고 가필'하는 기간에 역사교과서 문제가 발생한 것이다. 따라서 1차 일한좌담회 연재기사에는 당시의 역사교과서 문제가 직접 언급되지 않고 있다.[14]

그러나 요미우리신문사는 1차 일한좌담회 원고를 작성하고 가필하는 동안에 발생한 역사교과서 문제라는 돌발 상황을 반영하여 "보통 이러한 종류의 좌담회는 2페이지 지면에 1회 게재하는 경우가 대부분이지만, 이번에는 내용이 다양하고 유익하기 때문에 연재 형식으로 편성"[15]한다는 편집방침을 세우고 1면에 배치하였다(〈그림 2〉 참조). 1면 편집은 연재를 시작한 7월 7일(수)부터 11일(일)까지 이어졌고, 월요일 휴간을 지나 14일(화)부터는 아시아 관련 기사 코너인 8면에 편집되었다. 또한 1차 일한좌담회 연재기사 중에는 그 좌담 내용이 1982년 당시의 역사교과서 문제가 아니라 '임나일본부' 등 전후에도 여전히 "자국 본위의 기술이 뚜렷"한 역사교과서 일반에 관한 비판적 언급임에도 그 표제를 "역사교육의 공백"으로 제시하고 있을 정도로 당시의 역사교과서 문제를 의식한 편집을 하고 있다.[16]

---

14 요미우리신문사는 1차 일한좌담회 연재기사 중 편집상 생략되었던 부분과 좌담회 후 참가자들의 '기고문'을 합쳐서 단행본으로 출판하였는데, 김달수가 '기고문'에서 1982년 일본의 역사교과서 문제를 간단히 언급하고 있다(鮮宇輝 외 4명, 1983, 『日韓 理解への道』, 讀賣新聞社, 211쪽). 본고의 인용은 연재기사와 좌담회 후 '기고'를 구분하기 위해 연재기사는 쪽수에 (연재)라고 표기하였다.

15 「[讀者と編集者]『日韓座談會・理解への道』狙いと關係者の苦勞話を」, 『讀賣新聞』 1982.7.19, 7면.

16 「日韓座談會 理解への道〈4〉」, 『讀賣新聞』 1982.7.10, 1면.

〈그림 2〉「日韓座談會 理解への道(일본좌담회 이해의 길)」〈1〉
『요미우리신문』 1982.7.7, 1면.

하지만 이와 같은 요미우리신문사의 편집은 총 19회의 연재를 마치고 바로 다음날 "뜨거운 공감을 불러일으킨 일한의 대화"라는 제목의 '독자의 목소리'가 이례적으로 4면에 전면 편집될 정도로 큰 반향을 일으켰다.[17]

---

17 「熱っぽい共感呼んだ日韓の對話 讀者の聲から」, 『讀賣新聞』 1982.7.29, 4면.

요미우리신문사에 따르면, 일본만이 아니라 한국에서도 큰 반향이 있었다고 한다. 1차 일한좌담회 내용이 한국 언론에도 소개되면서[18] 연재기사를 읽고 싶다는 한국의 시민과 학생들이 요미우리신문사 서울지국을 방문하여 응원했을 정도였고, 일본 외무성도 연재기사 대부분을 한국어로 번역해 새롭게 한국을 위해 간행한 홍보지에 게재하여, 당시 최경록 주일한국대사로부터 "상호이해에 실로 유의미"하다는 감사장을 받았다고 한다.[19]

이상과 같이 요미우리신문사의 1차 일한좌담회는 김달수의 제안에서 시작되었다. 하지만 연재 시작 직전에 발생한 일본의 역사교과서 문제를 배경으로 '상호이해'가 중요한 화두로 등장하는 가운데 1차 일한좌담회가 한일 양국 국민의 높은 호응을 얻자, 요미우리신문사는 연재기사의 단행본을 이듬해 1983년 7월 20일 출판하는 한편, 같은 해 12월 모일 서울에서 2차 일한좌담회를 개최하였다.[20] 2차 일한좌담회는 '속(續) 이해의 길 일한 서울좌담회'라는 제목으로 1984년 2월 25일부터 3월 11일까지 총 14회 연재되었고,[21] 1985년 4월 5일 단행본으로 출판되었다.[22]

---

18 「日 요미우리新聞, 韓日學者·作家초청 좌담회」, 『중앙일보』 1982.7.15, 6면.
19 鮮宇煇 외 4명, 1983, 「まえがき」, 『日韓 理解への道』, 1-3쪽.
20 1984년 2월 25일부터 3월 11일까지의 연재기사에서는 2차 일한좌담회의 개최일을 밝히고 있지 않으며, 1985년 4월 5일 출판된 단행본에서도 '1983년 12월 모일'이라고만 되어 있다(金聲翰 외 5명, 1985, 『日韓ソウルの友情-理解への道 Part Ⅱ-』, 讀賣新聞社, 216쪽).
21 25일(토)과 26일(일)에 1면 편집되었다가, 월요일 휴간을 거쳐 28일(화)부터는 8면으로 편집되었다.
22 '일한좌담회 프로젝트 팀'에 따르면, 천관우의 좌담회 후 기고문은 본인의 건강 문제 때문에 단행본 출판일자까지 받지 못해서 실리지 못했다고 한다(金聲翰 외 5명,

두 권의 단행본에는 부록으로 일한좌담회에서 등장하는 한국과 일본의 역사적 사건이나 인물을 상세히 설명하는 '일한관계소사전(日韓關係小辭典)'과 '일한관계 입문서/관계서'가 실려 있다.[23] 이것은 연재기사에서 간헐적으로 간단히 제시되었던 한국사 용어를 상세히 추가 기술한 것이다. 이와 같은 단행본의 편집은 '일한 양국이 서로 이해하는 길을 찾아보고자 일한좌담회를 준비'한 요미우리신문사의 기획의도를 반영한 것이다.

그런데 2차 일한좌담회의 단행본 출판을 알리는 '단평(短評)'에서 "일한은 '가깝고도 먼 나라'이다. 고문화(古文化)의 계보도 같지만, 시민 사이의 이해라는 차원에서는 과거의 불행한 기억 때문에 어쨌든 감정에 응어리가 남는다"[24]라고 설명하는 것을 보면, 일한좌담회의 기획의도가 '과거의 불행한 기억'에 국한하지 않고 한일 '고문화의 계보가 같다는 것'으로까지 확대된 '상호이해'였음을 알 수 있다. 이것은 '양자가 그토록 서로 싫어하는 이유'를 제국과 식민이라는 관계에서 출발하는 '가해'와 '피해' 그리고 '책임'이 아니라, '고문화의 계보는 같지만' 임진왜란과 식민지배 등을 거치며 형성된 "감정과 고정관념"[25]으로 설명하는 역사인식이다. 당연히 이것은 일한좌담회 참가자들의 역사인식이 반영된 결과였다. 그렇다면 그들은 누구였고, 그들의 특징은 무엇이었을까.

1985,『日韓ソウルの友情-理解への道 Part Ⅱ-』, '付記').
23　鮮于輝 외 4명, 1983, 앞의 책, 269-299쪽; 金聲翰 외 5명, 1985, 위의 책, 220-239쪽.
24　「[短評] 司馬遼太郎ほか著 日韓ソウルの友情」,『讀賣新聞』1985.4.22, 8면.
25　金聲翰 외 5명, 1985, 앞의 책, 5쪽.

III. 누가 참가하였을까

1차 일한좌담회는 1982년 5월 15일 토요일, 도쿄의 데이코쿠(帝國) 호텔에서 오후 12시부터 밤 12시까지 사회자 없이 자유발언 방식으로 진행되었다.[26] 1983년 12월 모일, 서울의 신라호텔에서 진행된 2차 일한좌담회도 동일한 방식이었다.[27] 1차·2차 모두 사회자 없이 자유발언으로 진행되었기 때문에 연재기사의 표제와 단행본으로 출간했을 당시의 소제목은 좌담회 속기록을 정리한 요미우리신문사의 '일한좌담회 프로젝트 팀'이 설정하였다.

사회자가 없는 자유발언 방식은 1차·2차 일한좌담회의 가장 큰 특징이다. 일반적으로 좌담회는 주최 측이 선정한 사회자가 제시하는 주제에 대해 참가자들이 서로 자신의 의견을 펼치는 과정을 거치게 된다. 또한 참가자들에게 미리 논의 주제가 제시되더라도, 좌담회가 진행되는 과정에서 사회자가 돌발적으로 다른 논의 주제를 제시할 가능성도 있다. 이런 경우에는 좌담회가 원활히 진행되기 어려운 상황이 발생하기도 한다. 하지만 1차·2차 일한좌담회는 사회자를 별도로 두지 않고 논의 주제도 제한하지 않은 채 참가자들이 자유롭게 발언하도록 했기 때문에, '일한좌담회 프로젝트 팀'으로서는 속기록 정리와 주제별 재구성이 매우 수고스러운 작업이었겠지만, 참가자들로서는 다양한 주제를 옮겨가며 자유롭게 발언할 수 있었다.

1차·2차 일한좌담회의 참가자는 총 9명이다(〈표 1〉 참조). 이 중

---

26 鮮于煇 외 4명, 1983, 앞의 책, 209-211쪽.
27 金聲翰 외 5명, 1985, 앞의 책, 14쪽.

〈표 1〉 요미우리신문사 주최 '일한좌담회' 참가자*

차수	참가자	연재기사와 단행본에 소개된 참가자 경력
1차 1982년 5월 15일, 도쿄	선우휘 (鮮宇煇, 60세)	작가,『조선일보』논설고문. 1922년 평안북도 정주에서 태어났다. 경성사범 본과 졸(1944년), 조선전쟁에 대위로 참전. 예비역 육군대좌(대령에 해당함, 1959년). 일본 유학, 도쿄대학 대학원 석사 수료(1966년).『조선일보』편집국장·논설위원·주필 등 역임. 동인문화상 수상. 작품으로『불꽃』,『깃발 없는 기수』등 다수.
	고병익 (高柄翊, 58세)	학술원 회원, 문화재위원, 전 서울대학교 인문대학 교수, 사회과학연구협회장 등. 1924년 경상북도 문경에서 태어났다. 서울대학교 문리대학, 동 대학원 졸(1953년), 서독 뮌헨대 유학, 동 대학 문학박사(1956년).『조선일보』논설위원, 연세대·동국대·서울대 교수를 역임하고 서울대 총장(1979~1980년), 정신문화연구원장(1980~1981년). 학술원 저작상 수상. 저서로『아시아의 역사상』,『동아사의 전통』등.
	김달수 (金達壽, 62세)	작가. 1919년 조선 경상남도 창원에서 태어났다. 10세 때 도일(1930년), 소학교 2학년 수료 후 독학으로 니혼대학(日本大學) 예술과 진학 및 졸업(1941년).『가나가와신문(神奈川新聞)』·『경성일보』기자를 거쳐 전후에 작가생활을 시작했다. 작품으로『현해탄』,『쓰시마까지』등 소설 다수 외에 역사기행『일본 속의 조선 문화』등.
	모리 고이치 (森浩一, 53세)	도시샤대학(同志社大學) 문학부 교수, 고고학 전공. 1928년 오사카시(大阪市)에서 태어나 도시샤대학 문학부, 동 대학원 졸(1957년). 교토부(京都府)에서 고교 교사를 하다가 도시샤대학으로 돌아왔다. 구제(舊制) 중학생 때부터 고고학연구소를 다니며 스에나가 마사오(末永雅雄)와 알게 되었다. 고고학과 고대사의 접점인 고대학(古代學)이 전문. 저서로『고분(古墳) 여행-중국과 일본』,『거대 고분의 세기』,『고고학 서에서 동으로』등.
	시바 료타로 (司馬遼太郎, 58세)	작가, 예술원 회원. 1923년에 태어났다. 오사카외국어학교(현재 대학) 몽고어과 졸업(1944년). 군대 소집, 제대 후『산케이신문(産經新聞)』문화부 기자를 거쳐 작가생활을 시작하였다. 나오키상(直木賞), 예술원 은사상, 요미우리문학상(讀賣文學賞), 아사히상(朝日賞) 등 다수의 상을 수상. 작품으로『하리마나다모노가타리(播磨灘物語)』,『구카이(空海)의 풍경』,『사람들 발소리(ひとびとの跫音)』,『유채꽃 들판(菜の花の沖)』등 다수.

2차 1983년 12월 모임, 서울	김성한 (金聲翰, 64세)	작가. 1919년 1월 함경남도 풍산 출생. 도쿄제대 법과 중퇴. 한국외국어대 강사를 거쳐 잡지 『사상계』 주간, 『동아일보』 논설위원을 역임, 이후 영국 맨체스터대학 졸업(1965년). 『동아일보』 편집국장(1973년). 『동아일보』 편집고문(1981년). 50년에 『서울신문』 신춘문예 소설부문 입선, 이후 동인문학상, 자유문학상, 문화예술상 등을 수상. 주요 작품으로 『이성계』, 『요하(遼河)』, 『암야행(暗夜行)』 등이 있다.
	선우휘 (鮮于輝, 61세)	작가, 『조선일보』 논설 고문. 1922년 평안북도 정주 출생. 경성사범 본과 졸업(1944년). 조선전쟁에 대위로 참전, 예비역 육군 대좌(1959년), 일본에 유학하여 도쿄대학 대학원 수료(1966년). 『조선일보』 편집국장·논설위원·주필 등 역임. 동인문학상 수상자로서 『불꽃』, 『깃발 없는 기수』를 비롯한 다수의 작품이 있다.
	천관우 (千寬宇, 58세)	역사학자, 『한국일보』 상임고문. 1925년 충청북도 제천 출생. 서울대 사학과 졸업(1949년). 『한국일보』 논설위원(1954년)을 거쳐 『조선일보』 편집국장, 『동아일보』 편집국장을 역임, 현재도 국토통일 고문 등을 겸하고 있다. 주요 저서로 『한국사의 재발견(韓國史への新視点)』, 『인물로 본 한국고대사』 등이 있고, 『한국 상고사의 쟁점(韓國上古史の爭点)』 등 편저도 다수 있다.
	와타나베 길용 (渡邊吉鎔, 39세)	게이오대학(慶應大學) 조교수, 도쿄대 강사. 1944년 서울 출생. 이화여자대학교 1년 수료 후 게이오대학에 유학하여 문학부 졸업, 도미(渡美)하여 UCLA 대학원 수료, 동 대학원 강사를 거쳐 현직. 결혼하여 성이 와타나베로 바뀌었다. 저서로 『조선어의 권장』, 『처음 하는 조선어』가 있고, NHK문화센터에서 강좌 '조선어를 즐기자'도 담당하고 있다.
	다나카 아키라 (田中明, 57세)	조선문제연구자, 다쿠쇼쿠대학(拓殖大學) 강사. 1926년 아이치현(愛知縣) 출생. 초·중학생 시절을 서울에서 지냈다. 도쿄대학 국문과 졸업(1952년), 아사히신문사 입사. 그동안 한국에 유학하고 아사히신문사 편집위원을 거쳐 연구생활을 시작하였다. 저서로 『서울 실감록』, 『상식적 조선론의 권장』, 『조선 단상』, 역서로 『한국사의 재발견』(천관우 지음) 등이 있다.
	시바 료타로 (司馬遼太郞, 60세)	작가. 1923년 오사카 출생. 오사카외국어학교 몽고어과 졸업(1944년). 전차병으로 군대 소집. 전후 『산케이신문』 문화부 기자를 거쳐 작가 생활을 시작하였다. 나오키상, 예술원은사상, 요미우리문학상 등 수상. 최근의 주요 작품으로는 『구카이(空海)의 풍경』, 『유채꽃 들판』, 『항우와 유방』, 『하코네(箱根) 언덕』 등이 있고, 독특한 구술의 『가도(假道)를 가다』 시리즈는 계속 집필 중이다.

* 참가 당시 나이는 필자 작성

1차・2차 모두 참가한 사람은 한국 측의 선우휘와 일본 측의 시바 료타로(司馬遼太郎)이다. 앞에서 살펴보았듯이 김달수는 일한좌담회의 계기를 만들었음에도, 서울에서 개최된 2차 일한좌담회에는 참가하지 않고 있다. 그 이유는 불분명하지만, 아마도 그가 1년 전 1981년 3월에 처음으로 한국을 방문한 것으로 재일교포 사회로부터 혹독한 비판을 받았기 때문에 또 다시 한국을 방문하기에는 부담스러웠을 것이다.[28]

그럼에도 김달수는 시바와 함께 일한좌담회 개최에 깊이 관여했다고 판단된다. 김달수와 시바는 1969년 여름에 잡지 『일본 속의 조선문화(日本のなかの朝鮮文化)』를 내기 위해 처음 만난 이후,[29] 이 잡지와 주오코론사(中央公論社) 간행 잡지 『역사와 인물(歷史と人物)』 등에 '고대 한일관계와 문화교류' 관련 좌담회를 게재하였다. 이 시기에 김달수는 전후 일본의 역사교과서에서도 사용되는 '귀화인'[30]이라는 용어가 조선(인)에 대한 일본인의 일반적 편견과 차별을 재생산함과 동시에 일본인 자신을 자기 부식시키는 용어라고 비판하면서 '도래인'으로 대체되어야 한다고 주장하였다.[31] 시바는 김달수의 주장을 지지하는 차원에서 '고대 한일관계와 문화교류' 관련 좌담회를 함께 기획하였다.[32] 이들의 활동은 일본

---

28 김달수는 1981년 3월 20일부터 27일까지 '재일교포 수형자에 대한 관용을 청원'한다는 명목으로 강재언, 이진희 등과 함께 한국을 방문하였다. 조총련 등 전두환 정권에 비판적 입장을 취하던 재일교포 단체들은 김달수 등의 방한을 독재와의 타협이라고 비난하였다. 실제로 이를 계기로 김달수와 관계를 끊은 재일지식인도 적지 않았다(윤건차 지음, 박진우 외 옮김, 2016, 『자이니치의 정신사』, 한겨레출판, 576쪽).

29 司馬遼太郎・陳舜臣・金達壽, 1991, 『歷史の交差点にて』, 講談社(초판 1984), 235쪽.

30 '다이카(大化) 개신'부터 '임신의 난', 즉 7세기 중후반에 한반도에서 일본열도로 이동한 사람들을 가리킨다.

31 廣瀬陽一, 2016, 『金達壽とその時代 文學・古代史・國家』, クレイン, 301쪽.

의 역사교과서에서 '귀화인'이 '도래인'으로 수정되는 중요한 원동력이 되었다고 평가받는다.[33]

모리 고이치(森浩一)도 잡지『일본 속의 조선문화』의 필진 중 한 명으로서 시바와 김달수가 주도하는 '고대 한일관계와 문화교류' 관련 좌담회의 고정 참가자 중 한 명이었고, 다나카 아키라(田中明)도 이미 시바와 김달수와 함께 한일관계 관련 좌담회에 참가한 적이 있었다.[34] 따라서 일한좌담회의 일본 측 참가자는 1970년대에 김달수와 시바가 주도한 '고대 한일관계와 문화교류' 관련 좌담회를 통해 형성된 인적 네트워크 안에서 선정되었다고 볼 수 있다.

시바와 김달수는 한국 측 참가자 선정에도 깊이 관여한 것으로 보인다. 우선 1차·2차 모두 참가한 선우휘는, 그가『조선일보』주필이었다는 점 못지않게 "10년 정도 전"부터 친분이 있던 시바의 추천도 있었을 것이다.[35]

물론 1차 일한좌담회에 참가했던 고병익이 2차에는 개인 사정으로

---

[32] 두 잡지에 게재되었던 좌담회는 1970년대에 순차적으로 단행본으로 간행되었다(司馬遼太郎·上田正昭·金達壽 編, 1972,『座談會 日本の朝鮮文化』, 中央公論社; 司馬遼太郎·上田正昭·金達壽 編, 1974,『座談會 古代日本と朝鮮』, 中央公論社; 司馬遼太郎·上田正昭·金達壽 編, 1975,『座談會 日本の渡來文化』, 中央公論社; 司馬遼太郎·上田正昭·金達壽 編, 1978,『座談會 朝鮮と古代日本文化』, 中央公論社). 이외에 김달수와 시바 료타로의 좌담회는 上田正昭·金達壽·司馬遼太郎, 1971,「日本歷史の朝鮮觀」,『中央公論』86-4, 中央公論社; 司馬遼太郎·金達壽, 1975,「對談 反省の歷史と文化」,『季刊三千里』第3號, 三千里社 등이 있다.

[33] 윤건차, 2016, 앞의 책, 586쪽.

[34] 司馬遼太郎·金達壽·田中明, 1980,「基調座談會 なぜ「近くて遠く」なったのか」,『諸君!』12-4, 文藝春愁社, 38-53쪽.

[35] 시바는 1986년 6월 선우휘가 죽은 후, 그의 추도문을『세카이(世界)』에 게재할 정도로 친분이 있었다(司馬遼太郎, 1986,「鮮于煇さんのこと」,『世界』第495號, 岩波書店).

불참하게 되자 선우휘의 추천으로 천관우와 김성한이 2차 일한좌담회에 참가하고 있으므로,[36] 한국 측 참가자 선정에는 선우휘가 깊이 관여하고 있다고 할 수 있다.[37] 하지만 김달수가 1981년에 한국을 방문했을 때 만나고 싶은 사람으로 "체제 비판 측 역사학자로 일본에도 알려진 천관우"[38]를 제시했고, 김성한의 경우도 '일본 속의 한국'이라는 주제의 역사기행문을 『경향신문』에 연재하고 단행본으로도 출판했으므로, 선우휘가 이들을 선정한 배경에는 '고대 한일관계와 문화교류'에 관심이 많은 김달수와 시바의 '지적(知的)' 경향도 고려되었을 것이다.[39]

이상과 같이 요미우리신문사의 일한좌담회는 시바와 김달수가 일본 측은 물론이고 한국 측 참가자 선정에도 직간접적으로 관여한 결과, 그들이 주도해 온 '고대 한일관계와 문화교류' 관련 좌담회가 한일 양국의 지식인의 좌담회로 확대된 형태를 갖추게 되었다.

1. 일본 측 참가자의 특징

시바(1차·2차)는 러일전쟁과 같이 일본과 한국이 관련된 근현대사를

---

36 金聲翰 외 5명, 1985, 앞의 책, 13쪽, 168쪽.
37 일본 측 참가자 다나카도 한국 유학 당시부터 선우휘와 친분이 있었고, 천관우의 연구서를 일본어로 번역 출판하였으므로, 선우휘와 천관우의 추천이 있었을 것으로 추측된다[田中明, 1975, 『ソウル實感祿』, 北洋社, 168-177쪽; 천관우, 1974, 『한국사의 재발견』, 一潮閣(田中明譯, 1976, 『韓國史への新視点』, 學生社)].
38 金達壽, 1981, 「故國への旅2; 軍事分界線まで」, 『文藝』 20-8, 河出書房新社, 136쪽.
39 천관우는 『인물로 보는 한국고대사』(정음문화사, 1983)를 출판하였으며, 김성한은 『김성한 역사기행 일본 속의 한국』(사회발전연구소, 1985)을 출판하였다. 김성한의 책은 일본어로도 번역 출판되었다(『日本のなかの朝鮮紀行』, 三省堂, 1986).

배경으로 '일본인은 무엇인가?', '메이지국가란 무엇인가?'라는 주제를 추구하였기에 전후 일본에서 '국민적 작가'라 일컬어지는 반면, '한국(조선)'에 대한 애정과 관심을 여러 작품 속에서 드러내고 있음에도 불구하고 한국(조선)에 대한 왜곡된 시선을 갖고 있다는 비판을 받는다.[40] 그러나 1차 일한좌담회에서 "한국 문제는 금방 정치적으로 되므로, 본인은 되도록 민속이나 문화의 선에서 생각하도록 노력하고 있습니다"[41]라고 명확히 밝히고 있고, 2차 일한좌담회에 임하면서는 "일한의 정치 레벨에 관해서는 전혀 관심을 갖고 싶지 않다. 하지만 양국만큼 시민 차원에서도 서로 이해하고 있지 못하고 있다는 현재의 과제에 무관심하고 싶지는 않다."[42]는 자기 고백적 글을 쓰고 있는 것으로 보건대, 시바의 한국(조선) 인식은 국가주의적 관점으로만 비판하기에는 다소 복잡한 구조를 지니고 있다. 이에 대해서는 나중에 보다 상세히 언급할 예정이다.

도시샤대학 교수 모리 고이치(1차)의 전공은 일본 고고학이다. 그는 검증이 안 된 천황릉을 지명으로 불러야 한다고 주장하여, 사카이(堺) 시에 있는 일본 최대 고분 '닌도쿠(仁德) 천황릉'의 교과서 기술이 '다이센(大山) 고분'으로 수정되는 계기를 마련하였다.[43] 따라서 최소한 그도 일본 중심주의 사상을 지양하는 '지적' 경향을 지녔다고 할 수 있다.

---

40 나카츠카 아키라 지음, 박현옥 옮김, 2014, 『시바 료타로의 역사관-그의 '조선관'과 '메이지 영광론'을 묻다-』, 도서출판 모시는 사람들 등 참조. 특히 러일전쟁을 '국민전쟁'이라는 관점에서 서술하고 있다는 점에서 메이지시대를 밝게 평가하는 역사관을 '시바 사관'이라 비판하기도 한다.
41 鮮宇煇 외 4명, 1983, 앞의 책, 73쪽(연재).
42 金聲翰 외 5명, 1985, 앞의 책, 5쪽.
43 「森浩一さん 南方熊楠賞を受賞した考古學者」, 『朝日新聞』 2012.3.28, 2면. 참고로 '닌토쿠 천황릉'을 포함한 '모즈(百舌鳥)·후루이치(古市) 고분군'은 2019년 세계문화유산에 등록되었다.

'조선문제연구자'로 소개된 다나카 아키라는 유년시절을 식민지 조선에서 보낸 경험이 있는 '재조 일본인'이자, 전후 일본의 몇 안 되는 한국 유학 경험자이다. 그는 정치와 거리를 두는 학술 모임을 지향하는 일본인들이 1970년에 결성한 '조선문학모임(朝鮮文學の會)'의 동인으로 활동하였다. 이것은 남과 북 양쪽에 대해 균형적인 입장을 취하는 모임이었다.[44]

일한좌담회 참가자 중에는 한국 측도 일본 측도 아닌 이른바 '경계인'이 있는데, 김달수(1차)와 와타나베 길용(渡邊吉鎔, 2차)이 그들이다. 김달수는 1930년에 10세의 나이로 일본으로 건너간 재일교포 출신 작가이다. 그는 1970년대에 한국의 독재정권을 비판하고 민주화 운동을 지원하는 활동을 하였다. 하지만 1차 일한좌담회 직전인 1981년 3월 방한을 계기로 그동안의 활동과 거리를 두기 시작하였고, 1984년에는 '한국' 국적을 취득하였다.[45]

와타나베 길용은 서울 출신이지만 해방 이후 게이오기주쿠대학(慶應義塾大學) 유학 등을 거쳐 일본인과 결혼해서 일본 국적을 취득하였다. 따라서 그는 해방 이후 도일한 '뉴커머'이다. 일한좌담회 참가에는 그의 NHK문화센터 조선어 강좌 강사라는 경력이 고려되었을 것으로 판단된다.[46]

이상, 일본 측 참가자들은 첫째, 다나카 아키라와 같은 재조 일본인, 김달수·와타나베 길용과 같은 재일조선(한국)인, 즉 한국과 일본의 경

---

44 김윤식, 2012, 『내가 읽고 만난 일본』, 그린비, 688쪽.
45 廣瀨陽一, 2019, 『日本のなかの朝鮮 金達壽傳』, クレイン, 229쪽.
46 渡邊吉鎔·鈴木孝夫, 1981, 『朝鮮語のすすめ』, 講談社, 3-4쪽 참조.

계를 살아가는 지식인이 포함되어 있으며, 일한좌담회 당시 이들은 한반도의 분단 상황으로 인한 정치적 대립으로부터 거리를 두거나, 적어도 북한보다는 한국 쪽에 친연성을 지니는 성향을 지니고 있었다. 둘째, 김달수와 함께 '고대 한일관계와 문화교류' 관련 좌담회를 주도한 시바, 그리고 그 활동에 적극적으로 참여한 모리도 "일본과 조선, 일본인과 조선인의 관계를 인간적인 차원에서 보려는 지식인"[47]으로 평가받는 김달수의 역사인식을 공유하는, 이를테면 '선의의 일본인'[48]으로 분류되는 '지적' 경향을 지니고 있었다.

2. 한국 측 참가자의 특징

『조선일보』 논설위원 및 주필이자 월남 작가로 활동한 선우휘(1차·2차)는 반공주의와 발전국가를 지향하고, 이 양자를 보완하는 자원으로서 유교전통(=전통가치규범)을 중시하는 한국 보수주의자의 한 사례로 평가받는다.[49] 선우휘의 반공주의는 본인도 "북을 경계하는 데 있어서 나는 그 누구에게도 뒤지지 않는다. 최근에 한 종류의 젊은이들은

---

47 廣瀨陽一, 2016, 앞의 책, 312쪽. 최근 한국에서도 고대사연구를 통해서 한일관계를 '인간적인 관계'로 파악함으로써 한일 양국의 화해를 모색한 재일지식인으로 재조명하는 연구가 발표되었다(송완범, 2019, 「재일지식인 김달수(金達壽)를 통한 '한·일 역사화해'의 모색」, 『동아시아 고대학』 제53집).

48 당시 한국에서 한일 양국의 친선관계를 지지하고 양국의 '상호혐오'를 배척하는 입장을 지닌 일본인을 지칭하는 용어이다(박삼헌, 2020, 「1970년대 일본의 보수주의 언론과 한국인식-『쇼쿤(諸君)!』의 한국 관련 기사를 중심으로-」, 『일본역사연구』 제51집, 16-20쪽 참조).

49 이창희, 2016, 「한국 보수주의의 이론과 한 사례-선우휘의 세계관을 중심으로-」, 『한국정치연구』 제25집 제2호; 김건우, 2017, 『대한민국의 설계자들-학병세대와 한국 우익의 기원-』, 느티나무책방, 94-104쪽.

이러한 나를 가리켜 냉전시대의 의식구조를 지속하는 낡은 사고의 반동이라고도 한다. 그렇다고 해서 나는 자신의 경계심을 바꿀 생각이 조금도 없다"[50]고 말할 정도이다.

『사상계』 지식인 담론의 키워드가 한국의 공산화에 반대하는 '자유민주주의에 기반한 근대국가 건설'이라는 점을 고려한다면,[51] 『사상계』 주간과 『동아일보』 편집국장을 역임한 월남 작자 김성한(1차)도 선우휘와 동일하게 한국 보수주의자의 범주를 크게 벗어나지 않는 지식인이다.[52]

박정희 정권 시기에 언론자유수호를 주장하며 반독재·민주화운동에 참여했던 천관우도 2차 일한좌담회 참가 당시에는 관변단체인 국토통일원 고문(1980년 2월~1985년 4월), 민족통일중앙협의회 초대 의장(1981년 4월~1983년 4월), 민족통일중앙협의회 중앙지도위원(1983년 6월~1985년 12월)으로 활동하였다. "천관우는 대한민국의 정통성을 훼손하는 정치적 통일 논의를 경계해야 한다는 생각을 갖고 있었다"[53]고 평가받는다는 점에서, 그의 사상적 지향점도 '자유민주주의'를 전제로 하는 한국 보수주의자이다.[54]

---

50 鮮宇煇 외 4명, 1983, 앞의 책, 182쪽.
51 이상록, 2020, 『한국의 자유민주주의와 「사상계」』, 고려대학교 민족문화연구원, 341-349쪽.
52 김건우, 2017, 앞의 책, 62-66쪽 참조.
53 이광표, 2017, 「千寬宇의 역사인식과 언론 활동」, 『白山學報』 제107호, 94쪽. 1980년대 천관우의 행적은 민주화 운동의 정신을 훼손하고 쿠데타 정권에 협조했다는 비판을 당시에 받았다. 그러나 천관우는 민족통일중앙협의회 의장을 맡고 얼마 되지 않아 언론과의 인터뷰에서 "체제비판·통일운동은 한국 발전 위한 것"이라며 자신의 행동은 이전의 민주화 운동과 모순이 아니라고 밝혔다(「잠깐 5분 인터뷰」, 『동아일보』 1981.5.18, 3면.
54 김건우, 2017, 앞의 책, 219-231쪽 참조.

고병익(1차)은 『조선일보』 논설위원(1958~1962년)을 역임하기도 했지만 기본적으로는 동양사 연구자이다. 천관우가 기본적으로는 언론인이지만 한국 상고사·고대사도 연구한 것과 정반대이다. 그는 역사학회 창립에 참여하고 서울대 총장과 정신문화원 원장을 역임하였다. 그의 전공은 동양사인데, 특히 일한좌담회 참가 당시에는 동아시아 한자·유교문화권(한·중·일·월남)의 전통과 근대화를 둘러싼 비교사적 연구를 하였다.[55] 따라서 고병익도 넓게는 유교전통(=전통가치규범)을 중시하는 한국 보수주의자의 범주에 속한다.

이상, 한국 측 참가자들은, 첫째, "독립 회복 시기에 청년이었고, 해방 이후 근대화의 혼란 속에서는 소장(小壯) 시절을 보내면서"[56] 주로 대중 언론을 무대로 활동하였다. 둘째, 그 사상적 지향점은 반공주의에 입각한 자유민주주의, 그리고 부정적이든 긍정적이든 한국의 전통가치규범으로서 유교를 중시하고 있다는 점에서 한국 보수주의자로 분류할 수 있는 지식인이다.

3. 한일 양국 참가자의 '접점'

그렇다면 일한좌담회에 참가한 한일 지식인의 '접점'은 무엇이었을까.

첫째, 한국 측 참가자가 통역 없이 일본어로 좌담을 진행했다는 점에서 이들 사이에는 일본어 또는 일본이라는 문화적 기호의 암묵적 '공유'가 커뮤니케이션의 토대를 이루고 있었다. 일한좌담회 참가 당시

---

55 조병한, 2005, 「高柄翊 선생의 학문 생애」, 『동양사학연구』 제90집 참조.
56 金聲翰 외 5명, 1985, 앞의 책, 214쪽.

1922년생 선우휘는 60세·61세, 1924년생 고병익은 58세, 1919년생 김성한은 64세, 1925년생 천관우는 58세로, '일본의 식민지 지배를 몸으로 기억하는' '독립 회복 당시 청년'에 속하는 세대이다. 당연히 이들은 일본어가 능숙하므로, 앞에서 언급했듯이 1차·2차 일한좌담회 모두 통역 없이 일본어 '프리토킹'으로 진행되었다.

둘째, 참가자들이 일본어로 커뮤니케이션을 할 수 있다는 것 이상으로 중요한 것은 1943년에 '제국 일본'에서 실시된 학도지원병(=학병)의 경험을 공유하고 있다는 점이다. '본토인' 시바와 '식민지 조선인' 김성한은 학병으로 징집되었고, 김달수도 『경성일보』 교열부에서 일하던 1944년 초에 '학병'을 권유받자 퇴사하고 일본으로 돌아와서 학병에 동원되지는 않았지만 학병 징집이라는 동시대 경험으로부터 자유롭지 않다.[57] 이공계 및 사범계가 학병 징집에서 제외되었기 때문에 당시 경성사범학교 학생이었던 선우휘도 학병 징집을 피할 수는 있었지만, "지성사에 국한해 이야기하자면, 선우휘는 월남 학병세대의 중심에 가장 가까이 있다"[58]고 평가받는다. 고병익, 천관우, 다나카, 모리도 연령상 징집의 대상이 아니었기 때문에 학병이라는 세대적 경험을 공유할 수는 없었지만, 그들도 해방/패전 당시 10대였으므로 '전쟁을 몸으로 기억'하는 세대에 속한다. 이런 의미에서 일한좌담회 참가자들은 1944년생 와타나베를 제외하면 모두 전쟁을 직간접적으로 경험한 세대이다.

셋째, 한반도 분단이라는 정치적 상황에 대한 암묵적 '회피'이다. 1차

---

57 廣瀬陽一, 2016, 앞의 책, 426쪽. 김달수는 이미 1941년에 니혼대학(日本大學) 전문부 예술학부를 졸업하고 일을 하고 있었으므로 징집 대상이 아니지만, 교열부 상사로부터 학병을 권유 받았다고 한다.
58 김건우, 2017, 앞의 책, 96쪽.

일한좌담회에 참가하기 위해 일본으로 향하는 비행기 안에서 선우휘와 고병익은 "김달수 선생의 입장도 있을 테니 현실 문제를 말하는 경우, 우리들의 남과 북의 관계, 일본에 있어서 동포 지식인의 좌나 우에 대해서는 일체 말하지 않도록 하는, 일종의 약속을 하였다"[59]고 한다. 이를 선우휘는 '배려'라고 설명하고 있다. 그 결과 일한좌담회에서는 북한을 포함한 현대 한일관계에 대해서는 전혀 언급이 없다. 그러나 이와 같은 한국 측 참가자의 '배려'는 애초부터 일한좌담회에 참가하는 양국 참가자들의 '지적' 경향을 고려한다면 당연한 결과이다. 한국 측 참가자들은 북한에 비판적이고 자유민주주의를 공유하는 민족주의적 경향의 지식인이고, 일본 측 참가자도 내셔널리즘을 비판하는 사회당·공산당과는 거리를 두지만, 배타적이고 국가주의적 내셔널리즘을 주장하는 자민당 계열과도 거리를 두는, 이른바 '건전한 내셔널리즘'을 공유하는 보수적 '선의의 일본인'이기 때문이다. 이런 의미에서 요미우리신문사의 일한좌담회는 해방/패전 이후 한일 양국에서 형성된 내셔널리즘을 토대로 하는 '보수주의'가 1980년대라는 '한일·일한 신시대'를 어떻게 맞이할지 논의하는 '교류의 장'이었다.[60]

반면에 한국 측에서는 '한민족'이라는 이름 아래 북한을 적대시하지 않는 반정부 민주화운동에 동참/지원하는 지식인, 일본 측에서는 한국

---

59 鮮宇煇 외 4명, 1983, 앞의 책, 179쪽.
60 1964년에 『조선일보』 편집국장이던 선우휘는 정부 비판 기사로 필화사건을 겪은 후, 1966년에 1년간 도쿄대학 신문연구소에서 '타의에 의한' 유학을 하였다. 이를 계기로 그는 일본의 보수 미디어에 다수의 글을 게재하였다(1977, 「日本人の思考と韓國の現實」, 『自由』 19-4, 自由社, 116-122쪽; 1980, 「朝鮮日報の主筆室から」, 『諸君!』 12-4, 文藝春秋社, 56-69쪽 등). 참고로 『지유(自由)』는 자민당과는 거리를 두는 한편, 전체주의에 반대하고 반공주의를 표방하는 보수적 지식인 그룹이 1956년에 결성한 '일본문화포럼'의 기관지이다.

내의 반체제 또는 민주화 세력과 적극적으로 연대를 도모하기 시작한, 이른바 잡지 『세카이(世界)』에 속하는 진보적 '선의의 일본인'은 요미우리신문사의 일한좌담회과 같은 쌍방향적 '교류의 장'을 아직 마련하지 못한 상태였다.[61] 전자는 'TK生'이라는 필명으로 '한국으로부터의 통신'을 일본 사회에 전하고,[62] 후자는 "한국 국민의 저항운동은 우리에게 새로운 기회를 준다"[63]는 인식을 토대로 '한국으로부터의 통신'을 지지하는 상호 일방향적 '교류'에 머물러 있었던 것이다.[64] 다만, 여기에서도 상

---

61 한상일, 2008, 『지식인의 오만과 편견-《세카이世界》와 한반도-』, 기파랑, 120-137쪽 참조.
62 지명관 지음, 김경희 옮김, 2008, 『한국으로부터의 통신-세계로 발신한 민주화운동-』, 창비 참조.
63 和田春樹, 1982, 「韓國からのといかけ-ともに求める-」, 思想の科學社, 339쪽.
64 1989년 12월 2일 고은(高銀) 시인이 한국민족문학작가회의 대표로서 일본에서 강연을 할 때 김달수와 천관우에 관해 언급한 대목은 반정부 민주화운동에 동참/지원했던 한국의 지식인들이 민주화 이후 어떻게 '분열'했는지 상징적으로 보여 준다. 그 내용은 다음과 같다. "고대사에서 예를 들어 한국과 일본은 동일성을 지니기도 합니다. 때문에 동조동근론(同祖同根論)이 가능하게 됩니다. 이것은 일제 강점기, 일본의 식민지사관이 가장 악랄하게 이용한 지론입니다. 저는 오늘 굳이 비신사적으로 몇 명의 이름을 언급하겠습니다. 그 사람들의 경력은 잘 모르지만, 한국의 TV에 자주 나옵니다. 김달수 선생, 이진희 선생, 강재언 선생입니다. 그들은 한국에 와서 일본 속에 한국이 많이 있다고 자만하며 다닙니다. 또한 한국에서도 일본으로 가서 옛날의 한국을 발견하려는 야단법석을 떱니다. 물론 역사의 과학성에는 그런 것도 필요합니다. 70년대에는 동지였던 천관우라는 역사학자는 1983년에 제가 출옥해서 보니 완전히 변해 있었습니다. 하나만 말하자면, 그는 상고사·고대사에 빠져 있었습니다. 거기에서 지금 우리의 역사적 근원을 찾고 있었습니다. 그 학문적 중요성을 무시하는 바는 아닙니다. 하지만 당시의 그것은 분명히 현실 도피였습니다. 산속으로 들어가는 것만이 도피가 아닙니다. 그것은 시간으로부터의 도피였습니다. 바꿔 말하면, 일본에 한국의 옛 모습이 있다는 것에 새삼스레 열을 올리거나 전문화하는 이유에는 지금 엄연히 존재하는 한일관계와 민족의 현실로부터 눈을 돌리고, 도취·마비시키는 역할이 감춰져 있을 수도 있습니다(高銀, 1989, 「韓國では文學は何を意味するのか」, 『在日文藝 民濤』 6號, 民濤社, 267쪽)." 이것은 동일한 시기에 오사카에서 재일한국(조선)인을 대상으로 한 강연록이고, 이와는 별도로 도쿄에서 일본인 등을 대상으로 한 강연록이 있다. 그런데 도쿄의 강연록에는 위의 인용문이 "일본의 역사는 고

호 커뮤니케이션 수단이 일본어였다는 점을 상기해 둘 필요가 있다. 한일 양국의 '대등'한 '대화'는 그 어느 쪽이든 아직 불가능하다는, 상호인식의 불균형성이 보수적이든 진보적이든 1980년대 한일 지식인 교류의 공통점이기 때문이다.

IV. 무엇을 토론하였을까

1. 상호 차별과 우월감의 기원

토론의 시작은 한일 양국 사이에 존재하는 차별과 우월감의 유래가 무엇인지이다. 이에 대한 일한좌담회의 내용을 보도록 하자.

> 김달수: 일본인은 조선·한국의 관계는 처음부터 나빴다고 생각합니다. 하지만 도쿠가와 시대에는 대단히 좋았었죠.
> 시바: 통신사로 일본에 왔던 신유한(申維翰)은 고도의 유교문명사회였던 조선이 유교색이 매우 옅은 일본사회를 봤을 때 참을 수 없는 불쾌함과 경멸을 가지고 있었다고 생각합니다만, 어떻든 이것은 유교의 본고장 중국인마저도 가지고 있지 않던 강렬함입니다. 일본에 대한 조선의 차별이지요.

대로 거슬러 올라갈수록 그곳에 조선에서 온 사람과 물건의 영향이 확연하게 남아 있다는 것입니다. 일본의 국가기원에 있어서도 조선이 남긴 족적을 무시할 수는 없습니다. 그러나 그러한 옛날 것을 이유로 공허한 자랑에 빠지기에는 오늘날의 한반도 전세가 너무도 긴급하고 위기적입니다(高銀, 1989, 「韓國では文學は何を意味するのか」, 『世界』第524號, 岩波書店, 260쪽)"와 같이 간략하게 적혀 있다.

고병익: 두 민족 사이의 편견이랄까, 우월감, 모멸감은 근세부터 시작한 것은 아닐까요? 근세 이전에는 서로 '이웃 나라 정도로만 의식하지 않았을까요? 쌍방의 왕래도 빈번해지고 때로는 싸우거나 침범하기도 했겠죠? 기본적으로는 좋고 싫음 또는 우월이나 모멸과 같은 특별한 감정은 없었다고 생각합니다. (중략) 역시 도요토미 히데요시 시대 이후 나빠졌다고 생각합니다. (중략) 히데요시의 임진난 이래 일본에 대한 적개심, 그리고 유교적 척도에서 본 야만성, 모멸 같은 것을 할머니한테서도 자주 들었으니까요.

김달수: 네. 저도 많이 들었어요.

고병익: 그렇게 자라왔다는 것이 우리들도 포함해서 진실인 거죠. 지금은 그렇지 않길 바랍니다만.

시바: 일본 쪽에서도 동시에 진행되는 형태로 차별하는 감정이 만들어지죠. 이웃 나라끼리임에도 서로 익숙하지 않은 어려움이 있네요.

고병익: 일본에서는 진구황후(神功皇后)나 임나일본부라는 이야기부터 조선을 속국, 조공국이라는 개념을 만들었잖아요. 거기에 메이지유신이라는 큰 변혁이 일본에서 일어났죠. 개국하고 바로 서양적인 국제관계를 그대로 받아들인 일본은 활발한 새로운 국가를 만들자마자 타이완 정벌이나 정한론, 강화도사건과 같은 침략적인 방향으로 차츰차츰 나갔습니다. 조선 초 정도는 일본과 조선이 그다지 우열을 가릴 만큼의 상태는 아니었다고 생각합니다. (중략) 그런데 서양문명이라는 척도로 조선을 본 경우, 뭐라고 말할 수 없을 정도의 야만이자 완고한 나라로 보인 거죠. 조선이 일찍이 유교적 기준으로 일본을 모멸했던 것과 같은 모멸감, 우월감으로 일본은 조선을 대한 것만이 아니라 실제로 침략적인 행동으로 차츰 나아갔던 겁니다. (중략)

고병익: 만약 일본이 메이지 이후 그러한 물리적 발전 이외의 방법으로 발전했다고 한다면, 대단히 완고하고 뒤쳐진 조선이라 해도 그 발전 양상을 보고 그것을 배우려는 움직임도 생겼을지도 모른다고 생각합니다. (중략)

김달수: 저도 문제는 메이지 이후라고 생각합니다. (중략)

선우휘: <u>안타까운 것은 그 후의 '병합'입니다.</u> (중략) <u>오히려 일본을 모범으로 삼자는 한국 내의 주장이 병합을 계기로 180도 바뀌어 일본을 거절하는 형태로 변해 가기 때문입니다.</u> (중략) 현재는 좋은 의미로 서로 같은 차원에서 외국인으로서 교제하자, 이것은 이해됩니다. 하지만 36년이라는 식민지통치의 뒤얽힘이 있으니 (중략) 간단히 "다른 외국과 동일하게 교제합시다"라고 해도 그것은 무리라고 생각합니다.

시바: 확실히 한 후에 (교제-인용자) 하지 않으면 안 되죠.[65] (밑줄은 인용자, 이하 동일)

한일 양국 사이에 존재하는 차별과 우월감의 유래가 멀게는 임진난, 짧게는 일본의 식민통치라는 역사인식이 공유되고 있다. 조선은 유교적 관점에서 일본을, 일본은 근대화의 관점에서 조선을 차별하면서 자신이 상대보다 우월하다고 생각했다는 역사인식을 공유하고 있는 것이다. 여기에서 중요한 것은 한일 양국의 차별과 우월감이 어느 한쪽에게만 존재하는 것이 아니라 상호 존재한다는 역사인식을 공유하고 있다는 점이다. 물론 시바가 "일본도 조선도 차별을 좋아하는 나라였어요"[66]라고 말

---

65 鮮于煇 외 4명, 1983, 앞의 책, 12-24쪽(연재).
66 鮮于煇 외 4명, 1983, 위의 책, 30쪽(연재).

하면서도 "일본이 조선인에게 지속적으로 가해자였다는 것은 잊혀 왔다"[67]고 일본을 비판하고 있듯이, 양국 참가자 모두 '제국 일본'의 가해성과 '식민조선'의 피해성을 부정하지는 않는다. 하지만 그렇다고 해서 식민지배에 대한 일본의 '반성' 또는 '사죄'라는 구체적인 표현이나 발언도 등장하지는 않는다는 점에 주의할 필요가 있다. 물론 한국 측이 일본 측을 배려한 것이었는지, 아니면 한국 측도 일본 측도 필요 없다는 생각이었는지, 그 어느 쪽도 명확하지는 않다. 그러나 한일 양국의 참석자들이 '일본이 한국 병합만 하지 않았어도'라는 가상적 설정에서 상호 '합의'를 보고 있다고 했을 때, 이들은 적어도 '근대화'를 부정적으로 인식하지 않는 지점에서 상호 '합의'를 보고 있는 것이다. 이것은 일한좌담회 참가자들이 '유교 비판'과 '근대화'라는 지점에서 합의를 보고 있음을 말해 주며, 이 합의 지점에서 양자 모두에게 '일본'은 유교의 문제점을 극복하고 근대화에 성공한 '기호'로서 작동하고 있다.

2. 한국과 일본의 근대화 과정과 그 차이

그렇다면 근대화 과정에서 한국과 일본의 차이를 만든 이유는 무엇일까.

시바: 조선 문화의 특징인 문(文), 문명주의라는 것이 뚜렷해지는 것은 이조 중기부터이지요?

고병익: 그것은 별도의 측면에서 유교주의란 것이 되었고, 한국사회는 정

---

67 鮮于煇 외 4명, 1983, 위의 책, 16쪽(연재).

체적이고 퇴행적이었다고 일컬어지고 있습니다만, 고대부터의 민족성이란 없습니다. 그런 평가도 대부분은 역시 이조 중기 이후에 해당합니다.

선우휘: 몇 천 년 전부터 이어져 온 민족성인 듯 다루면 매우 곤란하죠.

시바: 옛 풍속이 아니라 근 4, 5백 년 정도의 문제이죠.

김달수: 죄는 이조시대네요.[68] (중략)

고병익: 유교 자체로서는 상업, 물질생활, 기술 등에 관한 사고를 근본적으로 바꾸지 않는 한 현대 산업사회와의 양립은 어렵죠.

시바: 그러한 점이 근대화의 출발선에 선 19세기 말기에 중대한 문제를 제기하게 됩니다. 즉 양국 사회의 차이가 만들어지게 되는 건데요. 『해유록』의 저자(신유환-인용자)는 유교문명의 대표자이기 때문에 단지 '문(文)'의 모자름, 문명의 낮음이라는 가치감(價値感)만으로 일본을 봤다는 생각이 드네요.

고병익: 그런 점에서는 산업을 멸시하고 진기한 것을 좋아하는 것 자체가 죄라는 사고가 있었습니다.[69] (중략) 하지만 그러한 역사의 경과가 있기는 하지만, 문(文)이라는 것은 어떤 면에 있어서는 대단히 힘을 발휘합니다. 원리에 대한 집착, 명분을 옹호하는 힘이 되기도 하므로, 이 힘이 근대화를 조금 늦춘 원인이 되기도 했지만, 그것을 잘 육성하면 근대화를 추진하는 힘으로도 될 수 있는 정신적 원리로 평가할 수 있는 것이 있다고 생각합니다.[70]

시바: 미토번(水戶藩)은 주자학 그 자체였죠. 막부 말기에 혁명의 불을 붙이면서 자신들은 사분오열하여 자멸했습니다. 일본사에서 특이한 사

---

68 鮮宇煇 외 4명, 1983, 위의 책, 106쪽(연재).
69 鮮宇煇 외 4명, 1983, 위의 책, 131-132쪽(연재).
70 鮮宇煇 외 4명, 1983, 위의 책, 135쪽(연재).

례입니다. 당파 투쟁만 있고, 적대파는 불순하다고 서로 죽입니다. 관념론만 주장할 뿐입니다. 그래서 조금은 훌쩍 뛰어 넘습니다만, 일본에 있어서 현재 좌익의 모습도 그 선배가 리얼리즘에 뿌리를 두지 않았기 때문이죠. 일본의 좌익은 결국 미토학(水戶學) 이데올로기라는 사람도 있습니다. 저도 그런 생각에 찬성합니다.

김성한: 주자학은 이조시대에 정권과 결합한 이데올로기가 되었습니다. 그 이데올로기가 정치적으로 지배한 것이 불행이었다고 생각합니다. 이데올로기는 절대성을 요구하기 때문에 다른 것은 모두 죄악이므로 없애야만 성이 풀리게 되죠.[71]

참가자들은 근대화 과정에서 한국과 일본의 차이를 만든 것이 주자학이라는 인식을 공유한다. 하지만 시바의 '미토학도 주자학'이라는 발언에서 알 수 있듯이, 그것은 조선의 유학만을 대상으로 하지 않는다. 오히려 근대화를 저해한 것이 주자학이고, 일본과 한국의 차이는 그 철저함의 차이라는 역사인식을 공유하고 있다. 그렇다면 그 철저함의 차이는 무엇일까.

시바: 이씨 조선왕은 유교 선포를 하늘로부터 명을 받았다는 사상을 가지고 있었죠. 이 점은 중국의 황제도 동일하고, 그 관료들은 크리스트교에서 말하는 사제입니다. 사제가 각 지방으로 가서 장관이 되고, 그곳을 유교화합니다.

다나카: 주자학의 대의명분론, 이것이 현실을 통치하는 힘이 될 수 있다.

---

[71] 金聲翰 외 5명, 1985, 앞의 책, 74쪽(연재).

그렇지 않으면 안 된다는 강고한 관념이 있지요.

김성한: 일본의 유교와는 이치가 다르죠.

다나카: "일본은, 유학은 받아들였지만, 유교는 받아들이지 않았다"고 하죠.

시바: 일본은 독서를 좋아하는(bookish) 유학자가 있을 뿐이지 이조와 같은 유교는 없었다고 봐도 좋습니다.

천관우: 일본에서도 그때의 관학은 주자학이었지요?

시바: 일단 명분으로서는 그랬지요. 하지만 에도 시대에 번에 따라서는 양명학을 장려한 곳도 있었습니다. 일본의 유교에서 조선과 가장 비슷하다고 생각되는 것은 미토번의 주자학입니다만, 매우 관념적입니다. (중략)

선우휘: 본가에 대해 완전히 동등한 입장에서 생각한다는 하나의 주체성을 지닌 유학자가 우리나라(조선-인용자)에는 적습니다. 우리들은 본가의 것을 그대로 완고하고 순수하게 받아들입니다. 하지만 일본은 자기 나름대로 받아들이는, 어디에도 구애받지 않고 자유로움이 있지요. (중략)

김성한: 그러한 일한 쌍방의 차이에 대해서는 우선 지리적인 관계를 생각할 필요가 있다고 생각합니다. 일본은 바다로 둘러싸여, 튼튼한 울타리가 있지요. (중략)

선우휘: 국민성의 차이라는 면도 있지 않을까요? (중략)

와타나베: 일본은 유교적인 요소가 적었기 때문에 메이지유신이 성공하기 쉬웠다고 생각합니다만….

시바: 훨씬 복잡한, 여러 요소가 있었죠.

김성한: 일본은 이데올로기로서 현실을 지배한 유교가 없었죠. 하지만 도

덕률로서는 있었죠. 예를 들어 메이지인(明治人)의 율의(律義)라든지. 율의란 신의를 중시하는 것이죠.72 (중략)

천관우: 일본은 봉건사회를 거친 것이 플러스였다고 생각합니다. 봉건사회는 전근대적인 나쁜 부분이 많이 있습니다만, 각 번(藩)의 책임으로 모든 것을 해결해야 한다는 큰 측면이 있었죠. (중략)

시바: 일본에서는 에도시기에 270여 번으로 나뉘어 경합을 벌였습니다. 각 번이 가장 고심했던 공통 테마는 식산흥업입니다. 각각의 번이 산업국가가 되려했습니다. (중략)

천관우: 당시 조선은 처음부터 일원적인 중앙집권제도였기 때문에 정권이 하라고 할 때 하면 된다. 그 이상을 해도 그 이하를 해도 문제라는 측면이 있었죠.73

'이데올로기로서 현실을 지배한 유교=주자학'의 철저함의 차이는 지리적(김성한), 국민성(선우휘), 봉건사회가 아닌 중앙집권제(천관우)가 그 이유로 제시되고 있다. 모두 한국 측 참가자가 제시하고 이에 대해 일본 측 참가자도 부정하지 않고 있다. 참가자들 사이에 '조선에는 서양의 근대사회를 만들어 낸 봉건제도가 없다. 조선의 실정은 봉건제도 성립 이전의 매우 유치한 사회로 자주적인 근대적 발전은 바라볼 수 없다. 따라서 조선은 역사발전에서 뒤떨어진 낙오한 사회다'74라는, 이른바 '조선정체론'에 기초한 역사인식에 암묵적 '동의'가 이뤄지고 있는 것이다. 하지만 해방/패전 이후 '조선정체론'은 한일 양국의 역사학계로부터 대표

---

72 金聲翰 외 5명, 1985, 위의 책, 96-101쪽(연재).
73 金聲翰 외 5명, 1985, 위의 책, 113-114쪽(연재).
74 나카츠카 아키라, 2014, 앞의 책, 51-52쪽 참조.

적인 '황국/식민사관'으로 비판 받았고, 실제로 한일 양국의 역사학계에서는 그 대안적 역사인식으로 이른바 '내재적 발전론'이 제기되었다.[75] 그럼에도 일한좌담회에서는, 특히 한국 측 참가들에게서는 '내재적 발전론'에 입각한 역사인식이 전혀 보이지 않고 있다.

그렇다고 해서 이들의 역사인식을 '친일적'이라고 매도하기는 너무 성급하다. 앞에서도 살펴봤듯이 그 이유는 오히려 일한좌담회 참가자들이 작게는 '제국 일본'에서 실시된 '학병'이라는 직접적 경험을, 크게는 전쟁을 몸으로 기억하는 직간접적 경험을 공유하고 있기 때문이다. 특히 식민지 조선에서 이 세대의 청년 지식인들이 학병으로 끌려갔다는 사실은, 이들 중 '제국 일본'의 군 장교 또는 관리가 된 사람들이 소수에 불과함을 의미하고, 이것은 이들이 '친일 콤플렉스'에서 벗어나기 어려운 윗세대와 달리, 소수를 제외하면 친일의 죄의식으로부터 자유로운 첫 세대가 되었음을 의미한다.[76]

그럼에도 식민지 조선의 학병세대가 '제국 일본'의 고등교육, 즉 전문학교 이상 교육기관에서 교육을 받았다는 점은, 해방 이후 새로운 국가 건설에 참여한 이들의 밑바탕이 된 지식도 역시 '제국 일본'으로부터 온 것임을 의미한다. 또한 해방 이후 식민지 조선의 '학병세대'가 공유한 국가인식은 "자유민주주의에 기반한 근대국가를 어떻게 만들 것인가"[77]이다. 이것의 전제는 '근대에 성공한 일본'과 '근대에 실패한 조선'이라는 역사인식이다. 물론 이것은 '제국 일본'이 '식민지 조선'을 지배하기 위해

---

[75] 1970년대 이후 한일 양국의 '내재적발전론'에 대해서는 강원봉 외 5명 지음, 2014, 『가지무라 히데키의 내재적 발전론을 다시 읽는다』, 아연출판부 참조.
[76] 김건우, 2017, 앞의 책, 267-268쪽.
[77] 이상록, 2020, 앞의 책, 63쪽.

만들어 낸 '황국사관'의 자장을 벗어나지 못하는 역사인식에 불과하다. 그러나 '친일'의 죄의식으로부터 자유로운 식민지 조선의 '학병세대'는 그 '황국사관'의 자장을 만들어 낸 '근대국가'라는 강렬한 에너지를 '대한민국'이라는 근대국가 건설에 쏟아부었던 것이다.

물론 일한좌담회의 한국 측 참가자는 물론이고 일본 측 참가자들도 '제국 일본'이 식민지 조선을 지배한 것에 대해서는 비판적 '시선'을 공유하고 있다. 하지만 그 '시선'은 시바 스스로 "쌍방이 두 민족에게 빚지고 있는 의미감도 강하였고", "일반적 과제로서 민족이란 무엇인가라는 보편적 질문에 도달하는 듯한 지점에서 이야기가 끝나 버렸다"고 자평하듯이,[78] 근대 이후 형성된 '한국'과 '일본'이라는 '내셔널리즘'의 개념을 극복하지 못하는, 아니 오히려 현존하는 한일 양국의 '내셔널리즘'을 상호 인정하는 지점에서 합의를 볼 수밖에 없었다.

3. 새로운 '일한관계론'의 조건

그렇다면 이들이 제시하는 '한일·일한 신시대'의 새로운 '관계' 설정의 조건은 무엇이었을까. 참가자들의 대화를 보도록 하자.

> 김달수: 여기에서 문제시하고 싶은 것은 역사교과서입니다. 일본에서 국정교과서가 만들어진 것은 메이지유신 후 수십 년이 지난 1903년입니다만, 이때부터 1945년까지 진구황후의 '삼한정벌' 기술이 이어집니다. 이것이 여전히 일본인에게 강렬한 인상을 심어 주고 있습니다. 조선인

---

78 鮮于煇 외 4명, 1983, 앞의 책, 265쪽.

은 열등하고 미개하다는 것이죠.

모리: '삼한정벌'은 표현은 바뀌었지만, 지금 교과서에서도 골자는 그대로 남아 있습니다. 게다가 '4세기 후반에 야마토 조정이 철을 구하기 위해 조선반도로 진출하였다. 그리고 임나(任那)라는 식민지를 만들었다' 등과 같이 실제 연대를 적고 있습니다. (중략) 따라서 일찍이 국정교과서 시대에 막연하게 설화나 신화로 기술하여 가르쳤던 것보다 훨씬 명확한 역사적 사실로 가르치고 있습니다. 신화화한 것이라면 배우는 쪽도 그런 것이 있었구나 정도로 막연하게 듣고 말겠지요.

고병익: 우리 쪽 한국사교과서에는 진구황후나 미마나일본부 등이 당연히 나오지 않습니다. 우리들에게는 전혀 사실(事實)로 생각되지 않으며, 기록에도 없기 때문입니다. (중략)

모리: 분명히 『니혼쇼키(日本書紀)』에는 예를 들어 '삼한정벌'의 근거가 되는 기술이 있습니다만, 문헌만으로는 곤란하기 때문에 고고학의 유적 쪽에서도 확인할 수 없다면 불충분하다고 생각합니다. (중략) 4세기 후반부터 5세기에 걸쳐 일본이 조선을 군사적으로나 정치적으로 지배하였다는 증거는 거의 없습니다. 그런데 이러한 내용이 일본의 교과서에는 역사적 사실(事實)로 등장하고 있습니다. 바로 이 점이 문제입니다. (중략)

김달수: 나라(奈良) 시대는 일본이 고대국가로 성립하기 위해 조선을 적시하거나 멸시해야 할 필요가 있었다고 생각합니다. 그리고 메이지 이후는 다른 의미에서 그것이 또다시 반복되었어요.

고병익: 고대사에 관한 문제도 단순히 고대의 문제가 아니라, 현대사의 문제이기도 합니다.

김달수: 그렇죠. 바로 그렇습니다. 적어도 일본과 조선의 관계에서 고대사

는 현대사이기도 합니다. 왜냐하면 조선과 조선인에 대한 일본인의 의식은 거기로부터 만들어지기 시작했으니까요. (중략)

모리: 실은 이 좌담회를 준비하면서 한국의 중학교에서 사용하는 국사교과서를 확인해 봤습니다.

고병익: 한국의 국사교과서도 문제가 있죠.

모리: 예. 예를 들면 4세기나 5세기 일본사에서 말하는 미마나, 또는 그 시대와는 별도로 적어도 백제가 멸망했을 때 일본이 백제를 응원하며 출병했던 것은 『당서』에도 나오는 역사적 사실(事實)입니다. 그리고 백촌강에서 일본 수군이 대패했습니다. 이것이 신라의 통일로 이어집니다만, 한국의 교과서에는 일본이 관계한 사실을 전혀 기술하지 않고 있습니다. 그리고 역시 6세기를 중심으로 백제나 고구려, 신라에서 많은 도래인이 일본으로 왔습니다. (중략) 이 대량의 도래 현상은 한국의 교과서도 기술하는 편이 좋다고 생각합니다. 한국의 교과서에는 그저 조선은 중국의 문화를 받아들이고, 이것을 보다 향상시켜서 일본으로 전했다는, 사람이 빠진 기술만 있습니다. (중략)

고병익: 객관적이라고 말할 수 있는 사실을 기초로 설명하는 노력이 필요합니다. 상호 편견, 우월감, 모멸감과 같은 의식에서 시작된 매우 애매한 것을 확정적인 것인 듯 설명해 버리는 것은 성장기의 학생들에게 중대한 영향을 줍니다. 이와 동시에 서로 불리한 사실을 외면해서는 문제가 해결되지 않습니다.[79]

참가자들은 한일 양국 사이에 '상호 편견, 우월감, 모멸감'이 존재하게

---

79 鮮宇輝 외 4명, 1983, 위의 책, 76-80쪽(연재).

되는 이유 중 하나가 사실(事實)이 아닌데 기술하거나 사실인데도 기술하지 않는 한일 양국의 역사교과서라는 현실 진단에 동의하고 있다. 1982년부터 시작된 한일 양국의 역사교과서 문제가 일본의 역사교과서 기술, 즉 '일방'의 문제였던 것과 달리, 일한좌담회에서는 역사교과서 기술이 한일 '쌍방'의 문제로 이해되고 있는 것이다. 이것은 앞에서 살펴본 바와 같이 참가자들이 한일 양국의 '내셔널리즘'을 상호 인정하는 지점에 함께 서 있기 때문에 가능한 분석이었다.

그런데 1차 일한좌담회를 보도한 『중앙일보』는 "왜곡된 역사교육이 한·일 간의 반목 초래"라는 메인 표제와 함께 "임진난 후 적개심 싹터", "메이지유신 후 서양문물 받아들여 대한(對韓) 우월감 가져", "진구황후 등 조작된 역사 기록도 원인"이라는 표제도 제시하고 있다.[80] 일본의 대중미디어가 주최한 일한좌담회의 한일 양국 참가자들이 역사교과서에 대해 '내셔널리즘'에 기초한 한일 '쌍방'의 문제라는 '발언' 및 '동의'를 하고 있음에도, 한국의 대중미디어는 일본만의 '일방'적 문제로 '편집'하고 있는 것이다. 이것은 당시 한일 양국의 대중미디어가 일한좌담회를 통해서 각각 무엇을 보여 주려 했는지, 아니 보다 엄밀하게 말하면 한일 양국의 시민사회가 서로에게 보고 싶은 역사인식이 무엇이었는지 상징적으로 보여 준다. 즉, 역사교과서 문제에 대해 일본의 시민사회는 한일 '쌍방'의 문제로 인식하고, 한국의 시민사회는 일본만 해당하는 '일방'의 문제로 인식하고 있는 것이다.[81] 이런 의미에서 일한좌담회 참가자들의

---

80 「日 요미우리新聞, 韓日學者·作家초청 좌담회」, 『중앙일보』 1982.7.15, 6면.
81 한국의 시민사회는 1982년 일본의 역사교과서 문제가 발생하기 이전부터 일본의 역사학계를 포함한 시민사회가 아직도 '황국사관'을 못 버리고 '한국사를 일본 역사의 연장선'으로 인식하고 있다며 비판하고 있었다(「日史學界 아직도 '皇國史觀' 못버

역사인식은 전자, 즉 일본의 시민사회과 가까운 지점에 위치한다고 할 수 있는데, 이것의 전제는 '인간적 이해와 예절'이다. 한국 측 참가자 선정을 주도한 선우휘는 2차 일한좌담회 후 기고문에서 다음과 같이 적고 있다.

> 국가와 국가 사이에 도의적인 공통분모가 존재하지 않을 때, 그 분자인 국민과 국민의 화해는 어렵다고 생각한다. 그러나 적대를 누그러뜨리는 인간적 이해는 가능하지 않을까. 그 인간적 이해를 가능하게 만드는 일종의 공약수는 인간적 품위로서의 예의가 아닌가 생각한다.
> 적대하는 인간 사이에도 나름대로의 예의는 있을 수 있다. (중략) 언젠가 친선을 위해 마련된 한 좌담회에서 술 취한 일본인 출석자의 '바카야로(バカヤロウ, 바보 같은 놈)' 발언이 문제시된 적이 있다. 그때 내가 직감적으로 느낀 것은 모욕이 아니라 예의에 관한 것이었다. 그 사람은 교양은 어떨지 모르지만 예의는 부족하다. 그러한 좌담회는 취했다고 해서 결례를 범할 만한 자리가 아니다. 또한 당사자가 그 후에도 실언을 사과하지 않고 자신의 입장을 강변했다는 이야기를 듣고서는, 더더욱 이 사람에게 부족한 것은 예의라고 통감하였다.
> 몇 년 전 일본의 신문과 잡지에서 일본인 평론가와 한국인 평론가(본인이 한국인임을 자랑스럽게 생각하는지 여부는 알 수 없지만) 사이에 약간의 논쟁이 이뤄졌는데, 그 시비는 차치하더라도 너무도 짜증이 났던 것은 일방(한국인 평론가)이 너무도 예의에 어긋났던 점이다. 그것은 너무도 하찮은 좌익의 수법이자 야비한 레토릭에 불과하였다.

려」, 『경향신문』 1982.1.23, 4면).

그때 내가 너무도 이상하게 생각한 것은 왜 일본의 대형 신문사나 권위 있는 잡지가 그렇게 수준 낮은 글을 실었는가라는 점이다. 논의에서 이론적인 의견의 차이는 쌍방이 그 입장을 이해해야 상대에게 상처를 주지 않는다. 그것은 오히려 서로의 신념을 서로 존경하게 만들기도 한다. 하지만 예의를 벗어난 비꼼과 비방은 가령 의견 일치를 봤다고 해도 상대에게 상처를 준 채 끝난다. (중략)
나는 일본인의 좋은 점을 알고 있으며, 의외로 일본이라는 나라를 정확히 인식하려고 노력하는 한국인이다. 때문에 일본 및 일본인에게 오해받기 쉬운 경우라도 말해야 하는 것은 분명히 말해 왔다. 그것은 뭐든지 내가 일본에 대해 특별한 호의를 가지고 있기 때문이 아니다. 올바른 인식을 가지고 일본 및 일본인의 좋은 점을 배우려는 것은 한국 및 한국인에게 플러스가 된다고 생각하기 때문이다. 일본인의 좋은 점 중에는 솔직함, 청결함, 순종, 예의 바름 등이 있다고 생각한다.[82]

선우휘는 한일 양국 모두 예의 바르지 못한 국민이 존재하지만, 서로 '인간적 품위로서의 예의'를 갖추고 서로 좋은 점을 취하는 것이야말로 '국민과 국민의 화해의 길'이라고 강조한다. 이것은 다른 말로 표현하자면, 일한좌담회 참가자들이야말로 서로 '인간적 품위로서의 예의'를 갖춘 한국인과 일본인이었음을 의미한다.

일한좌담회를 주도한 시바도 '국민과 국민의 화해의 길'에서 서로의 '인간적 품위로서의 예의'를 중시한다. 시바는 2차 일한좌담회 당시의 경험을 다음과 같이 마무리하고 있다.

---

[82] 金聲翰 외 5명, 1985, 앞의 책, 164-166쪽(연재).

로비로 돌아오자, 우연히 와타나베 길용 씨가 저쪽에서 걸어왔다. 걸음걸이가 미국 3세같이 활발하였다. "어머니입니다."라고 그녀는 밝고 품위 있는 부인을 소개하였다. 우리들은 자연스럽게 옆에 있는 소파에 앉았다. (중략) "저것은 까치라는 새입니다."라고 와타나베 씨의 어머니가 말했다. "우리나라에서 전해지는 말에 따르면, 여행지에서 저 새를 보면, 좋은 사람과 만난다고 합니다." 최근에 일본에서도 들어 본 적 없을 정도로 정중한 일본어였다. 나는 이미 길조를 봤고, 게다가 좋은 사람들을 많이 만났다.[83]

이상과 같이 일한좌담회 참가자들이 동의하는 '한일·일한 신시대'의 새로운 '관계' 설정의 첫 번째 조건은 '일본과 조선, 일본인과 조선인의 관계를 인간적인 차원에서 보는 것'이며, 이것은 상호 '인간적 이해와 예절', 즉 휴머니즘을 전제로 한다.

물론 일한좌담회 참가자들이 '일본과 조선, 일본인과 조선인의 관계를 인간적인 차원'에서 본다고 해서, 이들이 한국과 일본이라는 내셔널리즘으로부터 완전히 자유로운 지점에 서 있는 것은 아니다. 이들이 상호 인정하는 내셔널리즘은 국가주의로 번역되는 내셔널리즘이 아니라 민족주의로 번역되는 내셔널리즘이었기 때문이다. 이것은 국가주의로 번역되는 내셔널리즘을 지향하는 한일 양국의 '우익'과도, 민족을 넘어서 계급을 지향하는 한일 양국의 '좌익'과도 구분되는, 휴머니즘에 토대를 두는 자유주의적 보수주의에 서 있는 일한좌담회 참가자들의 특징을 뚜렷하게 보여 준다.

---

83 金聲翰 외 5명, 1985, 위의 책, 216-217쪽(연재).

'한일·일한 신시대'의 새로운 '관계' 설정의 두 번째 조건은 '동아시아'라는 하나의 울타리 안에서 한자라는 문화를 공유하면서도 서로 다른 문화를 지니고 살아왔음을 인정하는 것이다. 다음을 보도록 하자.

시바: 서구에서 보면 동아시아-중국, 한국, 일본은 같은 수평선 위에 있습니다. (중략)

선우휘: 우리 3국은 같은 문화권의 국가라는 생각을 하게 됩니다. 시바 선생님이 지금 말씀하셨듯이 서구인은 우리들을 같은 수평선 위에서 본다고 느낍니다. (중략)

시바: 그러니 우리들 자신이 일단 화성인이 되어야 합니다. 화성인의 눈에는 일본도 한국과 중국도 외국인이므로, 마침내 같은 수평선 위에서 객관화할 수 있습니다. 그리고 동시에 동시대의 조선과 중국의 농민으로 태어났다면 어떤 감정으로 이 사태를 받아들일까 생각하는 습관도 있습니다.

모리: 우리들로서도 동아시아를 한번 냉정히 다시 생각해 볼 때가 되었다고 생각합니다. 그러나 동시대의 조선이 어떻다든지, 중국이 어떻다든지 하는 시야가 전문가 사이에서는 좀처럼 나오지 않습니다. 오히려 일반 시민운동 쪽이 지금 시야가 넓어지고 있습니다. (중략) 동아시아적 규모에서 생각하려는 것은 전문가보다도 오히려 시민의 슬로건이 되었지요. (중략)

선우휘: 우리들은 길게 지은 집에 같이 사는 사람들이라고 할까요?

시바: (중략) 긴 집에 함께 사는 사람들이 서로 잘 알고 사이좋게 사는 것은 당연하죠.

고병익: 중국, 그리고 한국, 일본은 크게 말하면 같은 풍토의 지역에 위치

하고 있지만, 각자 성격이 다른 문화를 만들어 내고 발전시켜 왔습니다. 어떤 의미에서는 경쟁 상대였습니다.

김달수: 같은 집에 살고 있어서 복잡한 것입니다. 하지만 그것이 각자에게 활력을 주기도 하죠.

시바: (중략) 한국과 일본은 동아시아에서 사촌 사이인 경쟁 상대. 사촌 사이는 감정적으로 복잡하죠. 사촌 중에서 수재가 나오면 안 되요. 샘이 나니까(웃음). (중략) 우리 동아시아가 해야 하는 것은 경쟁을 피하고 각각의 영역에서 공존하는 훈련. 이것이 앞으로 문제가 될 것입니다.[84]

일한좌담회 참가자들은 동아시아 3국이 "각각의 전통, 문화의 고유성을 상호 존중하고, 이를 전제로 하는 인간 사이의 교류"[85]를 강조하는 역사인식을 공유한다. 따라서 이들은 '한일·일한 신시대'가 "일본인이 아시아 속에서 공존하는 것을 배우는 시대이고, 한국인은 과거에 사로잡히지 않고 새롭게 탄생하고 있는 일본인을 제대로 응시하는 시대가 되길 바란다."[86] 그리고 이러한 역사인식을 시민 차원에서 공유하는 것이야말로, 한일 양국의 '상호 편견, 우월감, 모멸감'을 극복하고 진정한 '상호이해'의 길을 여는 열쇠라는 데 동의하고 있는 것이다.

---

84 鮮于煇 외 4명, 1983, 앞의 책, 153-161쪽(연재).
85 金聲翰 외 5명, 1985, 앞의 책, 127쪽(연재).
86 金聲翰 외 5명, 1985, 위의 책, 187쪽.

V. 맺음말: '인간적 차원의 상호이해'에서 '국가적 차원의 역사인식'의 차이로

1984년 3월 11일 요미우리신문사의 2차 일한좌담회 연재가 끝났다. 하지만 1차 일한좌담회와 달리 한일 양국 독자들의 반응은 거의 없었다. 그 이유는 무엇이었을까. 그 이유를 생각하기에 참고가 되는 사건이 같은 해 7월에 발생하였다. 이른바 현해탄 '바카야로' 발언이 그것이다. 사건의 전말은 다음과 같다.

나카소네 수상의 방한에 이어서 전두환 대통령의 방일을 앞두고 KBS와 TN아사히(朝日)는 '한일·일한 신시대' 8·15 특집 프로그램으로 한일 지식인들의 좌담회 "현해탄에 새 길이 열린다"를 공동 기획하였다.[87] 한국 측 참석자들의 해방 당시 나이는 김수용(17세)을 제외하고는 모두 0~9세였으므로,[88] '제국 일본'과 전쟁을 몸으로 기억하지 못하고 '이승만 시대의 반일교육을 받고 일본어를 하지 못하는 한글세대', 즉 '4·19 세대'에 속한다.[89] 따라서 요미우리신문사의 일한좌담회와 달리 '통역'이 필요하였다.

일본 측 참석자들의 경우도 해방 당시 35세였던 오카모토 다로(岡本太郎)를 제외하고는 4명이 10대였고 전후 출생도 있다.[90] 이들은 패전

---

[87] 「채널마다 8.15 이색 특집 마련」, 『조선일보』 1984.7.13, 12면.
[88] 홍일식(고려대 민족문화연구소장, 1936년생), 김수용(영화감독, 1929년생), 이우환(재일화가, 1936년생), 김은국(소설가, 1932년생), 최인호(소설가, 1945년생), 고시천(건국대 교수, 경제학, 1937년생), 최상용(고려대 교수, 국제정치학, 1942년생), 사회: 김영작(국민대 교수, 1941년생).
[89] 임헌영, 2010, 「4·19세대의 문화사적 의미」, 『황해문화』 67집 참조.
[90] 오카모토 다로(岡本太郎, 화가, 1911년생), 다케우치 히로시(竹內宏, 일본장기신용

당시 초등학교 상급생에서 중학교 정도였고, 이들이 경험한 전쟁은 소개(疏開)에 불과하다. 때문에 이들은 학병 등 직접 전쟁을 경험한 시바와 같은 전후 1세대와 구별하여 전후 2세대라 불린다.[91] 이런 의미에서 현해탄 좌담회의 한일 양국 참가자들은 요미우리신문사의 일한좌담회와 달리 그 어떤 '접점'도 존재하지 않는, 한일 양국 참가자들 모두 해방/패전 이후의 세대인 것이다.

현해탄 좌담회는 7월 17일 부산에서 부관페리에 승선하여 이튿날 새벽 시모노세키 외항에 도착할 때까지 9시간 동안 이어졌는데, 도중에 일본 측 참가자가 한국 측 참가자에게 '바카야로'라는 발언을 해서 잠시 중단되기도 했다. 결국 KBS와 TV아사히는 문제되는 부분을 빼고 자막 처리하여 8월 15일과 19일에 각각 방송하였다.[92]

이것은 당시 한일 양국에서 이른바 '바카야로' 사건이라 불리며 큰 화제가 되었는데, 앞에서 선우휘가 언급한 '술 취한 일본인 출석자의 바카야로 발언'은 이 사건을 말한다. 그럼 그 문제시되는 '바카야로' 발언은 어떤 맥락에서 등장했는지 살펴보도록 하자.

> 김은국: 한일관계는 가해자와 피해자의 관계라고 봅니다. 다시 말해 피해자인 한국인은 개인적인 기억만을 간직하고 있는데, 가해자인 일본은 집단적이지요. 그래서 일본 사회를 인식 못하는 것인지도 모릅니다.

은행 상무, 1930년생), 오시마 나기사(大島渚, 영화감독, 1932년생), 지쿠시 데쓰야(筑紫哲也, 아사히저널 편집장, 1935년생), 나카가미 겐지(中上健次, 소설가, 1946년생), 사회: 기모토 노리코(木元敎子, MC, 1932년생).

91 임용택, 2020, 「일본 전후 1세대 시인들과 도시」, 『일본학연구』 제59집, 45쪽.
92 「'바카야로' 말썽 빚은 선상토론 KBS1 '현해탄에 새...' 방영」, 『동아일보』 1984.8.10, 12면.

(중략)

오시마: 저는 일본사람으로서의 의식이 별로 없는 편이어서 세계인 또는 우주인이라고 해야 할 것 같습니다.

김영작: 오시마 씨 얘기에 일리가 있지만, 과거는 잊고 사이좋게 지내자고 간단히 넘어갈 게 아니라, 그걸 막고 있는 과거 감정을 정리하기 위해 있는 문제를 솔직히 얘기해 볼 필요가 있습니다.

최인호: 유태인 학살현장의 벽의 "용서하라 그러나 잊지는 말라"는 말이 생각납니다. 나는 오시마 감독을 잘 알고 존경하지만, 이 좌담 중에 일본에 대해 우리가 경계하지 말라는 말 등은 매우 불쾌하게 생각됩니다. 절대 그렇게 생각하지 말아 주기 바랍니다. 오히려 경계하고 의식하십시오. 우리가 필요한 존재가 되면 어쩔 수 없이 의식하게 될 테니까요. 우리가 反共[반공]을 외치는 게 정권연장 아니냐고 하지만 천만의 말씀입니다. 여러분도 분단국가라면 우리처럼 생존문제에 급급할 겁니다. 이제라도 마음의 문을 열고 좀 더 진지하게 좋은 파트너가 될 수 있도록 토론해 봅시다. 여기 현해탄에 일제 때 죽은 한국인이 있습니다. 우린 술 마시러 온 게 아닙니다. 국제적으로 대등한 관계가 되는 것, 그것이 좋은 파트너가 되는 전제조건이라고 생각해요.

김영작: 오시마 씨는 세계인, 우주인 운운하지만, 그것이 한일관계 현안에 어떤 부분을 속이고 있다는 우려도 됩니다. 없던 걸로 하자는 것은 있는 문제를 호도하자는 말과도 상통됩니다. (중략)

오시마: 그것은 국가적인 문제라고 생각해요. 국가와 개인문제를 구별하지 않는다면 뭐 하나 제대로 얘기할 필요가 없어요. 국가적인 얘기를 한다면 우리가 이런 모임을 가질 필요가 없는 것이죠. 일본으로부터 장관을 부르면 되는 것이니까요. 개인의 문제이기 때문에 얘기해야 한다

고 생각합니다. 개인의 문제를 얘기하러 온 게 아닌가요. 그럼 난 가겠어요.

김영작: 그런 식으로 문제를 바꿔치지 마세요. 오시마 씨.

오시마: 바카야로(벌겋게 술이 취한 그가 언성을 높여 김 교수에게 욕을 했다. 장내는 술렁거렸고, 오시마는 더욱 언성을 높여 떠들어댔다. 한동안 이 소동이 계속돼 일본의 사회자가 가까스로 진정시켜 토론이 계속됐다).

나카가미: 한국 사람이 어떻다, 일본 사람이 어떻다는 식의 발언은 어떤 차별의식을 갖고 있다는 증거입니다. (중략)

오카모토: '일본인이니까'하는 식은 잘못된 생각이라고 봅니다. 이런 구별의식 없이 인간이라는 공통의 전제에서 대화를 해야 해요. (중략)

지쿠시: (중략) 양국 간의 개인적 관계, 즉 인적 교류가 중요하다고 생각합니다. (중략)

고시천: (중략) 책임 있는 일본인 통치자가 교과서, 교포문제 등을 솔직하게 사과하는 게 필요합니다.

오시마: (중략) 과거의 문제를 정부가 해결해 주리라는 기대는 금물입니다. 문제는 개인, 국민 개개인이 어떻게 생각하느냐가 중요합니다.[93]

한국 측 참가자와 일본 측 참가자의 좌담은 평행선을 긋고 있다. 한국 측 참가자가 '과거 문제'를 '국가적 차원'으로 인식하고 있는 반면, 일본 측 참가자들은 그것을 '국민 개개인의 차원'으로 인식하고 있기 때문이다. 전자가 국가 단위의 '반성'이 필요하다는 역사인식이라면, 후자

---

[93] 정종헌 문화부기자 정리,「韓·日지식인 金關페리 船上토론 3시간 욕설까지 터진 玄海灘의 舌戰」,『주간조선』 805호, 1984.8.5, 34-37쪽.

는 '한국인 일본인이라는 구별 의식 없이 인간이라는 공통의 전제'를 중시하는 휴머니즘에 기초한 역사인식이다. 이것을 일본 측 참가자들은 '세계인 또는 우주인'이라는 개념으로 설명한다. 이에 대해 한국 측 참가자들은 '현해탄에는 일제 때 죽은 한국인이 있다'며 한국(인)과 일본(인)을 구분하는, 즉 국가주의와 민족주의가 결합된 내셔널리즘을 제기하고 있다. 이것은 패전 이후 일본의 시민사회에서 한일관계를 휴머니즘에 기초한 역사인식으로 보는 입장이 여전히 존재하는 반면, 해방 이후 한국의 시민사회는 1982년 일본의 역사교과서를 계기로 '반성하지 않는 일본(인)'이라는 시선, 즉 '일본 통치자의 솔직한 사과'라는 국가적 차원의 역사인식이 보다 강화되었음을 보여 준다. 요미우리신문사의 일한좌담회에서 공유되었던 '인간적 차원의 상호이해'라는 역사인식이 이제 더 이상 한국 사회에서는 공유될 수 없게 된 것이다. 예를 들어 1986년에 또 다시 일본의 역사교과서 문제가 발생하고, 이어서 문부상 후지오의 '망언'이 한일 양국에서 문제시되자,[94] 같은 해 10월 16일 동아일보사와 분

---

94 1986년 일본의 역사교과서 문제는 보수우파단체 '일본을 지키는 국민회의'가 집필한 고등학교 교과서『신편 일본사』(原書房)의 검정 결과에 대한 한국과 중국의 반발, 그리고 이에 대해 문부상 후지오 마사유키(藤夫正行)가 한국과 중국을 비판하는 발언을 반복하다가 경질된 것을 가리킨다. 1982년 일본의 근린제국조항에 반발한 '일본을 지키는 국민회의'는 고등학교 교과서『신편 일본사』를 집필하고 1985년 8월 29일 문부성에 검정을 신청하였다.『신편 일본사』는 보수우파적인 방향으로 편향된 시각이 강하게 서술되었다. 때문에 문부성은 네 차례나 수정 조치를 취한 후 겨우 검정을 통과시켰고, 이 과정과 결과를 한국 정부에도 통보하였다. 그러나『신편 일본사』는 검정 통과 이후에도 여전히 문제가 되는 내용을 다수 포함하고 있었기 때문에 다시 한국과 중국의 반발을 불러일으켰다. 이런 가운데 9월 6일『분게이슌주』가 한일 강제병합은 양국의 합의에 의해 이루어졌으므로 한국에도 책임이 있다는 후지오 문부상의 주장을 보도하면서 한국의 반일감정이 고조되었다. 이에 대해 나카소네 수상이 자진 사임을 거부하는 후지오 문부상을 9월 8일 직권으로 파면 조치하면서 수습되었다. 결국『신편 일본사』의 최종 채택률은 1% 이하에 그쳤고, 이후 '일본을 지키는 국민회의'는 제목을『신편 국민일본사』(原書房, 1987.10.20)로 변경한 시

게이슌주(文藝春秋)가 공동주최한 '한일 지식인 대토론'에서 한국 측 참가자 신용하가 일본 측 참가자의 '1910년 일본 제국주의의 한국 강점을 정당화하는 발언'을 비판하며 중도 사퇴한 사건은, 요미우리신문사의 일한좌담회에서 공유되었던 '인간적 차원의 상호이해'라는 역사인식이 한일 양국 지식인 사이에서 더 이상 통용될 수 없게 되었음을 보여 준다.[95] 신용하(1937년생)가 '4·19세대'의 대표주자로 평가받고 있었다는 점,[96] 그리고 우연하게도 같은 해 6월 12일 유명을 달리한 선우휘의 죽음은 '인간적 차원의 상호이해'라는 역사인식을 공유할 수 있던 한국 측 세대의 종말을 상징적으로 보여 주는 것은 아닐까.

　　판본을 출판하며 대국민 교과서 운동을 펼쳤지만 채택률은 오르지 않았다(교과서 제목도 『최신 일본사』로 변경). 이 과정에서 '일본을 지키는 국민회의'는 1997년에 또 다른 보수우파단체 '일본을 지키는 모임'과 통합하여 '일본회의'로 바꾼 후 현재에 이르고 있다. 2001년 '새로운 역사교과서를 만드는 모임'이 집필한 중학교 역사교과서가 검정을 통과한 이듬해 2002년에 『최신 일본사』 개정판(明成社)도 검정을 통과하였다. 이로써 중학교는 『새로운 역사교과서』, 고등학교는 『최신 일본사』라는 보수우파의 역사교과서 체제가 갖춰졌다.

95 　강덕상·신용하·村尾次郎·中村粲, 1986.12, 「激突! '후지오妄言' 韓日大討論」, 『新東亞』 제29권12호(통권327호), 동아일보사; 村尾次郎·中村粲·愼鏞廈·姜德相, 「激突! 日韓大鬪論」, 1986.12, 『文藝春秋』 64-12, 文藝春秋. 참고로 『신동아』와 『분게이슌주』의 기사를 비교해 보면 그 발언 내용이 상당히 다르게 편집되어 있음을 확인 할 수 있다. 이 또한 한일 양국의 대중미디어가 한일관계를 어떤 시각에서 각각 바라보고 있었는지 확인할 수 있는 좋은 자료이다. 이에 대한 분석은 이후의 과제로 삼는다.

96 　「4·19와 문화」, 『동아일보』 1970.4.18, 6면.

참고문헌

강원봉·도베 히데아키·미쓰이 다카시·조관자·홍종욱·차승기, 2014, 『가지무라 히데키의 내재적 발전론을 다시 읽는다』, 아연출판부.

기무라 간 지음, 김세덕 옮김, 2019, 『한일 역사인식 문제의 메커니즘』, 제이앤씨(원저: 『日韓歷史認識問題とは何か』, ミネルヴァ書房, 2014).

김건우, 2017, 『대한민국의 설계자들-학병세대와 한국 우익의 기원-』, 느티나무책방.

김성한, 1985, 『일본 속의 한국』, 사회발전연구소(일본어판: 金容權 譯, 『日本のなかの朝鮮紀行』, 三省堂, 1986).

나카츠카 아키라 지음, 박현옥 옮김, 2014, 『시바 료타로의 역사관-그의 '조선관'과 '메이지 영광론'을 묻다-』, 도서출판 모시는 사람들(원저: 『司馬遼太郎の歷史觀-その「朝鮮觀」と「明治榮光論」を問う-』, 高文硏, 2009).

윤건차 지음, 박진우 외 옮김, 2016, 『자이니치의 정신사』, 한겨레출판(원저: 『「在日」の精神史』, 岩波書店, 2015).

이상록, 2020, 『한국의 자유민주주의와 「사상계」』, 고려대학교 민족문화연구원.

지명관 지음, 김경희 옮김, 2008, 『한국으로부터의 통신-세계로 발신한 민주화운동-』, 창비.

한상일, 2008, 『지식인의 오만과 편견-《세카이世界》와 한반도-』, 기파랑.

司馬遼太郎·田中明·渡邊吉鎔·鮮于煇·千寬宇·金聲翰, 1985, 『日韓ソウルの友情-理解への道 Part Ⅱ-』, 讀賣新聞社.

司馬遼太郎·陳舜臣·金達壽, 1991, 『歷史の交差路にて-日本·中國·朝鮮-』, 講談社(초판 1984).

鮮于煇·高柄翊·金達壽·森浩一·司馬遼太郎, 1983, 『日韓 理解への道』, 讀賣新聞社.

田中明, 1975, 『ソウル實感祿』, 北洋社.

廣瀬陽一, 2016, 『金達壽とその時代 文學·古代史·國家』, クレイン.

_____, 2019, 『日本のなかの朝鮮 金達壽傳』, クレイン.

和田春樹, 1982, 『韓國からのといかけ-ともに求める-』, 思想の科學社.

渡邊吉鎔·鈴木孝夫, 1981, 『朝鮮語のすすめ』, 講談社.

강덕상·신용하·村尾次郎·中村粲, 1986, 「激突! '후지오妄言' 韓日大討論」, 『新東亞』

제29권12호(통권327호), 1986.12, 동아일보사.
박삼헌, 2020, 「1970년대 일본의 보수주의 언론과 한국인식-『쇼쿤(諸君)!의 한국 관련 기사를 중심으로-」, 『일본역사연구』 제51집.
송완범, 2019, 「재일지식인 김달수(金達壽)를 통한 '한·일 역사화해'의 모색」, 『동아시아 고대학』 제53집.
요시자와 후미토시, 2019, 「1980년대의 한일 역사 인식 문제-'후지오 발언'을 중심으로-」, 동북아역사재단 한일역사문제연구소 편, 『한일협정과 한일관계-1965년 체제는 극복 가능한가?-』, 동북아역사재단.
이광표, 2017, 「千寬宇의 역사인식과 언론 활동」, 『白山學報』 제107호.
이창희, 2016, 「한국 보수주의의 이론과 한 사례-선우휘의 세계관을 중심으로-」, 『한국정치연구』 제25집 제2호.
임용택, 2020, 「일본 전후 1세대 시인들과 도시」, 『일본학연구』 제59집.
임헌영, 2010, 「4·19세대의 문화사적 의미」, 『황해문화』 67집.
장문석, 2016, 「1960~1970년대 일본의 한국문학 연구와 '조선문학의 회(朝鮮文學の會)'-오무라 마사오(大村益夫) 교수에게 질문하다-」, 『한국학연구』 제40집.
조병한, 2005, 「高柄翊 선생의 학문 생애」, 『동양사학연구』 제90집.
최준영, 2008, 「갈등 속의 한일관계와 한일의원연맹의 역할」, 『사회과학연구』 제16집1호.
최희식, 2020, 「전두환 정부하의 역사 문제-1980년대 한·일 역사 문제의 새로운 전개-」, 조윤수 편, 『한·일 관계의 궤적과 역사인식』, 동북아역사재단.

金達壽, 1981, 「故國への旅2 軍事分界線まで」, 『文藝』 20-8, 河出書房新社.
高銀, 1989, 「韓國では文學は何を意味するのか」, 『世界』 第524號, 岩波書店.
____, 1989, 「高銀氏大阪講演要旨 韓國では文學は何を意味するのか」, 『在日文藝 民濤』 6號, 民濤社.
司馬遼太郞·金達壽, 1975, 「對談 反省の歷史と文化」, 『季刊三千里』 第3號.
司馬遼太郞·金達壽·田中明, 1980, 「基調座談會 なぜ『近くて遠く』なったのか」, 『諸君!』 12-4, 文藝春秋社.
司馬遼太郞, 1986, 「鮮于輝さんのこと」, 『世界』 第495號, 岩波書店.
鮮于輝, 1977, 「〈講演記錄〉日本人の思考と韓國の現實」, 『自由』 19-4, 自由社.
____, 1980, 「特集 日本と韓國・あしたのために 朝鮮日報の主筆室から」, 『諸君!』 12-4, 文藝春秋社.

제5장

국제국가 일본의 국제적 역할 모색 연구
- 1980년대와 1990년대를 중심으로

| 조진구 ■ 경남대학교 극동문제연구소 교수 |

Ⅰ. 머리말
Ⅱ. 후쿠다 독트린의 등장 배경과 의미
Ⅲ. G7 정상회의와 국제국가 일본의 외교
Ⅳ. 냉전의 종식과 일본의 '국제공헌'론
Ⅴ. 맺음말

I. 머리말

일본이 아시아에서 처음으로 하계올림픽을 개최했던 1964년, 일본은 선진국 클럽이라 불리는 경제협력개발기구(OECD)의 회원이 되었다. 11년 뒤인 1975년 11월 프랑스의 지스카르 데스탱 대통령의 제창으로 프랑스의 랑부예에서 미국, 영국, 프랑스, 이탈리아, 서독, 일본 등 6개 선진국 정상들이 경제정책을 논의하는 회의가 열렸다. 여기에 1976년과 1977년 각각 캐나다와 유럽연합(EU) 대표가 추가된 이후 주요국(G7) 정상회의로 정례화해 냉전이라는 국제질서 속에서 서방 선진국 간의 경제정책 조정과 단결, 나아가 소련 견제라는 정치적 역할을 했다.[1]

1975년 아시아 국가로서는 유일하게 일본이 G6 정상회의에 초청을 받은 것은 일본이 세계 경제에서 무시할 수 없는 존재로 부상했다는 것을 상징적으로 보여 주었다. 1973년 10월 발생한 제1차 오일 쇼크에서 벗어난 일본이 경제 성장세를 회복하면서 일본의 경상수지가 선진국 간의 주요문제가 되어 미국과 서유럽 국가들은 일본의 수출을 '집중호우' 같다고 비판했다. 1977년 5월 런던 G7 정상회의에 참석한 후쿠다 다케오 총리는 세계 대공황을 경험한 최연장자로서 국제협조의 중요성을 강조하면서 경상수지 흑자국가가 솔선해서 세계 경제 성장의 엔진이 되어

---

* 이 연구는 동북아역사재단의 지원을 받아 수행된 연구임(NAHF-2020-기획연구-20).
** 이 글은 『한일민족문제연구』 제39호(2020년 12월)에 실린 원고에 약간의 자구 소정을 가한 것이다.
1 냉전 종식 후인 1998년 러시아가 참가해 G8로 확대되었지만, 2014년 3월 러시아에 의한 우크라이나의 크림반도 강제병합 이후 G8에서 러시아가 사실상 추방되어 G7은 기본적으로 선진민주주의국가들의 포럼이 되어 왔다. 田所昌幸, 2016, 「サミットの意義と展望」, 『國際問題』, No.651, 13쪽.

야 한다고 제창했다. 그 뒤 일본은 원유 비축량을 늘리는 긴급조치를 취했지만, 흑자는 좀처럼 줄지 않아 미일 간의 무역마찰이 심각해졌다. 1979년 6월 도쿄에서 처음으로 G7 정상회의가 열렸는데, 미국·영국·프랑스·독일 정상들이 일본을 제외하고 비공식 협의를 하면서 일본에 양보를 요구하는 장면도 있었다.[2]

1970년대 초반의 국제정치에서의 데탕트는 냉전의 종식으로 이어지지 못하고 오히려 1970년대 말 국제적인 긴장이 고조되어 '신냉전'이라 불리는 상황이 초래되었다. 닉슨 쇼크와 오일 쇼크를 극복한 일본은 경제대국으로 부상하면서 국제정치에서 중요한 일익을 담당하게 된다. 경제정책에 관한 선진국 간의 정책 조정의 장이었던 G7 정상회의는 안전보장 분야로 의제가 확대되는데, 1980년대 G7 정상회의를 무대로 일본의 적극적인 역할을 모색하고 발언을 했던 것이 나카소네 야스히로 총리였다. 미일관계는 더욱 긴밀해지고 일본외교의 지평도 넓어져 단순한 경제대국이 아니라 '국제국가'로서 탈피해 가려고 했지만, 동시에 미국과의 무역마찰은 더욱 심각해졌다.

1983년 1월 처음으로 미국을 방문한 나카소네 총리는 내전 중이던 레바논에 파견된 미국과 프랑스 등의 다국적군에 대한 재정지원 요청도 즉석에서 받아들였다.[3] 재정적자에 허덕이던 미국의 부담을 일본이 덜어주는 구도가 정착하기 시작한 것이다. 일본이 실제로 다국적군에 대한 재정지원을 했는지는 확인할 수 없지만, 미국이 주도하는 국제질서를 안보 면에서 지원하는 역할은 냉전 종결 이후에 더욱 확대된다.

2　五百旗頭眞編, 2010, 『戰後日本外交史 第3版』, 180-183쪽.
3　https://www.nikkei.com/article/DGXLNSE2INK01_S7A110C1000000/(검색일: 2020년 9월 1일).

1989년 1월 7일 천황의 서거로 식민지 지배와 전쟁과 패전과 점령, 강화조약 체결과 독립을 거쳐 경제대국으로 부상했던 쇼와시대가 막을 내렸다. 이 사이 국제사회에서의 일본의 위상은 과거와 비교할 수 없을 정도로 높아졌으며, 일본은 단순한 경제대국이 아니라 정치외교와 군사 면에서 국제사회에서 리더십을 발휘하는 '국제국가'를 지향하게 된다.[4] 쇼와시대와 냉전의 종결과 때를 같이해 일본 국내에서 주목을 받았던 것이 '국제공헌' 논쟁인데, 국제사회가 일본에 무엇을 기대 혹은 요구하고 있으며, 이에 대해 일본이 어떻게 해야 하는가를 둘러싸고 전개된 논쟁이다. 냉전의 종결은 아이러니하게도 일본에서의 버블 붕괴와 경기침체와 겹쳤지만, 일본은 부트로스 갈리 유엔 사무총장 주도하에 전개되었던 평화유지활동(PKO) 비용을 부담하기도 했다. 1990년대의 PKO와 인도적 개입이 효과적으로 이뤄지지 못하고 유일 초강대국 미국의 단독주의가 현저해졌음에도 불구하고 일본은 그러한 미국과 행동을 같이 했다.

전후 일본외교는 새로운 국제질서 창출을 위한 이념과 구상이 결여되어 있었다는 비판을 받아 왔다. 이 글에서는 전후 최초의 이념주도 외교라 불리는 1977년 8월의 후쿠다 독트린의 배경과 내용을 살펴보고, 이를 바탕으로 1980년대와 1990년대를 연구대상으로 하여 일본이 국제사회에서 어떤 역할을 모색하려고 했는지를 역사적 맥락에서 살펴보고자 한다.

1977년 8월의 후쿠다 독트린 이후 일본은 경제 중심의 동남아시아 외교에서 탈피해 아시아·태평양 지역으로 관심 지역을 확대하고, 경제

---

4 五百旗頭眞編, 2010, 앞의 책, 192-193쪽.

문제에 그치지 않고 안전보장 문제로까지 관심 분야를 확대해 간다. 일본외교의 글로벌화와 냉전의 종결이라는 국제환경의 변화 속에서 일본 외교안보의 중핵이라 할 수 있는 미일동맹, 1978년 처음 책정한 미일방위협력을 위한 지침(가이드라인), '총합(종합)안전보장' 개념의 등장, 1990년대의 북한 핵위기와 타이완해협위기 등을 일본이 어떻게 인식하고 단순한 경제대국이 아니라 글로벌한 행위자로서 적극적인 리더십을 발휘해 어떤 '국제국가'가 되고자 했는지 역사적으로 규명해 보고자 한다. 그 과정에서 주변국은 그런 일본의 모습을 어떻게 이해하고 어떤 마찰이 있었는지도 살펴보고자 한다.

II. 후쿠다 독트린의 등장 배경과 의미

1. 경제 중심의 동남아시아 외교의 한계

전후 일본과 아시아 국가와의 관계는 동남아시아 지역을 대상으로 한 경제가 중심이었는데, 이것은 대륙의 공산 중국과의 관계 구축이 현실적으로 불가능했기 때문이다. 1957년 5월 기시 노부스케 총리가 동남아시아 국가들을 순방했는데, 일본에 대한 역내 국가들의 이미지가 우호적이었던 것은 아니다. 기시는 전전의 대동아공영권의 부활을 떠올리면서 순방했었다고 말했다고 하는데, 이것은 아시아의 중심은 일본이라는 생각이 기시를 비롯한 전후 일본의 보수정치가들 사이에 남아 있었기 때문일 것이다.[5]

1957년 9월 일본 외무성이 외교청서를 발간하면서 일본이 '아시아의 일원'임을 강조했지만, 도쿄올림픽에 맞춰 고속철(신칸센)을 개통했던 1964년은 일본이 "아시아가 아니기 시작한 첫해"였을지 모른다. 전후 아시아 지역에서 탈(脫)식민지화와 독립 기운이 점차 고조되었지만, 아시아 국가들의 탈식민지화는 결코 순탄하지 않았다. 국가 간 분쟁은 끊이지 않았으며, 사회적 인프라 건설과 경제적 빈곤으로부터의 탈출 등 공통의 과제도 안고 있었다. 일본의 고도경제성장의 상징이기도 했던 1960년대 중반 이후의 이자나기 호황기 일본의 경상수지는 흑자로 전환되었으며, 1968년 일본의 국민총생산(GNP)은 서독을 제치고 세계 2위가 되었다.

일본의 놀라운 경제성장은 일본의 국제적 지위를 향상시키고 일본 국민들의 생활수준을 높였지만, 이런 일본을 보는 아시아 국가들의 시선이 곱지만은 않았다. 일본은 1950년대부터 동남아시아 국가들을 중심으로 배상(준배상)협정이나 경제협력협정을 체결하고 국교를 정상화했지만, 원료 공급지와 일본 기업의 수출시장 역할을 했던 이들 지역에서는 일본의 경제적 지배를 우려하는 목소리가 높아지기 시작했다.[6]

1973년부터 주요국가 간 환율이 변동환율제로 바뀌면서 일본의 해외직접투자가 자유화되었다. 일본의 해외직접투자는 1971년 8억 8500만 달러에서 1972년과 1973년 각각 23억 3800만 달러와 34억 9400만 달러로 증가했는데, 특히 주목할 만한 것은 1973년 일시적이기는 하지만 지역별 투자액이 아시아가 28.6%를 차지해 북미 26.1%보다 많아 1위가 되었다는 것이다. 일본의 대아시아 직접투자는 아시아 지역을 세

---

5   嵯峨隆, 2020, 『アジア主義全史』, 筑摩書房, 266-270쪽.
6   조진구, 2020, 「일본의 전후 아시아 '배상외교'와 역사인식-정부 간 화해의 성과와 한계」, 『日本歷史硏究』, 제51집.

계 경제에 편입시키는 데 커다란 역할을 했지만, 일본의 직접투자가 동남아시아에서 환영만 받았던 것은 아니다.

동남아시아에 진출한 일본 기업의 오만한 행동이 반일감정을 조장하고 일본의 경제적 지배에 대한 우려가 고조되고 있었다. 일본의 경제적 지배에 대한 우려는 근거 없는 공포심에 의한 것이며, 무지한 대중들의 감정적 반응으로 보려는 안일한 시각이 일본 측에 지배적이었다. 그러나 일본이 지나칠 정도로 경제 분야에만 관심을 보인다는 생각은 동남아시아 국가들의 관료 사이에도 공유되어 있었으며, 1974년 1월에 예정된 다나카 가쿠에이 총리의 동남아시아 5개국 순방을 앞두고 반일시위나 폭동 발생 가능성이 우려되고 있었다.

1월 7일 다나카 총리는 동남아시아 5개국(필리핀, 태국, 싱가포르, 말레이시아, 인도네시아) 정상과 경제협력과 엔 차관 문제를 협의하기 위해 순방에 나섰는데, 9일 두 번째 방문국인 태국에 도착한 다나카는 '다나카는 돌아가라!'라면서 일본의 경제침략 반대를 외치는 반일시위에 직면했다. 10일 태국 총리 관저에서 열린 반일시위 학생 대표와의 면담에서 학생 측은 일본의 공해수출에 대한 대책을 물었을 뿐만 아니라 방콕의 TV 광고는 일본제품뿐이라며 문화적, 사회적으로 악영향을 미치고 있다고 추궁했다. 마지막 순방국인 인도네시아에서는 '일본경제제국주의 침략 반대'를 외치는 시위대가 일본제 자동차를 불태우면서 점차 폭도화해 일부 시위대가 일본 대사관에 침입해 일장기를 끌어 내리는 사태까지 벌어졌다.[7]

일본 기업의 이윤추구나 일본과의 생활수준 격차가 반일시위와 폭동

---

7 每日新聞社, 1989, 『昭和史全記錄』, 每日新聞社, 961쪽.

의 원인이었다는 점은 부정하기 어렵지만, 동남아시아 국가들의 복잡한 내부 사정도 작용했던 것으로 보인다. 외무성의 하나부사 마사미치(英正道) 남동아시아 제1과장은 인도네시아 자카르타의 반일폭동이 격렬하기는 했지만, 그것은 다나카의 방문이나 영향력이 강해진 일본 경제가 직접적인 원인이 아니라 구실에 지나지 않았고 이슬람계의 정권 비판, 정권 내부의 권력투쟁의 측면이 농후하다고 분석했는데, 자카르타의 미국 대사관도 비슷한 견해를 워싱턴에 보고했다. 반면, 하나부사는 태국의 경우 반정부적 성격이 없었던 것은 아니지만 일본인에 대한 태국인들의 증오가 근본적인 동기였다면서 일본 정부가 진지하게 대책을 마련해야 한다고 보고했다.

전전 일본군에 의해 점령 당하고 막대한 피해를 봤던 동남아시아에 대해 일본이 전쟁의 과거를 경제적으로 배상하고 원조를 했던 것은 일본의 경제적 진출의 길을 열었다. 그러나 전쟁이 끝나고 20년이 지났지만, 피해자로서의 과거 역사는 그들의 기억 속에 생생하게 남아 있을 뿐만 아니라 동남아시아의 문화나 전통, 습관에 대한 일본 기업의 이해 부족이 반일폭동으로 나타났다고 할 수 있다.[8] 따라서 일본 정부는 동남아시아 국가에 대한 새로운 어프로치의 필요성을 인식하게 되었는데, 일본 기업의 철수가 계속되는 가운데 아이러니하게도 인도차이나의 공산화로 외국 자본의 필요성이 증가하면서 일본에 대한 동남아시아 국가들의 태도가 바뀌어 일본의 경제적 관여를 환영하는 분위기가 조성되었다. 동남아시아 국가에 대한 투자 여부는 개별 기업의 판단에 의한 것이지만,

---

8 ユスフ・ワナンディ, 2007, 「日本・ASEAN關係の過去と未來」, 『國際問題』 No. 566, 49쪽.

일본 외무성은 수동적인 동남아시아 외교로부터의 전환의 필요성을 느끼고 있었다.

미국과의 무역마찰에서 미국 측이 일본 사회의 독특하고 복잡한 유통체계나 기업의 계열(系列) 구조 등 넓은 의미의 문화적 차이를 경제문제와 관련지어 문제 삼았지만, 일본 정부와 지도자들은 외교에서의 문화의 중요성을 인식하지 못했다. 경제 관계가 긴밀해지면 인적왕래를 포함해 정부와 민간의 문화교류가 활발해지며, 외교활동에서 문화가 차지하는 비중도 한층 높아진다. 일본 외교에서 문화라는 측면이 의식되기 시작한 것은 1970년대에 들어와서다. 후쿠다 다케오가 사토 에이사쿠 내각에서 외상을 하던 1972년, 경제마찰을 '마음과 마음이 통하는' 문화교류를 통해 완화하자는 의도에서 '국제교류기금'이 설립되었다. 그렇지만, 예산과 운영, 해외주재원의 파견 등의 측면에서 미국과 유럽에 편중되어 있다는 비판을 면치 못했으며, 인도네시아의 자카르타에 주재원이 파견된 것은 다나카 총리의 동남아시아 방문 후인 1974년 7월이다.[9]

또한, 일본이 ASEAN(아세안: 동남아시아 국가 연합) 중시정책으로 전환하기 시작한 것은 미키 다케오 정권 때였다. 1975년 8월 포드 미국 대통령과의 정상회담을 위해 워싱턴을 방문한 미키 일본 총리는 8월 6일 내셔널프레스클럽 연설에서 "ASEAN 국가들의 이니셔티브 및 자주성을 존중하면서 ASEAN의 활동을 적극적으로 지원할 용의가 있다"고 표명했다.[10] 1967년 필리핀, 태국, 말레이시아, 인도네시아, 싱가포르 등 동남

---

9 佐藤晋, 2009, 「田中東南アジア歷訪の意義-グローバリゼーション過程における東南アジアと日本-」, 『國際政經論集』(二松學舍大學) 第15號.

10 8월 6일 내셔널 프레스 클럽 연설 '平和への創造的協力(평화에의 창조적 협력)' 전

아시아 5개국이 만든 ASEAN은 1976년 첫 번째 정상회의를 파리에서 개최했다. 미키 총리는 요시노 외무심의관을 필리핀과 인도네시아에 보내 정상회의 참가 의사를 전달했지만, ASEAN은 가맹국의 단결을 우선한다는 이유로 일본의 참가 의사를 받아들이지 않았다.

2. 후쿠다 독트린의 등장과 의미

인도차이나가 공산화하고 미국의 관여가 약해지면서 일본에 대한 ASEAN 측의 태도는 바뀌기 시작했다. 자국 경제발전을 위해서는 경제대국 일본의 협력이 필요하다는 ASEAN의 판단과 대장성 관료 출신으로 경제에 밝은 후쿠다 총리에 대한 기대가 작용했을 것이다. ASEAN 측의 기대와 요구는 1977년 3월의 일본·ASEAN 포럼, 7월의 ASEAN 사절단의 일본 방문을 통해 일본 측에 구체적으로 전달되었는데, 일본 정부는 3천억 엔의 대규모 원조를 약속했으며 후쿠다 총리는 정부개발원조(ODA)의 확대를 지시했다.

이러한 과정을 거쳐 ASEAN은 1977년 8월 2차 ASEAN 정상회의에 후쿠다 총리를 초청했는데, 동남아시아 순방에 앞서 후쿠다는 3월 워싱턴을 방문해 후쿠다 독트린의 기본구상을 카터 대통령에게 직접 전달했다. 3월 22일 정상회담 후에 발표된 공동성명에서 ASEAN의 협력과 발전을 위한 노력을 미일 양국이 지원하고 협력할 용의가 있다는 것이 확인되었다. 또한, 미일 양국은 아시아·태평양 지역의 안정을 위한 양국의 역할 분담, 즉 미국은 군사적 균형유지를, 일본은 경제개발을 포함한 비

문은 『わが外交の近況 1976年版(第20號) 下卷(資料編)』 참조.

군사적 분야를 담당하는 데에도 의견의 일치를 봤다.[11]

이러한 사전 정지작업을 거쳐 1977년 8월 후쿠다 총리는 동남아시아 순방길에 나섰다. 8월 7일 말레이시아 쿠알라룸푸르에서 열린 첫 번째 일본·ASEAN 정상회의에서 후쿠다 총리는 '일본과 ASEAN은 평화와 번영을 추구하는 같은 배를 탄 대등한 파트너'라면서 양측이 마음과 마음이 통하는 교류를 통해 서로 연대하는 '새로운 역사의 시작'을 천명하면서 회의를 주도했다. 후쿠다는 ASEAN의 미래에 대한 관심과 기대를 표명하면서 ASEAN 역내 문화교류를 위해 일본이 무상으로 자금지원을 하겠다는 의사도 밝혔다.[12] 이를 계기로 일본이 50억 엔의 기금을 거출해 동남아시아연구, 인적 교류, 공연과 전시 지원 등을 위해 설립된 것이 ASEAN문화기금(ASEAN CULTURAL FUND)이다. 후쿠다 총리가 언급한 대로 일본은 자금만 제공할 뿐 기금의 운용은 전적으로 ASEAN에 맡겨져 독자성이 존중되었다.[13]

후쿠다 총리는 8월 18일 마지막 방문국인 필리핀의 마닐라에서 일본의 동남아시아 정책의 원칙을 밝히는 연설을 했는데, 그 뒤 이 연설은 '후쿠다 독트린'으로 불린다. 연설의 핵심은 다음 세 가지였는데, 외무성은 일본이 "전후 처음으로 제시한 적극적인 외교자세로서 ASEAN 국가들 이외에 관련국으로부터" 높은 평가를 받았다고 자평했다.[14]

---

11 若月秀和, 2000, 「福田ドクトリン-ポスト冷戰外交の「予行演習」-」, 『國際政治』, 第125號, 204-206쪽.
12 枝村純郞, 2016, 『外交交涉回想-沖繩返還·福田ドクトリン·北方領土』, 吉川弘文館, 85-86쪽.
13 「日·ASEAN主要協力事業」, https://www.mofa.go.jp/mofaj/area/asean/j_asean/ja_skj_03.html(검색일: 2020년 9월 1일).
14 연설 전문은 https://www.mofa.go.jp/mofaj/gaiko/bluebook/1978/s53-

첫째, 일본은 군사대국이 되지 않을 것을 결의하고 동남아시아 나아가 세계평화와 번영에 공헌한다.

둘째, 일본은 동남아시아 국가들과 정치, 경제만이 아니라 사회, 문화 등 광범위한 분야에서 진정한 친구로서 마음과 마음이 교류하는 상호 신뢰 관계를 구축한다.

셋째, 일본은 '대등한 협력자'로서 ASEAN과 ASEAN 가맹국의 연대와 강인성(强靭性) 강화를 위한 자주적인 노력에 적극적으로 협력하고, 인도차이나 국가들과 상호이해에 입각한 관계 양성(釀成)을 도모함으로써 동남아시아 전 지역의 평화와 번영 구축에 기여한다.

그때까지의 일본외교는 전후 처리나 경제외교에 초점이 맞춰졌었는데, 그것에서 벗어나 비군사대국(=경제대국)으로서 일본이 국제사회에서 어떤 역할을 해야 할지를 모색했다는 점에서 획기적이었다. 또한, 미국의 아시아외교 공백기에 일본이 미국 의존적인 외교에서 벗어나 독자적인 외교기반을 아시아에서 구축하려고 했다는 점도 특기할 만했다.[15] 실제로 당시 연설문 작성에 관여했던 에다무라 스미오는 1972년 오키나와 반환과 중일 국교정상화를 실현하면서 전후 처리에 초점이 맞춰졌던 "일본외교가 방향성을 잃은 상태에서 명확한 이념을 내걸고 제시된 미래

---

shiryou-002.htm#3(검색일: 2020년 9월 1일). 일본 외무성은 1957년 9월 『我が外交も近況(우리 외교의 근황)』(제1호)이라는 이름의 외교청서를 발간했는데, 1987년 제31호부터 이름을 현재의 『外交靑書(외교청서)』로 바꿨다. 이 글에서 외교청서로부터의 인용은 일본 외무성 홈페이지에 의하며, 간행 연도와 호수만을 간략하게 표기한다. https://www.mofa.go.jp/mofaj/gaiko/bluebook/index.html(검색일: 2020년 9월 1일).

15 若月秀和, 2000, 앞의 글, 197-198쪽.

지향적 외교의 일보"라는 의미를 부여했다.[16]

후쿠다 독트린이 어떠한 사상적 기반을 바탕으로 제시된 것인지 분명하지는 않았지만, 국제사회에서 일본의 역할이나 존재감을 강하게 인식하면서 제시되었다는 점은 평가받을 만했다. 또한, 군사대국이 되지 않으며, 마음과 마음이 교류하는 상호신뢰관계를 구축하겠다는 결의는 일본에 대한 ASEAN 국가들의 친근감 향상과 불신감 해소에 기여했다고 할 수 있다. 후쿠다 독트린은 일본과 ASEAN 국가들과의 배타적 협력관계를 지향했던 것은 아니었지만, ASEAN과 인도차이나 국가들과의 관계를 심화시키겠다는 세 번째 원칙은 베트남의 캄보디아 침공으로 'ASEAN 대 인도차이나'라는 대립구도가 형성되면서 큰 진전을 보지 못했다.

그렇지만, 후쿠다 독트린은 일본과 ASEAN과의 관계를 더욱 긴밀하게 했다. 1978년 6월 처음으로 일본과 ASEAN 외무장관회의가 개최되었으며, 1979년 7월에는 일본의 이니셔티브로 ASEAN과 미일, 오스트레일리아와 뉴질랜드, 유럽공동체(EC) 대표 등이 참가하는 ASEAN 확대외무장관회의(PMC)로 확대되었다. 이 과정에서 G7 정상회의에서 일본이 ASEAN의 목소리를 반영하겠다는 소노다 스나오 외상의 이니셔티브가 중요한 역할을 했다.[17]

---

16 枝村純郎, 2016, 앞의 책, 70-73쪽.
17 須藤季夫, 1997, 「變動期の日本外交と東南アジア」, 日本政治學會編, 『危機の日本外交-70年代』, 岩波書店, 55-56쪽. 1978년 7월 중순 서독의 본에서 열린 G7 정상회의에서 일본은 ASEAN의 요망에 입각해 선진국의 보호주의 억제, 공통기금의 검토, 원조의 배증 등을 주장했다.

III. G7 정상회의와 국제국가 일본의 외교

1. 경제대국 일본과 G7 정상회의

1970년대에 들어와 미국의 힘이 상대적으로 약화되어, 특히 금에 대한 달러의 가치 하락은 전후 국제경제 시스템의 근간이 되었던 브레턴우즈 체제의 붕괴를 초래했다. 이것은 고성장을 지속해 온 일본에도 시련이었으며, 경제대국으로 부상한 일본이 어떻게 대응할 것인지는 국제적인 관심사가 되었다. 무엇보다 긴급한 경제문제는 무역문제였다.

달러에 대한 엔화의 가치 절상과 오일 쇼크로 인한 석유 수입 가격 상승 등의 영향으로 1974년 이후 일본의 무역수지가 적자로 전환되었지만, 1982년까지 완전히 회복되었다. 1970년대 10년 동안 일본의 무역총액은 7배 이상 증가해 일본의 무역총액이 세계 무역총액에서 차지하는 비율도 1970년 6%에서 1980년 8%로 늘어났다. 국제경제가 크게 동요하는 가운데서도 세계 무역에서 차지하는 일본의 비중이 높아진 것은 서방국가들의 경계심을 자극했으며, 다른 국가들과의 무역마찰을 더욱 심각하게 만들었다.

미일 간 무역마찰이 표면화하기 시작했던 1973년 미국은 처음으로 무역적자국이 되었는데, 특히 무역적자 가운데 대일 무역적자가 차지하는 비율이 점차 높아졌다. 1977년 미국의 무역적자 약 291억 달러 가운데 대일 무역적자는 약 80억 달러로 약 28%를 차지했다. 미일 무역문제가 위기상황에 직면했다는 것은 월간지 『분게이슌주(文藝春秋)』 1977년 10월호가 '일미경제전쟁'이란 제목의 특집기사에 상징적으로 나타났다. 1960년대까지 일본의 대미수출의 주력 품목이었던 섬유제품이나 철강은 1970년대가 되면 컬러TV나 자동차 등으로 바뀌는데, 이것들이 미국이 세계 1위를 차지했던 제품이었던 만큼 미국인들에게는 큰 충격을 줬다. 미일 양국이 서로를 심각한 경쟁상대로 인식하기 시작했으며, 일본외교에서 무역을 포함한 경제문제의 중요성이 더욱 높아졌다고 할 수 있다.[18]

일본은 미국 농산물의 주요 수입국가였지만, 1988년 일본의 GNP(국민총생산) 대비 수입 비율은 6.6%로 9.5%인 미국보다 낮았다. 공업제품의 수입 비율은 더욱 낮아 한국 21.3%, 서독 10.5%, 미국 7.3%였던 데 비해 일본은 2.4%에 그쳤다. 자본집약형, 기술집약형의 제품을 생산해 수출은 하지만 수입은 하지 않는 일본의 행태를 피터 드러커는 대항적 무역(adversarial trade)이라고 비판했다. 미일 무역마찰이 심각했던 1985년부터 1990년까지 미국 무역대표부(USTR) 일본 담당부장으로서 미일 정부 간 교섭에도 참가했던 글렌 후쿠시마는 미국인이 보는 미일 관계에 존재하는 문제를 미일 간의 무역 불균형, 무역 내용의 구성, 일본의 대미투자, 미국에서의 일본의 로비활동, 제3국 시장에서의 미일 간의 무역경쟁, 미일 무역경쟁, 방위 역할분담, 일본의 금융파워 등 11개 범주로 나누면서 이 가운데 몇 분야는 심각한 문제라는 점을 일본인이 알아야 한다고 지적한 바 있다.[19]

그런 가운데 1975년 11월 프랑스의 랑부예에서 미국, 영국, 프랑스, 이탈리아, 서독, 일본 등 6개국 정상이 모여 시작된 G6 정상회의에 일본이 아시아에서는 유일하게 참가했다. 1976년부터 캐나다가, 1977년부터는 EC가 참여하게 되는데, 1979년 12월 소련이 아프가니스탄을 침공

---

18 入江昭, 1991, 『新·日本の外交』, 中央公論社, 166-170쪽.
19 グレン·S·フクシマ(渡邊敏譯), 1992, 『日米經濟摩擦の政治學』, 朝日新聞社, 9-31쪽.

〈표 1〉 제1차~제25차(1975~1999년) G7·G8 정상회의 개최국과 장소

차수(연도)	개최국과 장소	차수(연도)	개최국과 장소	차수(연도)	개최국과 장소
1(1975)	프랑스 랑부예	10(1984)	영국 런던	19(1993)	일본 도쿄
2(1976)	미국 푸에르토리코	11(1985)	서독 본	20(1994)	이탈리아 나폴리
3(1977)	영국 런던	12(1986)	일본 도쿄	21(1995)	캐나다 핼리팩스
4(1978)	서독 본	13(1987)	이탈리아 베네치아	22(1996)	프랑스 리옹
5(1979)	일본 도쿄	14(1988)	캐나다 토론토	23(1997)	미국 덴버
6(1980)	이탈리아 베네치아	15(1989)	프랑스 파리	24(1998)	영국 버밍엄
7(1981)	캐나다 몬테벨로	16(1990)	미국 휴스턴	25(1999)	독일 쾰른
8(1982)	프랑스 베르사유	17(1991)	영국 런던		
9(1983)	미국 윌리엄스버그	18(1992)	독일 뮌헨		

출처: 일본 외무성 홈페이지(https://www.mofa.go.jp/mofaj/gaiko/summit/table/index.html) 참조 필자 작성

했던 것을 계기로 1980년 6월 이탈리아 베네치아 회의에서는 처음으로 경제문제 이외에 정치문제가 논의되었다.

일본은 1979년 처음으로 도쿄에서 G7 정상회의를 개최한 이후 1986년, 1993년, 2000년, 2008년 및 2016년 등 지금까지 의장국 역할을 다섯 번 했다. 1980년 6월 12일 오히라 마사요시 총리가 심근경색으로 갑작스럽게 사망해 22일부터 베네치아에서 열린 제6차 정상회의에는 오키타 사부로 외상이 대신 참여했는데, 이 경우를 제외하고 24년 동안 12명의 총리가 한 번에서 다섯 번까지 정상회의에 참가했다.[20]

세계 GNP에서 일본이 차지하는 비율이 10%가 될 정도로 일본은 경제대국이 되었지만, 일본의 총리들이 일본의 국제적 역할에 대한 의견이

---

[20] 1회 참가(4명), 2회 참가(6명), 3회 참가(1명), 5회 참가(1명). 5번 이상 참가한 총리는 나카소네 야스히로 이외에 5년 5개월 재임했던 고이즈미 준이치로와 내각제 도입 이후 통산 재직일수와 연속 재직일수를 갱신한 아베 신조뿐이다.

나 비전을 명확하게 제시했던 것은 아니다. 오히려 미국이나 서유럽 국가들은 일본과의 무역수지 적자로 수입제한 조치를 취해야 한다는 주장이 제기되었다. 미국에 이어 EC(유럽공동체, 당시)의 대일 무역적자는 확대되어 1981년 100억 달러를 넘었던 것이 1987년에는 200억 달러를 넘었다. EC 측은 미일 간의 자동차 수출 자주규제 교섭을 일본 측에 요구했지만, EC 소속 국가들 사이에 합의를 보지는 못했다. 일본은 자동차나 VTR, 컬러TV 등에 대한 실질적인 자주규제조치를 약속하고, 현지 생산을 위한 공장진출과 직접투자를 적극적으로 추진했다.[21]

미일 경제 마찰이 지속되는 가운데서도 외교, 특히 안전보장 문제를 중시했던 나카소네 총리가 미일관계를 '동맹관계'로 규정하면서 양국 관계는 매우 긴밀해졌다. 나카소네는 1983년 1월 11일 국교수립 이후 일본 총리로서 처음 한국을 방문한 데 이어 17일에는 미국을 방문했는데, 이에 앞선 1월 14일 관방장관 담화를 통해 일본 정부는 전후 일본방위정책의 한 축이었던 무기수출 3원칙의 예외조치로서 미국에 대한 무기관련 기술의 제공을 발표했다.[22] 1월 18일과 19일 워싱턴에서 열린 정상회담에서 미일 양국 정상은 "미일동맹관계는 세계평화와 번영을 위해 사활을 건 중요한 문제"라는 것을 재확인했다.

'동맹관계'란 말은 전임자였던 스즈키 젠코 총리가 1981년 5월 초의 방미 시 레이건 대통령과의 정상회담에서 공식적으로는 처음 사용된 말이었지만,[23] 귀국 후 국회에서 군사적 의미가 강한 '동맹관계'가 사용된

---

21 細谷千博, 1993, 『日本外交の奇跡』, 日本放送出版協會, 199-207쪽.
22 吉岡吉典·新原昭治編, 2000, 『資料集 20世紀の戰爭と平和』, 新日本出版社, 340쪽.
23 5월 8일 미일 정상회담 후 발표된 공동성명에서 두 정상은 "미일 양국 간의 동맹관

것에 대한 비판이 제기되었다. 스즈키 총리는 5월 15일 참의원 본회의에서 "새로운 군사적 의미를 갖는 것은 아니"며 "집단적자위권 행사를 전제로 하는 군사적 역할을 분담하는 것"을 의미하지 않는다고 진화에 나섰지만, 이것이 오히려 일본 국내는 물론 미일 양국 사이에 갈등을 초래했다.[24]

결국 이토 마사요시 외상이 사임하는 사태로까지 비화했다. 경제력이 커지면서 일본은 더 많은 방위상의 책임분담(burden sharing)을 요구하는 미국의 요구에 협력하려고 했지만, 스즈키 총리는 이에 적극적이지 않았다. 미국이 일본의 경제력이 강해지면서 주일미군 주둔경비를 일본 측이 부담해 줄 것을 요구하자 일본은 1978년부터 주일미군 부대(기지)에서 일하는 일본인 노동자의 복리후생비의 일부를 부담하기 시작해 1979년에는 일본인 노동자의 급여 일부를 부담했다. 소위 '오모이야리(思いやり: 배려) 예산'인데, 일본 방위를 미국에 의존하는 일본의 '무임승차'론에 대한 일본 측의 대응이라고 할 수 있다.

2. 나카소네 총리의 리더십과 일본 외교

국제국가 일본의 지도자로서의 존재감을 국내외에 강하게 심어 주었던 것이 나카소네 야스히로 총리였다. 1982년 11월 총리에 취임한 나카

계는 민주주의 및 자유라는 양국이 공유하는 가치 위에 구축되고 있다는 것을 인정하고 양국 간의 연대, 우호 및 상호신뢰를 재확인했다."

24 「官報(號外) 第94回 國會 參議院 會議錄 第18號 昭和56年 5月 15日」, https://kokkai.ndl.go.jp/minutes/api/v1/detailPDF/img/109415254X01819810515(검색일: 2020년 9월 1일).

소네는 1983년 1월 첫 해외 순방국으로 한국을 택해 일본의 총리로서는 처음으로 한국을 공식 방문하는 등 4년 11개월의 총리 재임 동안 23회 110일 동안 해외순방을 했다.[25] 특히, 그때까지 국제무대에서 소극적인 태도를 보였던 다른 총리와 달리 나카소네의 화려한 퍼포먼스로 주목을 끌었던 것이 1983년 5월 말 미국에서 개최된 윌리엄스버그 정상회의였다.

나카소네는 정상회의가 세계 경제 회복의 전기(轉機)가 되도록 밝은 전망을 제시해야 한다면서 정상들의 강력한 정치적 리더십 없이 실업과 보호주의 등과 대항해 싸울 수 없다고 강조했다. 또한, 나카소네는 "정치, 경제, 안전보장 분야에서의 우리들의 공통의 기본적 입장을 확인"하여 서방 측의 굳건한 단결하에 안전을 도모하면서 긴장완화에의 길을 열어 가야 한다는 의견을 피력했다. 특히, 당시 미국이 소련과 추진하던 INF(중거리핵전력) 감축교섭에 대해 나카소네는 서유럽과 일본의 안전보장이 깊게 관련되어 있다면서 미국의 입장을 강력하게 지지했다. 결국 정상회의는 평화와 군축에 관한 정치성명을 채택해 "정상회의 참가국의 안전은 불가분이며 글로벌한 관점에서 대응해야 한다"면서 INF 감축교섭 성공을 위한 소련의 건설적인 노력을 호소했다.[26]

이해 11월에는 레이건 대통령이 일본을 방문해 11일 미국 대통령으로서는 처음으로 일본 국회에서 연설을 했다. 레이건 대통령은 소련의 군비확장을 우려하면서 "미일의 우호관계는 영원하다"고 말해 박수갈채를

---

[25] 加藤淳平, 2000, 「戰後日本の首腦外交-獨立回復後, 森首相退陣まで-」, 『外務省調査月報』, 2002/No.1, 79쪽.

[26] https://www.mofa.go.jp/mofaj/gaiko/bluebook/1984/s59-shiryou-405.htm(검색일: 2020년 10월 19일).

받았다.[27] 레이건 대통령과 나카소네 총리의 긴밀한 관계가 미일동맹 강화로 이어졌지만, 이 사이에도 미일 간의 무역마찰은 계속되었다. 1985년 미국의 무역적자는 1,221.5억 달러(이 중 대일 적자는 435억 달러)에 이르렀으며 미국의 대외채무가 1,074억 달러로 1914년 제1차 세계대전 이후 처음으로 채무국으로 전락했다. 1985년 9월 미국, 일본, 영국, 프랑스, 서독 등 5개국 재무장관과 중앙은행 총재가 뉴욕에 모여 무역불균형을 조장하는 고달러를 시정하기로 합의하는데, 이것이 '플라자 합의'다.

플라자 합의에 의해 급속한 엔고가 계속되자 일본 정부는 달러를 사들여 외환시장에 개입한다. 이로 인해 일본의 외환보유고가 급증했으며, 달러 환산 일본의 국민소득도 늘어나 일본 시장의 가치가 높아졌다.[28] 일본 시장에 참여하려는 미국의 압력이 증가하는 한편 일본 기업은 국제경쟁력 유지를 위해 동남아시아에 투자하기 시작했다. 동남아시아 국가들이 수출거점으로 성장하기 시작하자 일본 기업들은 자동차산업이나 다른 부품산업에 집중적으로 투자해 동남아시아가 세계 공장의 일부를 담당하게 성장하게 되었다.

1986년 5월 4일~6일에 도쿄에서 열린 G7 정상회의에서는 인플레 없는 경제성장의 추진, 고용과 생산적인 투자를 위한 시장 유인의 강화, 국제무역과 투자제도의 개방, 환율 안정을 위한 선진국 간의 정책협조 강화 등에 합의하고 G7 재무장관회의의 창설을 결정한 도쿄경제선언이 채택되었다. 또한 선진국과 개발도상국 간의 모든 경제활동 분야에서

---

27 1974년 11월 포드 대통령이 미국 대통령으로서는 처음으로 일본을 방문했는데, 1979년 6월 도쿄 G7 정상회의 직전에 카터 대통령이 일본을 방문한 데 이어 레이건의 방일은 세 번째다.

28 五百旗頭眞編, 2010, 앞의 책, 203-211쪽.

효과적인 구조 조정정책을 실시하는 것이 합의되었다.[29]

1987년 베네치아 G7 정상회의에서도 심각해지고 있는 개발도상국의 누적채무문제 해결을 위해 지원하는 것이 합의되었을 뿐만 아니라 처음으로 한국과 타이완, 홍콩과 싱가포르 등 NICs(Newly Industrializing Countries)라 불리는 신흥공업국들에 대한 협력의 필요성이 제기되었다. 이듬해 토론토 정상회의에서는 중국과 타이완 및 홍콩 관계를 고려해 신흥공업경제지역들(NIEs, Newly Industrializing Economies)이란 용어를 사용하면서 선진국과의 대화와 협조의 중요성이 강조되었다.[30]

한편, 1983년 1월의 한국과 미국 방문에 이어 4월 말부터 10일간 동남아시아 6개국 방문을 마친 나카소네는 1984년 3월 중국을 방문해 자오쯔양 총리와 회담을 갖고 7년간 총액 4,700억 엔의 제2차 엔 차관 제공에 합의하고 '일중우호21세기위원회'의 설치를 제안했다. 1984년 9월에는 전두환이 한국 대통령으로서는 처음으로 일본을 국빈 방문해 천황과 회견을 했으며, 천황은 만찬사에서 불행한 과거사에 관해 유감을 표명했다.[31]

약 5년에 걸친 나카소네 정권의 외교가 전반기에는 아시아에 초점이 맞춰졌다면, 후반기에는 캐나다와 동·서유럽에 초점이 맞춰져 있었다. 소에야 요시히데는 보수정치가 나카소네의 아시아외교는 아시아 민족

---

29 https://www.mofa.go.jp/mofaj/gaiko/bluebook/1986/s61-shiryou-409.htm(검색일: 2020년 10월 19일).

30 https://www.mofa.go.jp/mofaj/gaiko/summit/table/index.html(검색일: 2020년 10월 19일).

31 한국 정부는 천황의 과거사 발언을 진지하고 심도 있는 내용으로 받아들였다. 한국 외교문서, "전두환 대통령 일본 방문, 1984-9.6-8. 전 19권" 가운데 V.18(천황 발언) 참조.

주의에 대한 공감(共感)이 강하게 존재해 아시아에서의 침략전쟁의 역사를 극복하려는 격투의 흔적이 보인다면서 국제주의 원칙하에 민족주의의 연대를 추구하는 것이었다고 평가한다.[32]

그러나 일본의 종전(패전) 40년을 맞이한 1985년 8월 15일 나카소네의 야스쿠니신사 공식참배는 일본의 침략전쟁과 식민지 지배의 최대 피해자인 중국과 한국의 반발을 사게 된다. 1975년 8월 15일 미키 다케오 총리가 사인(私人)의 자격으로 참배한 이후 기독교인이었던 오히라 마사요시를 제외하고 모든 총리가 8월 15일에 개인 자격으로 야스쿠니신사를 참배했다. 공식참배 이전 나카소네 총리도 9번, 1983년과 1984년에는 8월 15일에 참배를 했다.[33] 나카소네는 7월 자민당의 노다 다케시 의원(일중협회 이사장)을 중국에 보내 사전양해를 구하려고 했지만, 중국의 우쉐첸(吳學謙) 외교부장과 쑨핑화(孫平化) 중일우호협회 부회장은 야스쿠니신사에 도조 히데키를 비롯한 A급 전범이 합사되어 있는 것을 문제시하면서 반대했다. 8월 14일 중국 외교부 대변인은 일본 각료의 야스쿠니신사 참배는 중일관계는 물론 일본군국주의의 피해자인 아시아 인민들의 감정에 상처를 줄 것이라고 견제했지만, 나카소네는 참배를 강행했다.[34]

1982년 6월 말에서 7월 말 일본 문부성의 고등학교 역사교과서 검정 과정에서 '침략'을 '진출'로 하게 했다는 일본 언론 보도가 계기가 되어 발생한 교과서 문제는 교과서 검정 시 아시아 국가들과의 관계를 배려

---

32 添谷芳秀, 2005, 『日本の「ミドルパワー」外交』, 筑摩書房, 159-165쪽.
33 조진구, 2005, 「일본의 과거 역사인식과 야스쿠니신사 문제」, 『한국과 국제정치』 제21권 4호 참조.
34 服部龍一, 2015, 『外交ドキュメント 歴史認識』, 岩波書店, 56-59쪽.

하여 시정한다는 미야자와 기이치 관방장관의 담화(1982.8.26) 발표로 진정되는 듯했지만,[35] 그 뒤에도 적지 않은 영향을 미쳤다.

1981년 4월 23일 노신영 외무장관은 스노베 료조 주한일본대사를 불러 한국이 국가 예산의 35%를 국방비에 쓰고 있는데, 이것은 일본의 안보에도 도움이 된다면서 100억 달러의 경제협력 차관을 요청했다. 안보와 경제를 연계시킨 당돌한 한국의 제안을 둘러싸고 한일 간에 진행되고 있던 교섭은 교과서 문제로 중단되었다가 1983년 1월 나카소네 총리 방한 시 7년간 40억 달러의 차관을 제공하는 것으로 합의가 되었다.[36]

나카소네는 1986년 7월에도 이나야마 요시히로(稻山嘉寬) 전 게이단렌 회장을, 8월에는 고야마 겐이치(香山健一) 가쿠슈인(學習院)대학 교수를 중국에 보내 중국의 양해를 얻으려 했지만, 강한 반발에 직면해 야스쿠니신사 참배를 하지 않겠다는 '고도의 정치적 결단'을 담은 친서를 후야오방 당 총서기에게 보냈다.[37] 그가 과거의 전쟁과 식민지 지배의 역사를 정당화하려는 의도가 있었던 것은 아닐지라도 피해자의 감정에 충분히 공감하고 있었다고는 할 수 없었다.

또한, 1986년 9월 자민당 전국연수회에서 나카소네 총리가 일본의 고학력사회를 강조한 나머지 미국에는 흑인, 푸에르토리코인, 멕시코인 등이 상당히 많아 "평균적으로 보면 아직 (지적 수준은 매우) 낮다"고 말해 빈축을 샀다. 미국이 맹반발하자 나카소네는 사죄를 했는데, 이런 망언이 정치가 사이에 끊이지 않았다는 것은 '국제국가' 일본의 정치인들

---

35 조진구, 2020, 『한일관계 기본문헌집』, 늘품플러스, 110-111쪽.
36 이에 관해서는 오구라 카즈오 지음, 조진구·김영근 옮김, 2015, 『한일 경제협력자금 100억 달러의 비밀』, 디오네 참조.
37 服部龍一, 2015, 앞의 책, 56-59쪽.

의 국제이해가 충분하지 않았다는 것을 보여 주는 것이다.[38]

방위청 장관을 했던 나카소네는 오히라 총리가 적극적으로 추진하려고 고안했던 종합(일본어로는 '總合')안전보장의 개념을 계승하면서 중요한 방위정책에 관해 총리에 자문하는 국방회의(1956년 설치)를 '안전보장회의'로 개편해 내각의 기능을 강화했다. 무엇보다 주목할 것은 방위비의 GNP 1% 제한을 폐지했다는 것이다. 방위청 장관(1970년 1월부터 1971년 7월) 시절 나카소네가 자주방위력을 주(主)로 하고 미일안보가 이를 보완한다는 생각에 바탕을 두고 1972년부터 시작하는 5년간의 제4차 방위력정비계획에 제3차 방위력정비계획의 2배 이상의 예산을 배정하면서 군국주의 부활과 군비경쟁 초래라는 우려가 제기되었다. 이에 1976년 10월 처음 결정된 '방위계획의 대강'에서는 일본 주변에서 대규모의 무력분쟁이 발생할 가능성이 적다는 판단에 입각해 평시의 바람직한 방위력에 주안을 둔 '기반적 방위력'이란 개념을 도입하고 11월에는 매년 방위비를 GNP의 1% 이내로 할 것을 각의결정했다.

나카소네 총리의 자문기구인 '평화문제연구회'는 1984년 12월 방위비 억제 수단으로서 GNP 1% 이내의 틀은 적절하지 않다는 의견을 제출했으며, 1985년 플라자 합의 이후의 엔고와 주일미군 주둔 경비의 일본 정부 부담(소위 '배려' 예산) 증가로 1987년 방위비 예산이 1%를 넘을 우려가 있자 1987년 1월 24일의 각의결정을 통해 방위비의 GNP 대비 1%의 틀은 폐지되었다.[39]

38　五百旗頭眞編, 2010, 앞의 책, 214-215쪽.
39　다나카 아키히코 지음, 이원덕 옮김, 2002, 『전후 일본의 안보정책』, 중심, 291-294쪽. 실제로 일본의 방위비가 GNP 대비 1%를 넘은 것은 1987년부터 1989년까지 3년(각각 1.004%, 1.013%, 1.006%)밖에 없으며, 1990년 이후에는 한 번도 1%를

이상 살펴본 대로 G7 정상회의는 경제대국 일본의 존재감을 일본 국민과 국제사회에 각인시키는 계기가 되었지만, 서구 국가들과 문화적으로 이질적인 경제대국 일본이 국제사회에서 책임 있는 역할을 할 수 있도록 끌어들이는 시도였다고도 할 수 있다. 또한, 전후 제2차 세계대전의 5대 전승국이 유엔 안전보장이사회의 상임이사국(P5)이 되었지만, 그 이후의 국제사회의 변화, 특히 경제력과 민주주의를 바탕으로 발전한 유력한 국가를 국제사회에 인지시키는 역할도 했다. G7 정상회의는 출범 당초 세계적인 경제문제에 대해 유력한 국가들이 대응책을 논의하는 장이 되어 석유위기에 대응하기 위해 석유 수입의 할당량을 정하기도 하면서 석유를 무기로 발언권을 강화하고 있던 OPEC(석유수출기구)에 대항하는 선진국의 정책조정기관의 역할을 했다고 할 수 있다.

1979년 12월 소련의 아프가니스탄 침공 이후의 소위 신냉전하에서는 소련에 대항하여 서방국가의 단결된 힘을 과시하는 존재로 변모해 갔다. 따라서 경제문제보다는 정치나 군사 문제로 주요 의제가 바뀌었으며, 1989년의 베를린 장벽의 붕괴에서 1991년의 소련의 해체에 이르는 냉전종결 과정에서는 민주주의의 가치를 강조하면서 구소련과 동유럽 국가에서의 민주화 문제도 논의되었다. G7 정상회의는 시대적 과제에 대해 적절하게 대처할 수 있는 유연성은 있었지만, 선진국만의 잔치 혹은 '말의 성찬'이라는 비판도 끊이지 않았다.

미국에 이어 경제규모가 두 번째로 큰 일본의 G7 정상회의 참가는 국제적 위상이 그만큼 높아졌음을 상징하는 것이었지만, 그럼에도 나카

넘은 적이 없어 '군사대국화'라는 비판에 대응하기 위해 만들어진 상징적 의미가 강했다고 할 수 있다. 眞田尙剛, 2010,「戰後防衛政策と防衛費-定量的齒止めを中心に-」,『21世紀社會デザイン硏究』, No.9, 31-44쪽.

소네 정권을 제외하면 국제국가 일본 외교가 국제적인 주목을 받지 못해 '얼굴 없는 일본 외교', '외교 멜트다운'이라는 한계가 있었던 것도 부정할 수 없다.[40]

IV. 냉전의 종식과 일본의 '국제공헌'론

1. 냉전의 종식과 오자와 이치로의 보통국가론

1989년 11월 독일 분단의 상징인 베를린 장벽이 붕괴되고 12월 지중해의 작은 섬 몰타에서 미소 정상이 냉전의 종식을 선언했지만, 1년도 지나지 않아 독일이 통일되고 그로부터 1년이 지나지 않아 소련 자체가 해체될 것이라는 것은 누구도 예상하지 못했을 것이다. 더구나 냉전의 종식이 국제정치적 안정을 가져오기는커녕 미소 대립의 그늘 속에 감춰져있던 민족분쟁이 세계 각지에서 끊이지 않았다.

특히, 일본이 연간 소비 석유의 70%를 의존하는 중동에서 발생한 걸프전쟁은 일본 외교만이 아니라 일본 국민의 국제인식 그 자체에 커다란 문제를 제기했다. 소련과의 냉전에서 승리한 미국 국내에 진정한 냉전의 승자는 미국이 아니라 세계 경제의 15%를 차지할 정도의 경제대국이 된 일본이며, 그런 일본이 미국의 위협이라는 여론조차 있었지만, 1991년 1월에 발생한 걸프전쟁에서 인적 공헌(자위대의 파견)에 소극적인 일본에 대한 국제적인 비판이 제기되었다. 소에야 요시히데는 일본의

---

40 加藤淳平, 2002, 앞의 글, 102쪽.

'외교적 패배'로 이오키베 마코토는 이와 때를 같이해 발생했던 일본의 버블경제 붕괴와 함께 '2중의 패배'라고 불렀다.[41]

1988년 5월 영국을 방문한 다케시타 노보루 총리는 '평화를 위한 협력 강화, 국제문화교류의 강화, 정부개발원조(ODA)의 확충 강화'를 골자로 한 '국제협력구상'을 피력했는데,[42] 평화를 위한 협력 강화는 유엔의 평화유지활동을 염두에 두었던 것이었다. 일본이 지역의 평화구축을 위해 적극적으로 관여해야 한다는 외무성의 진언을 받아들인 것이지만, 자위대의 유엔의 평화유지활동 참가에 관해 일본 정부 내에서 충분한 논의가 이루어졌던 것은 아니었다. 외무성이 적극적이었던 데 반해 방위청과 자위대가 구체적인 검토를 하지 않은 상태였으며, 그런 상태에서 냉전이 종식되고 이라크의 쿠웨이트 침공과 걸프전쟁이 발생했던 것이다. 이라크의 쿠웨이트 침공 이후 일본은 신속하게 대응해 유엔 안보리의 경제제재 이전 단계에서 독자적인 제재를 결정하고 발표했다. 하지만 미국의 다국적군 결성 제안에 영국과 NATO 등이 동조하고 군대 파병이 표면화되면서 일본의 대응은 갈팡질팡했다.

유엔 안보리 결의에 따라 다국적군의 무력행사가 용인되었지만, 일본은 총액 130억 달러의 자금을 거출하면서도 자위대를 보내지 않아 거액의 자금 제공에도 불구하고 국제사회의 평가는 'too little too late'였다. 전쟁이 끝난 뒤인 1991년 4월 자위대 해외파견의 법적 근거도 불명확한 상태에서 일본 정부는 이라크가 부설한 대량의 기뢰제거를 위해 해상자위대의 소해정 6척을 파견했다. 중동에서 일본으로 석유를 수송

41　五百旗頭眞編, 2010, 앞의 책, 235-239쪽; 添谷芳秀, 2005, 앞의 책, 173쪽.
42　https://www.mofa.go.jp/mofaj/gaiko/bluebook/1988/s63-shiryou2-5.htm (검색일: 2020년 10월 19일).

하는 중요한 해상수송로에 위치한 페르시아 만에서의 일본의 소해작업은 다른 다국적군이나 연안국가로부터 높은 평가를 받았다.[43]

이런 상황하에서 등장한 것이 국제사회에서의 일본의 책임과 역할에 관한 '국제공헌'론이다. 1989년 8월부터 1991년 5월까지 집권 자민당의 간사장을 했던 오자와 이치로가 자민당을 탈당해 1993년의 일본정치의 정변을 주도하기 직전인 1993년 5월에 출판한 저서『일본개조계획』은 한 해 동안 70만 부 이상 팔린 베스트셀러가 되어 주목을 받았다.[44] 이 책에서 오자와는 일본이 무책임한 국가로부터 탈각해 국제사회에서 통용하는 '보통국가'가 되어야 한다고 주장했다. 미국과 함께 세계 GNP의 절반을 차지할 정도로 대국이 되었지만, 그의 눈에 일본은 '주체적·종합적·장기적·기동적'인 정책을 결여한 '작은 뇌밖에 갖지 못한 공룡', '보통의 국가와 거리가 먼 편폐(片肺)국가'에 지나지 않았다.[45]

특히, 오자와는 자위대를 일본의 평화와 안전에 바람직한 전략 환경

---

43 佐道明廣, 2015,『自衛隊史-防衛政策の70年』, 筑摩書房, 187-192쪽.
44 1988년 후반 리쿠르트사건이 발각되면서 자민당의 금권부패정치에 대한 국민의 냉담한 반응과 비판은 자민당 내에서 정치개혁의 필요성을 주창하는 목소리가 강해지게 했다. 다케시타 총리의 사임 이후에도 사가와큐빈(佐川急便)과 폭력단의 연계, 정치가에 대한 불법자금 제공 등이 드러나 막후 실력자 가네마루 신 자민당 부총재의 의원직 사퇴와 정계 은퇴로 이어졌지만, 정치개혁을 둘러싼 당내 대립으로 진전을 보이지 않자 사회당, 공명당 및 민사당 등 야당은 내각불신임안을 제출했는데, 6월 18일 중의원 본회의 표결에서 자민당 의원 일부가 동조해 내각불신임안이 찬성 다수로 가결되었다. 이에 미야자와 기이치 총리는 중의원을 해산했으며, 6월 21일 다케무라 마사요시 의원이 자민당을 탈당해 신당사키가케를 결성하자 23일에는 오자와 이치로와 하타 쓰토무 등이 탈당해 신생당을 결성했다. 7월 18일 실시된 중의원 선거에서 자민당은 과반수를 얻지 못해 8월 6일 구마모토현 지사를 역임한 호소카와 모리히로 일본신당 대표를 총리로 한 비자민 8개 회파(공산당 제외) 연립정권이 수립되어 1955년 이후의 자민당 장기집권은 종식되었다('55년 체제의 붕괴'). 이에 관해서는 日本政治學會編, 1996,『55年體制の崩壞-年報 政治學 1996』, 岩波書店 참조.
45 小澤一郎, 1993,『日本改造計畵』, 講談社, 16-18쪽.

을 적극적이며 능동적으로 만들어 가는 수단으로 자리매김해야 한다면서 전후 일본 방위정책의 근간이었던 '전수방위전략'에서 능동적인 '평화창출전략'으로 대전환해야 한다고 강조했다. 이를 위해서는 기존 자위대원을 재편하는 것만으로 충분하지 않으며, 전수방위를 기본으로 하는 '방위계획의 대강'을 전면적으로 수정해야 한다고 지적했다. 방위대강은 1976년 10월에 처음 책정된 것으로 방위력 구상과 이에 입각한 방위력의 수준을 규정한 문서인데, 1995년과 2004년, 2010년, 2013년 및 2018년 등 다섯 번 개정되었다.[46] 전후 일본에서는 전력(군대) 불보유를 규정한 헌법 제9조를 근거로 자위대의 위헌 논란이 끊이지 않았는데, 이런 사실을 의식해서인지 오자와는 자위대를 상비군이 존재하지 않는 유엔대기군(待機軍)으로 제공해 유엔 방침에 따라 유엔의 지휘를 받아 해외에서 평화유지활동에 참가하도록 하자는 의견을 제시했다. 이렇게 하면 현행 헌법하에서도 유엔의 평화유지활동에 협력하는 것이 가능하다는 것이 오자와의 생각이었다.[47]

2. '국제공헌'론과 자위대의 해외파견[48]

오자와의 책이 출판되고 2년 반 정도 지나 방위계획의 대강은 처음

---

[46] 1976년 만들어진 방위계획의 대강은 미중화해, 중일 국교수립, 베트남전쟁의 종결과 미소 데탕트 등 1970년대 초반의 국제정세를 반영해 만들어진 것이며, 소규모의 침공에 일본 단독으로 대처할 수 있을 정도의 방위력('기반적 방위력')을 규정한 것이다. 따라서 이것은 '평화 시의 방위력 구상'이라 할 수 있었으며, 미일안보조약에 입각한 일본 본토 방위에 중점이 놓여 있었다. 2021년 12월 6일 기시다 후미오 총리는 국회 소신표명연설에서 방위대강과 중기방위력정비계획, 나아가 2013년 처음 제정한 국가안보전략을 2022년 중에 개정할 뜻을 밝혔다.

[47] 小澤一郞, 1993, 앞의 책, 118-125쪽.

개정되었지만, 유엔 중시의 오자와의 주장은 1956년 일본이 유엔에 정식으로 가입한 뒤인 1957년 9월 처음 발간한 『외교청서』(당시 이름은 '우리 외교의 근황')에서 밝힌 외교 3원칙 중의 하나가 유엔중심주의와 일맥상통한 면이 있다. 차이가 있다면, 오자와가 지적하듯이 제2차 세계대전 전승국의 이익을 반영하는 유엔의 개혁이 필요하며 일본은 적극적으로 유엔개혁에 참여하겠다는 의지를 분명하게 했다는 점이다. 유엔개혁은 냉전시대 미소 간의 대립으로 유엔의 기능마비를 초래했던 안보리의 개혁, 즉 상임이사국 제도의 개혁에 다름 아니다.[49]

방위계획의 대강은 오자와의 저서가 출판되고 약 2년 반 정도 지난 1995년 11월 28일 개정되었는데, 이것은 냉전 종식 후의 국제정세를 반영했던 것이라고 할 수 있다. 냉전 종식 후의 국제질서의 지각변동이 일본 외교안보정책에 미친 변화에 대해 소에야는 다음 세 가지로 정리한다.[50]

첫째, 국제안전보장 측면에서 일본은 ASEAN을 중심으로 전개된 다자안보제도에 민감하게 반응하게 되었다는 것이다. 구체적으로 일본은 1994년 아시아·태평양 지역의 정치안보 문제를 논의하는 아세안지역

---

48 자위대 해외파견의 기원에 관한 최신 연구로는 加藤博章, 2020, 『自衛隊海外派遣の起源』, 勁草書房 참조. 가토는 자위대의 해외파견을 억제하는 요인으로서 헌법 제9조와 해외파견에 대한 일본 국민들의 경계심을, 촉진요인으로서 국제공헌의식과 인적공헌의 추진(인적공헌론)을 지적한다.

49 小澤一郎, 1993, 앞의 책, 129쪽. 『일본개조개혁』은 많은 전문가의 조언과 협력을 받아 집필된 것인데, 외교안보 분야는 기타오카 신이치 릿교대학 교수(당시)가 집필한 것으로 알려져 있다. 기타오카는 고이즈미 준이치로 총리에 의해 유엔차석대사로 발탁되어 일본의 유엔 안보리 상임이사국 진출을 위해 노력했던 학자다. 北岡伸一, 2007, 『國連の政治力學-日本はどこにいるのか』, 中央公論新社 참조.

50 添谷芳秀, 2005, 앞의 책, 173-179쪽.

안보포럼(ARF)의 출범 과정에서 적극적인 역할을 했으며, 1992년 9월에는 유엔캄보디아 잠정통치기구(UNTAC)에 처음으로 자위대를 파견했다. 특히, 사회당과 공산당의 반대에도 불구하고 1992년 6월 후자의 법적 근거가 된 '국제연합평화유지활동 등에 대한 협력에 관한 법률'(국제평화협력법 또는 PKO협력법)을 제정했다. 헌법상의 제약을 이유로 걸프전쟁 때 다국적군에 참가하지 못하여 국제사회에서 저평가받은 것에 대한 반성과 교훈이 PKO협력법 제정으로 이어졌다고 할 수 있었으며, 이때 소위 PKO참가 5원칙도 만들어졌다.[51]

UNTAC은 분쟁지역에서의 국경과 정전 감시 임무를 수행했던 종래의 PKO와 달리 정전감시나 무장해제 등을 위한 군사부문 이외에 문민행정, 문민경찰, 선거와 인권, 재건 등 매우 포괄적인 성격을 띤 2세대 PKO라 할 수 있었다. 1992년 3월 UNTAC이 활동을 시작하자 일본은 1975년 4월에 폐쇄했던 캄보디아 주재 일본 대사관을 재개했으며, 6월 20일 도쿄에서 열린 캄보디아재건각료회의에서 총액 8.8억 달러의 원조 제공 의사를 표명했다.[52] 일본과 깊은 관련이 없는 캄보디아의 평화재건과정에 일본이 적극적으로 참여했던 것은 1989년 파리에서 열린 캄보디아 국제회의에 일본이 적극적으로 참여하고 1991년 10월의 캄보디아평화협정에 일본이 서명했던 것에 더해 UNTAC이 PKO협력법 제정 이후 첫 번째 유엔의 대규모 평화유지활동이었을 뿐만 아니라, 일본 외교관

---

51 PKO참가 5원칙은 ①분쟁 당사자 간의 정전 합의, ②당사자가 자위대의 파견 허가, ③분쟁 당사자 어느 한쪽에 서지 않고 중립적인 입장 유지, ④위 세 조건이 충족되지 않으면 언제라도 철수 가능, ⑤무기사용은 필요최소한도로 제한한다는 것이다.
52 일본국제문제연구소의 보고서 『平成17年度「新生カンボジアの展望-クメール・ルージュの虐殺から大メコン圏共存協力の時代へ-」』 제5장 "日本の役割(和平外交, 國家復興・再建支援)", 2006 참조.

출신의 아카시 야스시 유엔사무차장이 UCTAC의 대표를 맡아 적극적인 협력을 요청했던 것도 중요한 요인으로 작용했던 것으로 보인다.[53]

두 번째 변화는 미일안보관계에서 나타났다. 1993년 3월 북한의 핵확산금지조약(NPT) 탈퇴 선언 이후 격화하기 시작한 한반도 위기, 오키나와 주둔 미군의 일본인 소녀 폭행사건을 계기로 오키나와에서 전국적으로 확산된 반미시위, 타이완총통선거를 계기로 중국과 타이완 사이에 고조된 타이완문제 등을 계기로 미일동맹은 최대 위기를 맞이한다. 이러한 도전에 직면한 미국과 일본은 긴밀한 협의를 계속해 일본은 앞에서 언급한 대로 1995년 11월 19년 만에 방위계획의 대강을 개정했으며, 하시모토 류타로 총리와 클린턴 대통령이 합의한 미일안보공동선언(1996년 4월 17일)에 입각해 1997년 9월에는 미일방위협력을 위한 지침(가이드라인)이 20년 만에 개정되어 미일동맹은 '종이 위의 동맹'에서 '행동하는 동맹'으로 변모하는 미일동맹 '재정의' 작업이 완료되었다.[54]

마지막 세 번째 변화는 고도경제성장을 배경으로 군 현대화에 박차를 가하는 중국에 대한 경계심(중국위협론)과 1998년 8월 북한의 탄도미사일이 일본 열도를 넘어 태평양에 떨어졌던 '대포동 쇼크' 등이 일본 국민과 정치가의 의식에 각성을 가져왔다는 것이다. 미일동맹은 한미동맹과 달리 유사시 대응할 공동의 작전계획이 없었고 정기적인 군사훈련도 하

---

53 아카시 야스시는 UNTAC의 중요한 임무 중의 하나가 민주적인 절차에 따라 선거를 실시하는 것이었는데, 1년이라는 짧은 기간 동안 유엔사상 처음으로 선거법의 제정, 유권자 등록에서 투표까지 직접 실시해 유권자의 약 90%가 참여하는 획기적인 성과를 거뒀다고 술회했다. 明石康, 2006, 『國際連合-奇跡と展望』, 岩波書店, 60-64쪽.
54 1990년대 중반의 미일동맹 재정의에 관해서는 外岡秀俊·本田優·三浦俊章, 2001, 『日米同盟半世紀-安保と密約』, 朝日新聞社; 秋山昌廣, 2002, 『日米の戰略對話が始まった-安保再定義の舞台裏』, 亞紀書房 참조.

지 않아 유사시 자위대가 미군에 어떤 지원과 협력이 가능한지 명확하지 않았는데, 유사시 일본이 미군에 제공할 구체적인 지원 내용을 담았던 것이 개정 가이드라인이었다. 가이드라인에는 '평소, 일본에 대한 무력공격 발생 시 및 일본 주변에서 일본의 평화와 안전에 중대한 영향을 주는 사태(주변사태) 발생 시' 등 세 가지 유형별로 일본이 미군에 제공할 협력 내용이 구체적으로 열거되어 있었다. 개정 가이드라인을 법적으로 뒷받침하기 위해 1999년 5월에는 '주변사태안전확보법(주변사태법)'이 제정되고 8월부터 시행되었으며, 이에 앞선 1998년 12월에는 탄도미사일방위를 위해 미일 양국이 공동으로 기술연구를 하는 것이 결정되었다.

헌법상 일본은 집단적자위권을 행사할 수 없다는 제약 때문에 보급, 수송, 정비, 위생, 경비, 통신, 민간공항과 항만의 사용과 기뢰제거 등 다양한 후방지원은 할 수 있지만, 무기탄약의 보급 등은 할 수 없는 한계가 있었다.[55] 또한, '주변사태'의 지리적 범위가 미일안보조약 제6조가 규정한 '극동'을 넘어서는 것인지와 함께 '후방지역'의 정의도 명확하지 않았지만, '국제공헌'이라는 명분하에 자위대의 활동범위와 역할이 확대되고 미군과의 공동 작전이나 활동 기회가 늘어났다. 이러한 미일 간의 작업을 주도했던 것은 미국이었기 때문에 일본 내에서는 일본 외교의 주체성 상실을 비판하는 지적도 있었다.

오자와 이치로는 21세기에 '보통국가' 일본이 지향해야 할 외교방침으로서 민주·인권·시장경제 같은 가치관 혹은 이념의 공유, 미국·유럽과 함께 새로운 국제질서 창출, 21세기 일본 외교의 목적과 전략의 명확화, 기축인 미일관계의 발전, 아시아·태평양 지역 중시 등 다섯 가지를

---

55 佐道明廣, 2015, 앞의 책, 200-202쪽.

제시했다. 특히, 오자와는 일본의 과거 '역사'에 대한 기억 때문에 역내 국가의 신뢰 확보를 위한 정확한 역사인식이 아시아·태평양 중시 외교의 출발점이 되어야 한다고 역설했다. 구체적으로 과거의 침략이 남긴 미해결 부분의 성실한 처리, 역내 국가와의 공생을 목표한 외교 이념의 수립과 이를 구체화하는 노력, 역내 국가와의 대화를 통해 일본의 책임과 역할을 명확히 하는 것의 필요성을 열거하면서 대화의 파트너로 미국과 함께 ASEAN과 오스트레일리아와 뉴질랜드 등을 거명한 것은 매우 흥미롭다.[56]

한국과 중국이 일본의 '국제공헌' 즉, 자위대의 PKO 활동 참여를 긍정적으로 평가하지 않고 미일동맹 강화와 자위대의 역할 확대를 빌미로 방위비를 늘려 군사대국화를 도모하고 있다는 우려도 작용했을지 모른다.[57] 전후 50년을 맞이해 1995년 발표된 무라야마 담화는 법적 구속력은 없다고 하더라도 일본 정부의 '공적 의사'로서 지금까지 역대 정권에 의해서도 계승되고 있지만, 중국의 일부에서는 이것을 공식 사죄로서 인정하지 않으려는 사람도 있으며 일본 국내에도 이에 동조하지 않는 사람들이 여전히 적지 않다. 1956년 7월 경제기획청이 『경제백서』에서 "이제 전후가 아니다"라고 일본의 경제적 부흥을 선언하고 30년 정도 지난 1995년 일본인들은 역사문제에서도 "전후가 끝났다"라고 생각했지만,

---

56 小澤一郎, 1993, 앞의 책, 150-161쪽.
57 1992년 10월 28일 『국민일보』 사설(일본의 해외파병 상례화 조짐)은 "일본 정부는 어떤 형식, 어떤 형태든 일본의 해외파병 및 군사력강화 움직임에는 한국 등 일제군국주의 피해국의 곱지 않은 눈초리가 따르고 있음을 명심해야 할 것"이라고 지적했다. 1993년도 방위비 예산편성을 둘러싸고 방위청의 증액과 대장성 삭감(이상 당시) 논쟁이 벌어졌을 때 『한겨레』의 도쿄 특파원은 "일본 정부 내의 방위비 논란이 어떤 식으로 결말이 나든 현재의 논의 수준으로 보아 일본의 군사대국화 추세에 큰 제동이 걸릴 것으로 전망되지는 않는다"고 지적했다. 『한겨레』, 1992.11.16.

한국과 중국에서는 일본군 '위안부' 문제나 민간배상문제가 국민적 관심을 끌게 되면서 일본과의 외교문제로 비화되기도 했다.[58]

이와 같이 냉전 종식 후 국제사회가 새로운 질서를 모색하는 가운데 일본은 경제적 협력을 통한 '국제공헌' 이외에 유엔의 평화유지활동에 적극적으로 참여하는 '국제공헌'을 모색했는데, 성공사례로 높은 평가를 받았던 것이 일본의 캄보디아의 평화 구축과 국가 재건 참여였다. 또한, 북한의 핵과 미사일 개발, 타이완 총통 선거를 앞둔 중국의 미사일 발사로 인한 타이완해협위기, 오키나와 주둔 미국의 일본 여학생 폭행사건 등은 미일동맹의 재정의로 이어졌다. 나아가 버블경제 붕괴 이후의 불황 속에서도 일본은 통화위기에 직면한 아시아 국가들을 지원하기 위해 아시아통화기금(AMF)의 설립을 제안했지만, 미국 측의 거부로 실현되지 못했다. 일본은 한국을 비롯한 통화위기 국가들과의 양자협의를 통해 총액 430억 달러를 긴급 지원했다.[59]

1994년의 ARF의 출범, 1997년부터 시작된 ASEAN+3 정상회의, 2000년부터 정례화한 ASEAN+3 외교장관회의 등 일본은 다자외교 면에서도 중요한 역할을 했으며, 1998년에는 김대중 대통령과 장쩌민 중국 국가주석의 일본 방문을 계기로 합의된 김대중·오부치 한일 파트너십 공동선언(10월 8일)과 중일공동선언(11월 26일)을 통해 한중과 양호한 관계를 구축할 수 있었다.[60] 그렇지만, 역사인식 문제를 둘러싸고 앙금이 해소된 것은 아니었다.

---

58 毛里和子, 2006, 『日中關係-戰後から新時代へ』, 岩波書店, 141-154쪽.
59 五百旗頭眞編, 2010, 앞의 책, 259-261쪽.
60 한일 파트너십 공동선언에서 오부치 총리는 식민지 지배에 대해 통절한 반성과 마음으로부터의 사죄를 표명했으며, 김대중 대통령은 이를 진지하게 받아들이고 평가하

V. 맺음말

　1960년대 고도경제성장으로 선진국이 된 일본은 1975년 아시아 국가로서는 유일하게 G6 정상회의에 초청을 받아 세계 경제에서 무시할 수 없는 존재로 부상했다. 전후 최초의 이념주도 외교라 불리는 1977년 8월의 후쿠다 독트린은 국제사회에서의 일본의 역할이나 존재감을 강하게 인식하면서 제시되었다는 점에서 평가할 만했으며, 인적 교류나 문화 분야까지 염두에 두면서 ASEAN 국가들의 친근감 향상과 불신감 해소에 기여했다고 할 수 있다. 또한, 일본은 경제 중심의 동남아시아 외교에서 탈피해 아시아·태평양 지역으로 관심 지역을 확대하고 안전보장 문제로까지 관심 분야를 확대해 간다.

　그렇지만 전후 일본외교는 새로운 국제질서 창출을 위한 이념과 구상이 결여되어 있었다는 비판을 받아 왔다. G7 정상회의는 경제대국 일본의 존재감을 일본 국민과 국제사회에 각인시키는 계기가 되었음에도 불구하고 나카소네 정권을 제외하면 국제국가 일본 외교가 국제사회에서의 역할이나 책임을 충분히 인식하고 있었다고는 말할 수 없었다. 일본외교는 미일관계와 분리하여 생각할 수 없었는데, 방위청 장관을 역임했던 나카소네 총리 재임 시기 미일동맹관계는 더욱 심화되어 갔다. 1983년 1월 18일과 19일 두 번의 정상회담 후 발표된 공동성명에는 포함되지 않았지만, 나카소네는 레이건 대통령에게 '미일은 운명공동체'라

면서 화해와 선린우호협력에 입각한 미래지향적인 관계 발전을 위해 노력하자고 말했다. 장쩌민 국가주석의 방일은 1972년 9월 국교수립 이후 중국의 국가원수로서는 처음이며, 일본은 1985년의 무라야마 담화에 입각해 일본이 중국 국민에게 다대한 손해를 입힌 것에 대해 책임을 통감하고 반성했으나 '사죄'에 관한 언급은 없었다.

고 말했다. 또한, 정상회담에 앞서 실시된 『워싱턴포스트』 사주와의 회견에서 나카소네는 "전 일본 열도를 불침항모(不沈航母)처럼 만들어 소련의 백파이어 폭격기의 침입에 대한 거대한 방벽을 구축"할 것이라고 말했는데,[61] 미일동맹관계의 강화를 위한 적극적인 공헌 의지를 표명해 '론-야스(로널드 레이건-나카소네 야스히로) 관계'라 불릴 정도로 긴밀한 개인적 신뢰관계를 구축했다.

냉전 종식 후 국제사회가 새로운 질서를 모색하는 불안정한 상황에서 발생한 걸프전쟁에서 일본은 유엔 안보리 결의에 따라 미국이 중심이 되어 결성된 다국적군에 참여하지 못하면서 국내에서는 국제사회에서의 일본의 책임과 역할, 즉 '국제공헌'을 둘러싼 논쟁이 발생했다. 일본은 경제적 협력을 통한 '국제공헌' 이외에 유엔의 평화유지활동에 적극적으로 참여하는 '국제공헌'을 모색했으며, 일본의 캄보디아에서의 평화구축과 국가 재건 참여는 '국제공헌' 성공사례라는 평가를 받게 된다.

한편, 1990년대 중반 북한의 핵과 미사일 개발, 타이완 총통 선거를 앞둔 중국의 미사일 발사로 인한 타이완해협위기, 오키나와 주둔 미국의 일본 여학생 폭행사건 등은 전후 일본외교안보의 기축이었던 미일동맹을 동요하게 한다. 1995년 11월 19년 만의 방위계획의 대강 개정, 하시모토 류타로 총리와 클린턴 대통령의 미일안보공동선언(1996년 4월 17일)과 1997년 9월의 미일방위협력을 위한 지침(가이드라인)의 개정을 통해 미일동맹은 새로운 안보환경에 대응하는 '행동하는 동맹'으로 변모하게 된다. 또한, 일본은 1990년대 후반 아시아를 휩쓴 통화위기에서 아시아통화기금(AMF)의 설립을 시도하지만, 미국의 반대로 실현하지 못

---

61   每日新聞社, 1989, 앞의 책, 1136쪽; 『朝日新聞』, 2017년 2월 6일.

하고 각국과의 개별협의를 통해 긴급 지원을 하게 된다.

　다자외교 측면에서 일본은 ARF의 출범과 ASEAN+3 정상회의 개최 등의 과정에서도 중요한 역할을 하고 김대중 대통령과 장쩌민 국가주석의 일본 방문을 계기로 한국과 중국과의 관계도 개선해 21세기를 향한 새로운 관계 정립을 위한 발판도 마련하게 되지만, 과거 침략전쟁과 식민지 지배에 기인한 역사인식 문제를 둘러싸고 앙금이 해소된 것은 아니었다. 이것은 1982년의 일본 역사교과서 문제와 1985년 8월의 나카소네 총리의 야스쿠니신사 공식참배, 1990년대 이후 분출한 일본군 '위안부' 문제나 전후배상문제에 잘 나타나 있다.

　미국·유럽과 함께 3극을 형성할 정도로 경제적 존재감이 커진 것을 배경으로 일본은 1980년대와 1990년대를 통해 자위대의 유엔평화유지활동 참가, 미일동맹의 강화와 연동되는 형태로 자위대의 활동 범위와 역할 확대, 일본 방위력의 증강 등을 추진하게 된다. 헌법 제9조의 제약 속에서도 일본은 자금이나 물자 등 비군사적인 측면의 공헌에 머물지 않고 자위대의 해외파병을 통해 정치군사적 측면의 '국제공헌'을 모색하는 '대국지향' 외교를 전개하게 된다. 일정한 성과를 거두기도 했지만, '국제공헌'은 결국 자위대의 해외파견을 통한 인적공헌에 다름 아니었다. 걸프위기 이후 일본의 공헌을 요구하는 미국의 유무형의 압력에 대한 수동적인 대응이었다는 한계에 더해 왜 일본이 국제공헌을 해야 하는가에 관한 논의가 일본 국내에서 충분히 논의되었다고는 말할 수 없으며, 이것이 21세기 일본외교에 남겨진 과제라고 할 수 있을 것이다.

참고문헌

다나카 아키히코 지음, 이원덕 옮김, 2002, 『전후 일본의 안보정책』, 중심.
오구라 카즈오 지음, 조진구·김영근 옮김, 2015, 『한일 경제협력자금 100억 달러의 비밀』, 디오네.
조진구, 2020, 『한일관계 기본문헌집』, 늘품플러스.

加藤博章, 2020, 『自衛隊海外派遣の起源』, 勁草書房.
嵯峨隆, 2020, 『アジア主義全史』, 筑摩書房.
枝村純郎, 2016, 『外交交涉回想-沖繩返還·福田ドクトリン·北方領土』, 吉川弘文館.
佐道明廣, 2015, 『自衛隊史-防衛政策の70年』, 筑摩書房.
服部龍一, 2015, 『外交ドキュメント 歷史認識』, 岩波書店.
五百旗頭眞編, 2010, 『戰後日本外交史 第3版』, 有斐閣.
北岡伸一, 2007, 『國連の政治力學-日本はどこにいるのか』, 中央公論新社.
毛里和子, 2006, 『日中關係-戰後から新時代へ』, 岩波書店.
明石康, 2006, 『國際連合-奇跡と展望』, 岩波書店.
日本國際問題硏究所, 2006, 『平成17年度「新生カンボジアの展望-クメール·ルージュの虐殺から大メコン圈共存協力の時代へ」』, 日本國際問題硏究所.
添谷芳秀, 2005, 『日本の「ミドルパワー」外交』, 筑摩書房.
吉岡吉典·新原昭治編, 2000, 『資料集 20世紀の戰爭と平和』, 新日本出版社.
日本政治學會編, 1996, 『55年體制の崩壞 - 年報 政治學 1996』, 岩波書店.
小澤一郎, 1993, 『日本改造計畵』, 講談社.
細谷千博, 1993, 『日本外交の奇跡』, 日本放送出版協會.
グレン·S·フクシマ(渡邊敏譯), 1992, 『日米經濟摩擦の政治學』, 朝日新聞社.
入江昭, 1991, 『新·日本の外交』, 中央公論社.
每日新聞社, 1989, 『昭和史全記錄』, 每日新聞社.

조진구, 2005, 「일본의 과거 역사인식과 야스쿠니신사 문제」, 『한국과 국제정치』 제21권 4호.
＿＿＿, 2020, 「일본의 전후 아시아 '배상외교'와 역사인식-정부 간 화해의 성과와 한계」, 『日本歷史硏究』 제51집.

田所昌幸, 2016, 「サミットの意義と展望」, 『國際問題』 No. 651.
眞田尚剛, 2010, 「戰後防衛政策と防衛費-定量的齒止めを中心に」, 『21世紀社會デザイン研究』 No. 9.
佐藤晋, 2009, 「田中東南アジア歷訪の意義-グローバリゼーション過程における東南アジアと日本-」, 『國際政經論集』(二松學舍大學) 第15號.
ユスフ・ワナンディ, 2007, 「日本・ASEAN關係の過去と未來」, 『國際問題』 No. 566.
加藤淳平, 2002, 「戰後日本の首腦外交-獨立回復後´森首相退陣まで-」, 『外務省調査月報』 2002/No. 1.
若月秀和, 2000, 「福田ドクトリン-ポスト冷戰外交の「予行演習」-」, 『國際政治』 第125號.
須藤季夫, 1997, 「變動期の日本外交と東南アジア」, 日本政治學會編, 『危機の日本外交-70年代』, 岩波書店.

제6장

탈냉전기 한일 역사화해의 조건
– '21세기 새로운 한일 파트너십 공동선언'을 사례로

| 조양현 ■ 국립외교원 외교안보연구소 교수 |

I. 머리말
II. 한일 파트너십 선언의 의의
III. 파트너십 선언을 가능하게 한 요인
IV. 역사인식의 문서화
V. 아시아 금융위기와 한일협력
VI. 북한 문제에 대한 정책 공조
VII. 맺음말

I. 머리말

　이 글은 1998년 10월에 김대중 대통령과 오부치 게이조 총리가 발표한 '21세기 새로운 한일 파트너십 공동선언'(이하 '한일 파트너십 선언')[1]을 사례로 삼아, 탈냉전 이후 한일 간의 역사 갈등이 상시화 한 상황에서 역사화해를 통한 한일협력을 가능하게 하는 조건에 대해 잠정적인 가설을 제시하는 것을 목적으로 한다.
　한일 양국은 1965년에 국교를 정상화한 이래 안보 및 경제 분야에서 협력을 추구하면서도 역사인식의 차이로 인한 갈등을 반복해 왔다. 냉전기에 양국은 대체로 역사문제보다 안보와 경제 문제를 우선하였다. 1965년의 한일 국교정상화는 일본의 한반도 식민지배와 관련한 한일 간의 입장 차이를 간직한 채 경제와 안보 논리를 우선한 결과였다. 한일기본조약으로 시작된 이른바 '한일관계 1965년 체제'하에서 한국의 권위주의 정부는 일본을 '배척'하기보다는 '협력'의 상대로 인식하였고, 일본 정부는 대한반도 정책에서 북한보다 한국을 중시하였다. 물론 당시에도 한일 양국은 과거사 문제와 독도(일본명 '다케시마') 문제를 둘러싸고 충돌하였다. 그렇지만 한국 정부는 역사문제를 대일외교의 핵심 현안으로 삼지 않았고, 반공과 경제발전을 위해 역사문제를 '관리'하는 데 방점을 두었다.[2]
　그런데 1990년대 들어 구 일본군'위안부' 문제가 한일 간의 새로운

1　일본 정부의 공식표현은 '21세기를 향한 새로운 일한파트너십공동선언(21世紀に向けた新たな日韓パートナーシップ共同宣言)'이다.
2　조양현, 2019, 「제5공화국 대일외교와 한일 역사 갈등: 1982년 일본 교과서 왜곡 사건을 중심으로」, 『일본연구논총』 제49호, 74쪽.

외교문제로 등장하였다. 2000년대에는 독도 문제를 둘러싼 한일 간의 갈등이 표면화하였고, 2010년대에는 식민지 시기의 '강제동원'(이른바 징용공) 문제가 한일외교의 현안으로 부상하였다. 2017년 5월과 11월에 문재인 정부와 제4차 아베 내각이 각각 출범하여 높은 지지율의 안정적인 정권이 탄생했지만, 구 일본군'위안부'와 강제동원 문제 등을 둘러싸고 양국의 시각이 선명하게 대립하면서 한일 갈등은 심화되었다. 2019년 7월 이후 한국에 대한 일본의 수출규제조치의 시행과 한국의 WTO 제소, 한일군사정보보호협정(GSOMIA) 연장 문제를 둘러싼 공방 등에서 알 수 있듯이, 한일 갈등은 역사문제를 넘어 경제와 안보 분야로 확대되었다.

 탈냉전기에 한일 갈등이 심화된 것은 일시적 현상이 아니라 국내외적 환경 변화 및 한일관계 자체의 구조적 변화에 따른 결과였다. 경제·안보 분야의 협력을 위해 '봉인(封印)'되었던 역사 갈등이 한일관계의 핵심 현안으로 등장한 배경에는 글로벌 냉전의 종언과 한국의 민주화가 있다.[3] 한·소 수교 및 한·중 수교가 실현되고, 한국의 방위력과 경제력이 성장하여 북한과의 체제경쟁에서 절대적인 우위를 점하게 되면서 한일 간의 안보 연대감은 이완되었다. 한국이 민주화와 정권교체를 경험하면서 여론과 시민단체가 외교정책에 미치는 영향력이 커졌다. 한국 사회의 주류로 등장한 '386세대'의 민족주의적 정서가 대미외교와 대일외교에 투영되었다. 2010년대에는 구 일본군'위안부'와 강제동원 문제에 대한 한국 정부의 적극적인 대응을 요구하는 사법부의 판결이 한국 정부의

---

3 이원덕, 2006, 「한일 과거사 갈등의 구조와 해법 모색」, 김영작·이원덕 편, 『일본은 한국에게 무엇인가』, 한울아카데미, 414쪽.

대일외교에 결정적인 영향를 미쳤다. 한국 정부는 과거사 문제의 대응에 있어 '국민정서'를 우선하게 되었고, 이는 한일 갈등을 격화시키는 요인으로 작용하였다.

이처럼 탈냉전 이후 한일관계 악화가 구조적인 것이라면, 우리는 두 가지 물음에 직면하게 된다. 한일관계가 구조적 변화를 거쳐 '보통의 국가 간의 관계'로 진입한 상황에서도 한일관계를 개선할 필요가 있을까? 만약 필요하다면, 그것은 어떤 조건하에서 가능한 것일까? 전자의 물음에 대해서는 한일 양국은 여전히 경제와 안보 분야에서 상호 간에 원활한 의사소통이 되지 않으면 쌍방이 손해를 보는 관계에 있다는 점에 유의할 필요가 있다.[4] 양국은 북핵 문제의 대응에 있어서 한미일 공조를 중시하고 있다. 도널드 트럼프 미국 정부는 한국과 일본에 대해 미군 주둔비의 분담을 늘리도록 압박하였는데, 한일 모두 미국과의 동맹관계에 내재하는 불확실성 즉, 방기(abandonment)의 가능성을 우려하였다. 나아가 미중 간의 전략적 경쟁관계를 배경으로 하는 국제정치·경제의 불투명성을 감안할 때, 한일 간의 신뢰관계의 회복이 양국의 국익 극대화에 부합한다고 할 수 있다.

후자의 질문과 관련해서는 탈냉전 이후 30년 동안 한일관계가 악화 일로만을 걸어온 것은 아니었고, 악화된 한일관계를 개선한 실제 사례가 있었다는 점에 유의할 필요가 있다.[5] 1998년 10월에 김대중 정부와

---

[4] 조양현, 2020, 「동아시아 지역질서 재편과 한일 역사 갈등」, 양기호·기미야 다다시 편, 『역사 화해를 위한 한일대화 정치편』, 동북아역사재단, 261쪽.

[5] 기미야 다다시, 2020, 「한일 역사 화해를 둘러싼 정치학: 역사 갈등의 억제 메커니즘과 그 기능부전」, 양기호·기미야 다다시 편, 『역사 화해를 위한 한일대화 정치편』, 동북아역사재단, 106쪽.

오부치 내각이 발표한 파트너십 공동선언은 역사 갈등을 해소하고 안보와 경제 등 제반 분야의 협력에 합의한 성공 사례였다. 김대중 정부가 출범한 동년 2월의 한일관계는 최악의 상황이었다. 김영삼 정부의 말기인 1997년에 한일관계는 심각하게 악화되었고, 1998년 1월에 일본 정부가 한일어업협정의 파기를 통고함으로써 한일관계는 파국으로 치닫는 듯했다. 그러나 김대중 정부와 오부치 내각은 파트너십 선언을 통해 악화일로의 한일관계의 국면을 전환하는 데 성공하였다. 이후 한일관계는 정부 차원의 협력은 물론, 민간 차원에서의 교류의 확대로 이어졌다. 이전까지의 한일관계가 정부 주도의 성격이 강했던 반면, 파트너십 선언 이후에는 시민사회를 토대로 한 관계로 질적 발전을 이루었다. 2002년에는 한일월드컵 공동개최로 한일협력의 분위기는 한층 고양되었다. 이뿐만 아니라 한일 양국은 파트너십 공동선언을 계기로 지역 및 글로벌 차원에서도 공조와 협력을 강화해 나갔다.[6]

본고는 이러한 문제의식하에 우선 전후 한일관계사의 시각에서 파트너십 선언의 의의를 평가하고, 그것을 가능하게 한 요인에 대한 기존 연구의 시각을 소개하고자 한다. 다음으로 동 선언이 합의될 당시의 정치경제적 상황과 한일관계의 핵심 현안이었던 과거사, 북한 및 경제 문제에 대한 양국의 입장 및 합의된 결과를 분석하고자 한다. 여기에서는 김대통령과 오부치 총리가 공동선언의 발표에서 어떠한 역할을 하였고, 당시의 대내외적 상황이 공동선언에 어떠한 영향을 미쳤는지를 밝히는 데 집중하고자 한다. 그리고 이러한 분석을 토대로 탈냉전 이후 과거사

---

[6] 니시노 준야, 2020, 「왜 화해는 필요한가: '21세기 새로운 한일 파트너십 공동선언' 이후의 한일관계」, 양기호·기미야 다다시 편, 『역사 화해를 위한 한일대화 정치편』, 동북아역사재단, 204쪽.

갈등이 심화된 상황에서 한일관계의 개선을 가능하게 했던 조건에 대해 잠정적인 가설과 정책적 함의를 제시해 보고자 한다.

II. 한일 파트너십 선언의 의의

1998년 10월 8일, 국빈 방일 중인 김대중 대통령이 오부치 총리와 공동으로 발표한 파트너십 선언은 탈냉전이라는 국제정세의 변화 속에서 한일관계의 미래비전을 대국적 관점에서 제시한 기념비적인 성과였다.[7]

파트너십 선언의 가장 큰 의의는 한일협력의 장애 요인인 역사문제와 관련하여 양국이 국교를 정상화한 지 33년 만에 처음으로 공식문서를 통해 역사인식을 공유하고 '역사화해'를 이루어 냈다는 점에 있다. 오부치 총리가 일본 정부를 대표하여 식민지 지배에 대해 '통절한 반성과 마음으로부터의 사죄'를 표명하였고, 김 대통령은 이를 평가하고 양국의 미래지향적 관계의 발전이 시대적 요청이라고 답했다. 오코노기 마사오(小此木政夫)는 국교정상화 이후의 한일관계를 '1965년 체제'라고 한다면, 한일 파트너십 선언은 '1998년 체제'의 기점으로 삼을 만큼 한일관계의 중요한 전환점이었다고 평가한다.[8] 1965년에 체결된 한일기본조약 및 제반 협정에는 일본의 식민지 지배에 대한 인식은 포함되지 않았다. 그 후 일본 지도자들의 발언과 담화가 일본 정부의 인식을 대변하였다

---

[7] 니시노 준야, 2017, 「한일공동선언의 역사적 의의」, 『한일관계 50년의 성찰』, 아시아연구기금.

[8] 양기호, 2017, 「한일관계 50년의 성찰-1998년 한일파트너십 공동선언의 합의와 경과」, 『한일관계 50년의 성찰』, 아시아연구기금, 148-149쪽.

고 볼 수 있지만, 양국 정부의 입장을 공식적으로 문서화한 것은 파트너십 선언이 처음이었다. 즉, 한일 양국이 파트너십 선언을 통해 식민지 지배에 대한 인식을 공유함으로써 국교정상화 당시의 '타협'과 다른 '화해'의 길을 걷기 시작했다고 평가할 수 있다.[9]

파트너십 공동선언의 두 번째 의의는 양국이 지향하는 가치관에 대한 공유가 명시적으로 제시되었다는 점이다. 두 정상은 한일 양국이 시장경제와 민주주의라는 보편적 이념을 추구해 왔음을 서로 인정하고, 이러한 공통의 가치관의 토대 위에서 미래협력을 약속하였다.[10] 두 정상은 공동선언에서 양국이 1965년의 국교정상화 이래 각 분야에서 발전시켜 온 긴밀한 우호협력관계가 서로의 발전에 기여했다는 점에 인식을 같이 했다. 오부치 총리는 한국이 비약적인 발전과 민주화를 통해 번영되고 성숙한 민주주의 국가로 성장한 것에 대해 경의를 표했다. 김 대통령은 전후 일본이 평화헌법하에서 전수방위 및 비핵 3원칙을 비롯한 안전보장정책과 세계 경제 및 개발도상국에 대한 경제지원 등을 통하여 국제사회의 평화와 번영에 기여한 것을 높이 평가했다. 이러한 인식을 바탕으로 두 정상은 양국이 자유민주주의, 시장경제라는 보편적 이념에 입각한 협력관계를 양국 국민 간의 광범위한 교류와 상호 이해에 기초하여 앞으로 더욱 발전시켜 나간다는 결의를 표명했다. 종래에는 한일관계에 대해서 '다원주의적 민주사회와 권위주의체제', '절정기에 진입한 일본 경제와 개도국인 한국' 등과 같은 비대칭성을 강조하는 시각이 일반적이었다. 이에 비해 공동선언은 보편적 이념을 공유하는 한일의 체제

---

9   문정인·서승원, 2013, 『일본은 지금 무엇을 생각하는가?』, 삼성경제연구소, 354-355쪽.
10 木宮正史, 2021, 『日韓關係史』, 岩波書店, 158쪽.

동질성을 확인했다는 점에서 획기적이었다.

파트너십 공동선언의 세 번째 의의는 양국 정상이 한일 미래협력의 방향을 포괄적으로 제시했다는 점에 있다. 공동선언과 이에 부속된 행동계획은 양국이 추진할 수 있는 협력 과제를 분야별로 망라하고 있다. 파트너십 선언에는 과거사에 대한 역사인식을 비롯한 정치, 안보, 경제, 인적·문화교류, 글로벌 이슈 등 5개 분야의 협력원칙을 포함한 11개 항으로 구성된 공동선언문 외에, 5개 분야, 43개 항목의 구체적인 실천과제가 제시된 '21세기의 새로운 한일 파트너십을 위한 행동계획(action plan)'이 부속되어 있다.

그중에서도 주목되는 것은 안보협력과 관련하여 북한 문제에 대한 한일 양국의 협력을 명확히 했다는 점이다. 1990년대 중반까지 한일 간의 안보협력은 인적 교류의 수준에 머물렀으나, 김대중 정부 직후인 1998년 6월에는 외교·국방 분야 국장급 안보정책협의회가 개최되었다. 김 대통령의 방일 약 한 달 전에 북한은 대포동 미사일을 발사하였고, 북한의 핵개발 저지와 대포동 미사일 발사에 대한 한일의 대응이 주목되었다. 일본은 한국 정부의 대북정책에 대한 지지를 표명하였고, 한일 양국은 대북 정책에 관해 긴밀한 연대와 정책협의를 강화해 나갈 것에 합의하였다.

파트너십 선언에 제시된 '국민교류와 문화교류의 증진'은 그때까지 정부 중심이던 한일관계를 시민사회에 의해 지지되는 한일관계로 변화시켰다고 할 수 있다. 공동선언을 계기로 활성화된 일본 대중문화의 개방은 한일관계에 큰 변화를 가져왔다. 나아가 파트너십 선언은 한일협력을 양자 차원을 넘어 아시아·태평양 지역과 글로벌 차원에서 진전시키기로 정의했다는 점에서도 주목된다. 특히 동아시아지역협력이란 시각에서 볼 때, 동 선언을 계기로 강화된 한일협력은 동아시아 경제위기에 대응하기 위한 역내 협력을 제도화하는 추동력이 되었다.[11]

III. 파트너십 선언을 가능하게 한 요인

한일 파트너십 공동선언은 어떻게 가능했던 것일까? 이에 대한 기존 연구의 설명은 지도자의 리더십을 강조하는 시각과 국제위기라는 구조적 요인을 중시하는 시각으로 대별된다.[12]

파트너십 공동선언의 실현에서 정치 지도자의 역할을 중시하는 시각에 따르면, 김대중이라는 진보 이념의 지도자가 대통령으로 당선된 것이 중요했다.[13] 김대중은 박정희 독재 정권 시기에 도쿄에서 납치되었고, 1980년에 신군부에 의해 사형판결을 받는 등의 시련을 겪는 과정에서

---

11 니시노 준야, 2020, 앞의 글, 214-217쪽; 李鍾元, 2019, 「金大中政權の『東アジア共同体』構想と日中韓協力」, 『アジア太平洋討究』No. 36, 26-34쪽.
12 李鍾元·木宮正史, 2017, 『戰後日韓關係史』, 有斐閣, 19쪽에 따르면, 전후 한일관계의 부침에는 리더십이라는 개인 지도자 요인 외에, 민주화와 여론, 선거제도의 변화와 같은 국내정치 요인, 그리고 냉전 종언과 중국 부상에 따른 파워 밸런스 변화 같은 국제체제 요인 등이 복잡하게 얽혀 있다. 김호섭, 2009, 「한일관계 형성에 있어서 정치 리더십의 역할」, 『日本研究論叢』Vol. 29는 한일관계를 규정하는 변수를 구조적 요인과 지도자 요인으로 나누고 있는데, 전자의 구조적 요인이란 국제체제 및 국내정치체제와 관련되는 변화를 가리키는 것이라고 할 수 있다. 曺良鉉, 2020, 「國際危機と日韓關係-日韓パートナーシップ宣言の促進劑としての國際危機」, 保城廣至 編, 『國境を越える危機』, 東京大學出版會는 한일 파트너십 공동선언에 대해 국제위기와 관련된 다양한 이론적 시각에서 검토하고 있는바, 본고는 그 내용의 일부와 기미야 다다시, 2020, 앞의 글, 니시노 준야, 2020, 앞의 글, 木宮正史, 2021, 앞의 책 등 기타 관련 연구를 참고하여 집필한 것임을 밝혀 둔다.
13 木宮正史, 2021, 위의 책, 161쪽.

일본의 지원을 받았다. 그는 일본에 대한 이해가 깊었으며, 신뢰할 수 있는 일본의 지도자와 지식인들이 많았다는 점에서 '지일파'였다. 이런 이유에서 그는 전후 한일협력의 성과를 전향적으로 평가할 수 있는 한국의 지도자였다. 한편 오부치 총리는 자민당 내에서도 리버럴한 역사인식을 가진 지도자였다. 따라서 한일관계에 대한 두 지도자의 전향적인 인식이 파트너십 공동선언을 가능하게 했다고 할 수 있다.

많은 연구들이 파트너십 선언은 김대중의 경륜과 결단력이 없었다면 불가능했다고 본다.[14] 이들 연구에 따르면, 김대중은 한일 국교정상화 이후 가장 적극적으로 일본을 포용한 한국의 지도자였다. 그는 한일관계의 역사를 중시하면서도 과거에 매달리지 않고, 미래협력을 모색하였다. 김대중의 국제질서관은 평화를 위한 현실주의와 민족주의에 기반하고 있었다. 그는 세력균형과 힘의 논리로 일본을 바라보았고, 한국의 안보와 생존을 위해서는 일본과의 협력이 불가결하다고 보았다. 그가 취임 첫해인 1998년 10월에 일본 의회에서 한 연설은 경색되었던 한일관계를 반전시켰다. 김 대통령은 일본 문화의 개방과 한일 간의 합동군사훈련의 실시를 결정하였는데, 이는 건국 이후 최초의 사건이었다.

한일어업협정의 체결과 파트너십 선언을 가능하게 한 주된 요인으로 오부치 총리의 외교 신념과 조정력을 높이 평가하는 시각이 있다.[15] 이에 따르면, 오부치가 구상한 한국과의 근린외교는 이념적 가치와 현실적

---

14 조세영, 2018, 「김대중-오부치 공동선언의 탄생 과정과 그 의의」, 『EAI 이슈브리핑』; 양기호, 2017, 앞의 글; 류상영, 2012, 「김대중의 일본에 대한 인식과 전략: 주요 저작과 어록을 통해 본 인식의 진화와 정치적 선택」, 류상영 외 편, 『김대중과 한일관계』, 연세대학교김대중도서관.

15 이주경, 2019, 「한일 파트너십 공동선언의 정치과정: 일본정치의 구조변동과 대한외교 전략의 상관」, 『한일군사문화연구』 제27집.

이익을 조화시킨 것이었다. 그는 탈냉전의 국제환경에서 일본 외교의 방향성을 아시아 중심, 다자주의 및 인간의 안전보장에 두고, 그 연장선에서 한국과의 협력관계를 추구하였다. 동시에 협력의 구체적 내용에 있어서는 국내세력이 요구하는 경제 및 안보 분야의 필요를 만족시키고자 했다. 오부치 총리는 일본 정부 및 자민당 내의 의사결정과정에서 자신의 조정 능력과 관료의 전문성을 활용하면서도 최종적으로는 자신이 책임을 지고 결단하는 모습을 보여 주었다고 평가된다.

한편, 구조적인 요인을 중시하는 시각으로서 대표적인 것은 이른바 통화위기설이다. 일본에서는 김대중 정부가 일본과의 협력관계의 구축에 적극적이었던 주된 이유는 일본의 금융지원이 필요했기 때문이라고 보는 것이 통설이다.[16] 김대중 정부는 '국난'으로 불리는 외환위기가 발생한 직후에 출범했다. 김 대통령은 취임식 참석차 방한한 나카소네 야스히로(中曾根康弘) 전 총리에게 외환위기를 극복하는 데 일본의 선도적인 기여가 중요하다는 점을 강조하고, 일본의 협조를 요청했다.[17]

당시 한국은 'IMF 위기'를 극복하기 위해서 국제통화기금(IMF)이 요구하는 열악한 경제개혁을 받아들여야 하는 상황이었고, 특히 일본의 금융지원이 절실했다. 한국은 1965년 한일협정을 계기로 일본으로부터의 자금 도입이 증가하여 전체 외자 도입액 중 20% 이상을 일본 자금이 차지하였다. 1980년대 중반부터는 거의 절반에 해당하는 45%를 일본 자금이 차지하게 되었다. 만약 일본이 단기외채를 만기 연장해 주지 않는다면, 한국은 가용 외화를 모두 일본에 상환해야 하는 절박한 상황에

---

16 田中明彦, 2007, 『アジアのなかの日本』, NTT出版, 212-214쪽; 니시노 준야, 2017, 앞의 글, 190-191쪽.
17 조세영, 2018, 앞의 글, 1-2쪽.

있었다. 1997년 말에 한국의 가용 외환보유고는 80억 달러 정도였는데, 1998년에 만기가 돌아오는 금융기관의 1년 미만 단기차입금은 240억 달러였고, 이 중 약 80억 불이 일본계 은행에서 도입한 단기차관이었다.

국제협력의 제도화라는 관점에서 한일 파트너십 공동선언에 접근하는 시각이 있는데, 이 역시 위기론의 일종이다. 켄트 칼더[18]는 제2차 세계대전 이후 동북아에서 발생한 주요 위기 즉, 1950년의 한국전쟁, 1997년의 아시아 경제위기 그리고 2008년의 글로벌 경제위기를 분석하여, '중대 위기(Critical-Juncture)' 국면이 새로운 국제적 제도의 등장에 결정적인 역할을 했다고 주장한다. 그는 1997년의 아시아 경제위기와 2008년의 글로벌 경제위기를 거치면서 한국, 중국 및 일본을 구성원으로 하는 '동북아'가 정치, 외교, 전략적인 의미에서 새로운 지역으로 부상하고 있으며, 지역협력의 제도화 과정에서 동북아는 다른 어느 지역보다도 위기 요인이 크게 영향을 미쳤다고 본다. 현상유지를 선호하는 관료집단의 존재와 같은 조직문화가 강한 동북아에서는 외부로부터의 안보 혹은 경제 위기를 계기로 제도적 혁신이 가능하다는 것이다.

위에서 살펴본 기존 연구의 시각을 염두에 두면서 아래에서는 파트너십 공동선언의 작성 과정에서 주요 쟁점이었던 과거사, 북한 및 경제 문제에 대한 양국 정부의 입장은 어떤 것이었으며, 이것이 최종적으로 어떻게 조정되어 선언문에 반영되었는가에 대해 살펴보고자 한다. 김 대통령의 국빈 방일 계기 파트너십 선언의 발표라는 아이디어는 일본 측이 먼저 제시한 것이었지만, 그 기본 골격을 만들고 구체화한 것은 한국 측이었다.[19] 동 공동선언에 대한 구상은 1998년 2월의 김대중 정부의 출범

---

18 Kent Calder, 2010, *The Making of Northeast Asia*, Stanford University Press.

에 맞추어 검토되고 있었다. 동년 4월의 한일정상회담에서 하시모토 류타로(橋本龍太郎) 총리의 국빈 방일 초청에 김 대통령이 응답했고, 5월의 한일외교장관 회담에서 양국은 파트너십 선언을 발표하자는 데 공식적으로 합의했다. 7월부터 공동선언문 초안 작성이 시작되었지만, 7월에 일본에서 하시모토 내각이 사직하고 오부치 내각이 출범하면서 작업은 지체되었다. 그 결과, 파트너십 공동선언문과 관련한 한일 협의는 8월과 9월에 집중적으로 진행되었다. 당시 한국 정부가 선언문 작업에서 가장 역점을 둔 것은 과거사에 대한 일본의 반성과 사죄의 표명, 한국 정부의 대북한 정책에 대한 일본의 지지, 그리고 한일 경제협력의 강화에 대한 것이었다.

IV. 역사인식의 문서화

전술하였듯이 파트너십 공동선언의 초안 작성 과정에서 한국 정부가 가장 중시한 것 중의 하나는 과거사에 대한 일본의 반성과 사죄 표명이었다.[20] 김 대통령은 취임 이전부터 한일관계에 대한 명확한 철학을 가지고 있었다.[21] 그는 1995년의 일본기자클럽 초청 연설에서 한일 양국의 국민이 참여하는 신시대를 실현하기 위해서는 먼저 과거의 올바른 '청산'이 필요하고, 일본이 과거에 한국에서 행한 역사적 사실에 대해 정확

---

19 조세영, 2018, 앞의 글, 2쪽.
20 조세영, 2018, 위의 글, 3쪽.
21 류상영, 2012, 앞의 글.

히 알고 있어야 한다고 주장하였다. 한국 외교부는 이러한 김 대통령의 의지를 반영하여, 6월 하순의 한일 국장급 협의에서 일본 측에 과거사 관련 사죄 표명의 문서화를 제안했다.

한일 파트너십 선언 관련 양국 외교당국 간 협의가 시작되었을 때, 일본 측은 김 대통령이 방일 중에 과거사 관련 일본 정부 혹은 천황의 사죄를 요구하지 않을까를 우려했다고 한다. 그런데도 일본 정부가 '사죄의 문서화'를 받아들인 것은, 일본이 문서화를 해 주면 역사문제를 두번 다시 제기하지 않겠다고 한국 측이 약속했기 때문이라고 한다.[22] 일본 측은 문서화를 받아들이는 조건으로, 한국 측이 일본의 인식을 긍정적으로 평가하고, 미래를 향한 화해와 협력의 자세를 표명해 줄 것을 요구했다.

사죄 표현과 관련하여 외무성은 1995년에 발표된 무라야마 담화를 인용하는 형식을 상정하고 있었다. 9월에 공동선언의 문안에 대한 협의가 막바지에 접어들었을 때, 한국 측은 무라야마 담화는 아시아 지역 전체를 대상으로 한 것인바, 한국에 대한 일본의 식민지 지배와 피해를 적시하고 이에 대한 반성을 포함하는 것이 좋겠다는 의견을 일본 측에 전달했다. 이에 대해서는 최종적으로 오부치 총리 자신이 무라야마 담화의 인용이 아니라, 자신이 한국 국민을 상대로 말하는 형식으로 하라고 지시했다고 한다.[23] 공동선언에 포함된 최종적인 문안은 다음과 같다.[24]

---

22 田中明彦, 2007, 앞의 책, 254쪽.
23 宮城大藏, 2016, 『現代日本外交史-冷戰後の模索, 首相たちの決斷』, 中央公論新社, 101쪽.
24 21세기 새로운 한·일 파트너십 공동선언 (전문), 1998.10.12. https://www.korea.kr/news/policyNewsView.do?newsId=148746505 (검색일: 2020.10.21).

양국 정상은 한·일 양국이 21세기의 확고한 선린 우호협력관계를 구축해 나가기 위해서는 양국이 과거를 직시하고 상호 이해와 신뢰에 기초한 관계를 발전시켜 나가는 것이 중요하다는 데 의견 일치를 보았다. 오부치 총리대신은 금세기의 한·일 양국관계를 돌이켜 보고 일본이 과거 한때 식민지 지배로 인하여 한국 국민에게 다대한 손해와 고통을 안겨 주었다는 역사적 사실을 겸허히 받아들이면서 이에 대하여 통절한 반성과 마음으로부터의 사죄를 했다. 김대중 대통령은 이러한 오부치 총리대신의 역사인식 표명을 진지하게 받아들이고 이를 평가하는 동시에 양국이 과거의 불행한 역사를 극복하고 화해와 선린우호협력에 입각한 미래지향적인 관계를 발전시키기 위해 서로 노력하는 것이 시대적 요청이라는 뜻을 표명했다. 또한 양국 정상은 양국 국민, 특히 젊은 세대가 역사에 대한 인식을 심화시키는 것이 중요하다는 점에 대하여 견해를 함께 하고 이를 위해 많은 관심과 노력을 기울일 필요가 있다는 점을 강조했다.

전술한 대로 1965년에 체결된 한일기본조약 및 제반협정에는 일본의 식민지 지배에 대한 인식은 포함되지 않았다. 이후 일본 지도자들의 발언과 담화가 일본 정부의 인식을 대변하였다고 볼 수 있지만, 양국 정부의 입장을 공식적으로 문서화한 것은 파트너십 선언이 처음이었다. 국교정상화 이후 33년 만에 처음으로 일본 정부가 식민지 지배에 대해 공식적으로 사죄하고, 이에 대해 한국 정부가 긍정적으로 평가하고 미래지향적 관계를 지향한다는 것을 인정한 것이다. 파트너십 선언을 통해 한일 양국이 역사인식과 미래지향적 관계 지향을 공유함으로써, 국교정상화 당시의 '타협'을 극복하고 '화해'의 길을 걷기 시작했다고 평가할 수 있다.[25]

김대중 대통령은 일본에게는 과거를 직시하고 역사를 두렵게 여기는 진정한 용기가 필요한 반면, 한국은 일본의 변화된 모습을 올바르게 평가하면서 미래의 가능성에 대한 희망을 찾을 수 있어야 한다고 보았다. 전후 일본이 식민지 지배에 대해 명확한 반성과 사죄를 표명함으로써 전전 일본과 다른 존재임을 한국인들에게 보여 주어야 하며, 이에 호응하여 한국은 평화주의 국가이자 경제대국으로서 국제적 역할을 확대하고 있는 일본과의 건설적인 관계를 만들어야 한다는 입장이었다.

한편 일본 정부가 한국 측이 요구한 '사죄의 문서화'를 받아들인 것은 오부치 총리의 정치 결단에 의한 것이었다. 1990년대의 일본 정계가 이른바 '리버럴의 전성시대'였다고 하나,[26] 고노 담화, 무라야마 담화 등에서 보듯이 역사 관련 정부의 입장 표명은 대단히 민감한 현안임에는 변함이 없었다. 실제로 공동선언 발표 직후 자민당 외교부회를 중심으로 보수적인 이념 성향의 의원들이 오부치 총리의 사죄 표명의 적절성에 대해 의문을 제기하였다. 예를 들어 당시 신진의원이었던 아베 신조(安倍晋三)는 조약으로 끝난 일을 공동선언이라는 문서로 사죄를 한다면, 한국의 차기 대통령도 이를 반복할 가능성이 있다고 비판하였다.[27] 오부치 총리가 예상되었던 일본 내의 많은 반발을 무릅쓰고 '사죄의 문서화'를 받아들이는 결단을 내린 것은, 그에게 한일관계 개선에 대한 강한 의지가 있었기 때문이었다고 할 수 있다.

오부치 총리는 재임 중에 일본이 21세기에 취해야 할 모습을 논의하

---

25 문정인·서승원, 2013, 앞의 책, 354-355쪽.
26 中北浩爾, 2014, 『自民黨政治の變容』, NHK出版, 186-207쪽.
27 『每日新聞』 1998년 10월 9일.

기 위한 유식자간담회를 설치하였는데, 동 간담회가 2000년에 제출한 보고서는 한국과 특별한 관계를 구축하는 데 남다른 의욕을 보였던 오부치 총리의 인식의 일면을 보여 준다. 동 보고서는 일본이 한국 및 중국과 장기적으로 안정적인 신뢰관계를 맺기 위한 방안으로 '국민적인 각오'에 기초한 '린교(隣交)'의 실천을 제안했다.[28] 즉, 정부가 주도하는 일반적인 의미의 외교와 별개로 일본 국민이 이들 나라의 역사, 전통, 언어 및 문화에 대해 충분히 이해하여야 하며, 특히 학교 교육에서 양국과 일본과의 현대사에 대해 가르치는 것이 중요하다고 보았다. 보고서는 식민지배와 침략의 대상이었던 한국 및 중국과의 우호관계가 일본 국민의 정신적 기반이라고 정의했다.[29]

> 긴 교류의 역사를 가지고, 근대에는 식민지 지배나 침략의 과거를 가지며, 상호 사람의 이동도 많고 중요한 무역 파트너인 근린 국가와의 관계가 건설적인 것은 21세기의 일본 국민에게 있어서 귀중한 정신적이고 실질적인 기반이다.

한일관계의 개선을 위한 오부치의 결단력을 보여 주는 또 다른 사례는 신한일어업협정의 체결이다. 오부치 총리는 김 대통령 방일 직전에 동 협정의 체결을 위한 정치적인 결단을 내렸다.[30] 신어업협정과 관련한

---

28 21世紀日本の構想懇談會, 『日本のフロンティアは日本の中にある-自立と協治で築く新世紀』, 30쪽. https://www.kantei.go.jp/jp/21century/houkokusyo/1s.pdf (검색일: 2020.10.21).
29 21世紀日本の構想懇談會, 『日本のフロンティアは日本の中にある-自立と協治で築く新世紀』, 116쪽. https://www.kantei.go.jp/jp/21century/houkokusyo/6s.pdf (검색일: 2020.10.21).

한일 정부 간의 교섭은 파트너십 선언과는 별도의 채널로 추진되었음에도 불구하고, 협정의 성사 여부는 한일관계 개선에 직접적인 영향을 미치는 사안이었다. 오부치는 김대중 정부가 발족한 직후인 1998년 3월에 외무대신 자격으로 방한하여 동년 1월에 일본 측이 파기를 통보하였던 어업협정에 대한 교섭을 재개하는 계기를 마련하였다. 5개월간의 협상 끝에 오부치 총리는 한국 정부와 일본 자민당 수산족 의원의 이해관계를 조율하여 최종적인 합의에 도달할 수 있었다.

V. 아시아 금융위기와 한일협력

1997년 7월에 태국에서 시작해서 말레이시아, 인도네시아 등의 동남아시아 국가로 확산된 아시아금융위기는 동년 가을에 한국을 강타했다. 1997년 1월에 한보철강, 7월에 기아자동차가 부도를 내면서 한국 경제에 충격을 주었다. 10월이 되자 'IMF사태'라는 위기가 다가왔다.

한국 경제는 1996년에 GDP의 5%에 달하는 경상수지 적자를 기록했는데, 한국 정부는 300억 달러 규모의 외환보유고를 유지하고자 필사적이었다. 한국은행은 1997년 3월에 외환위기의 가능성을 우려하여 IMF 등 국제금융기구로부터 자금을 긴급 차입하는 비상대책을 건의했지만, 정부 차원에서 받아들여지지 않았다. 외환위기가 시작된 1997년 10월과 11월에 한국 정부는 외환보유액의 3분의 1 이상인 118억 달러를 환율 방어에 투입했지만, 11월 18일에 환율이 폭등하여 외환거래가

---

30 田中明彦, 2007, 앞의 책, 249쪽.

중단되는 사태가 발생했다.

11월 21일, 김영삼 정부는 IMF에 200억 달러의 긴급 지원을 요청했고, 12월 3일, 고강도의 경제개혁을 조건으로 IMF 210억 달러, 세계은행 100억 달러, 아시아개발은행 40억 달러, 일본 100억 달러, 미국 50억 달러 등 총 550달러의 금융지원안이 IMF와 한국 정부 사이에 합의되었다. 이후 약 4년 동안 한국 경제는 IMF의 관리를 받게 되는데, 기업의 부도와 경영 위기, 근로자의 대량 해고와 장기적인 경기 악화로 인해 온 국민이 큰 어려움을 겪었다.

한국의 외환위기는 1997년 12월에 치러진 대통령 선거에서 야당인 김대중 후보에게 유리하게 작용하였다. 그는 선거 과정에서 자신의 국제적인 인지도를 통해 경제 문제를 풀 수 있으며, 자신은 경제학 책을 집필했을 만큼 경제의 전문가임을 어필했다. 당시 IMF는 유력 대선 후보들에게 '협정준수이행각서'에 서명하도록 요구했다. 12월 18일, 대통령에 당선한 김대중은 IMF와의 합의를 철저히 준수하겠다고 약속하였고, 다음 해 2월 25일의 취임식까지 일련의 경제개혁조치를 발표했다.

김대중 대통령이 악화된 한일관계의 개선에 나선 주된 이유는 말할 것도 없이 한국의 외환위기를 극복하기 위해 일본의 지원이 필요했기 때문이었다. 그가 대통령에 당선한 12월 18일, 한국의 총 외채 1550억 달러 중에서 당장 갚아야 할 단기 외채는 230억 달러였는데, 외환보유고는 불과 38억 달러에 불과했다. 김 대통령은 금융위기를 탈출하기 위해서는 일본의 협조가 불가결하다는 점을 숙지하고 있었다.

한편 일본은 1997년 7월에 아시아 금융위기의 발생 이후 IMF와 함께 구제 금융에 나서는 등 적극적인 대응을 보였다. 일본 정부는 9월의 G7회의에서 '아시아통화기금(AMF)' 구상을 비공식으로 제안하였는데,

이는 IMF와 별도의 기금을 일본 주도로 설립하여 외화 부족에 빠진 국가를 지원하겠다는 내용이었다. 한국과 동남아 국가들은 일본의 구상에 찬동하였지만, 미국은 강력히 반대하였다. 당시 미국은 아시아 금융위기의 심각성을 충분히 인식하지 못했고, AMF가 설립될 경우 IMF를 통해 국제금융체제를 지배하던 자국의 영향력이 약화될 가능성을 우려했기 때문이다.[31] 11월 초에는 빌 클린턴(Bill Clinton) 대통령이 하시모토 총리에게 향후 금융위기가 발생할 경우 일본이 단독으로 해결에 나서지 말라는 내용의 서한을 보냈다는 보도가 있었다. 이후 일본 정부는 독자적인 대응을 포기하고, 특정 국가에서 외환위기가 발생할 때마다 IMF와 협조해서 대응한다는 방침으로 전환하였는데, 하시모토 내각 시기에는 이 방침이 유지되었다.

한국 정부는 외환사정이 악화되자 일본 정부가 설립을 추진하던 AMF를 통한 금융지원에 기대를 걸고 있었지만, AMF 구상이 좌절되자 그 기대를 접었다. 1997년 11월10일, 한국 정부는 엄낙용 재정경제원 차관보를 일본에 파견해 사카키바라 에스케(榊原英資) 대장성 차관보를 만나 일본 금융기관들이 한국의 단기외채의 만기 연장 등에 특별한 배려를 하도록 '행정지도'를 해 줄 것을 요청했지만, 성과는 없었다. 한국 정부와 IMF 간에 교섭이 진행 중이던 11월 28일에도 신임 임창렬 경제부총리가 방일하여 일본 측의 지원을 요청했지만, 결과는 마찬가지였다.[32] 전술한 대로 일본 정부의 자금지원은 IMF를 통해서만 실시하기로 미국과 합의가 되어 있었기 때문이다.

---

31 田中明彦, 2007, 위의 책, 220쪽.
32 강경식, 2010, 『국가가 해야 할 일 하지 말아야 할 일』, 김영사, 105-106, 152-159쪽.

1998년 7월에 내각을 출범시킨 오부치 총리는 동아시아의 경제를 견인해 왔던 일본이 아시아 금융위기에 적극적인 리더십을 발휘해야 한다는 입장이었다. 1998년 10월에 개최된 IMF 총회에서 일본 정부는 '신미야자와 구상'을 발표하였다. 이전에 일본 정부가 제안했던 AMF는 통화의 안정에 방점을 둔 다자적 지원체제를 상정한 것이었다. 이에 비해, 신미야자와 구상은 아시아 국가의 경제적 피해를 극복하고 국제금융자본시장의 안정을 목적으로 하는 양자 차원의 지원책이었고, 한국, 인도네시아, 태국, 말레이시아, 필리핀의 5개국에 총 300억 달러를 지원한다는 구상이었다.

오부치 내각하에서 일본 정부가 아시아 국가들에 대한 금융 지원에 보다 적극적으로 나서게 된 배경에는 아시아 금융위기를 방치할 경우 일본 경제도 그 영향에서 벗어날 수 없을 것이라는 위기의식이 있었기 때문이다. 금융위기가 아시아에 확산되면서 일본도 불황의 늪에 빠져들었고, 1997년 11월에는 전후 최초로 일본의 증권사와 은행 등 금융기관이 채무 불이행으로 도산하는 상황이 발생했다.[33] 일본의 은행들이 서둘러 자금회수에 나섰고, 수많은 일본 중소기업들이 흑자 도산에 내몰리고 있었다. 일본 정부의 정책 전환은 일본의 금융지원을 희망하고 있던 아시아 국가들에게 반가운 소식이었다. 공동선언문은 일본의 금융지원에 관해 다음과 같이 언급하고 있다.[34]

김대중 대통령은 금융·투자·기술이전 등 여러 분야에 걸친 지금까지의

33　田中明彦, 2007, 앞의 책, 218-227쪽.
34　21세기 새로운 한·일 파트너십 공동선언 (전문), 1998.10.12.

일본의 대한국 경제지원을 평가하는 동시에, 한국이 안고 있는 경제적 문제의 해결을 위한 노력을 설명했다. 오부치 총리대신은 일본의 경제회복을 위한 각종 시책 및 아시아의 경제난 극복을 위해 일본이 시행하고 있는 경제적 지원에 관해 설명하는 한편, 한국의 경제난 극복을 위한 노력을 계속 지지한다는 의향을 표명했다. 양국 정상은 재정 투융자를 적절히 활용한 일본 수출입은행의 대한국 융자에 관하여 기본적인 합의가 이루어진 것을 환영했다.

정상회담을 통해 일본은 한국에 일본수출입은행에 의한 30억 달러의 추가 융자를 지원하였고, 양국은 어업협정 체결과 이중과세방지협정 개정과 같은 경제협력에 합의하였다. 한일정상회담의 기자회견장에서 김대중 대통령은 한국의 외환위기의 극복을 위해 일본이 세계 어느 나라보다도 적극적으로 협력해 준 것에 공식으로 감사를 표했다. 경제협력의 관점에서 보자면, 한일공동선언은 신미야자와 구상을 한일관계 차원에서 보강하고 발전시키기 위한 조치였다고 할 수 있다.[35]

VI. 북한 문제에 대한 정책 공조

1998년 10월에 김대중 대통령의 방일을 앞두고 한일 정부 간에 논의된 핵심 현안 중에는 북한 문제가 포함되었다. 김대중 정부의 대외정책의 핵심은 남북 간의 화해와 교류를 통해 북한의 개방을 유도하여 한반

---

35 니시노 준야, 2017, 앞의 글, 191쪽.

도에 평화를 정착한다는 포용정책, 이른바 햇볕정책(sunshine policy)이었다. 그런데 김대중 정부의 출범 첫해인 1998년에 북한은 대포동 미사일을 발사하였고, 대포동 미사일이 일본 상공을 넘어서 태평양에 떨어지자 일본 열도는 충격에 빠졌다.[36] 북한이 일본 열도를 사정권에 두는 미사일 능력을 보유하고 있다는 사실은 일본 내에서 제네바 합의 이행에 대한 반대 여론을 불러일으켰다. 일본 사회에서 북한에 대한 강경론이 힘을 얻으면서 대북 정책의 재검토를 요구하는 목소리가 줄을 이었다.

8월 31일 북한이 대포동 미사일을 발사하자 일본 의회는 북한을 비난하는 결의를 채택하였고, 일본 정부는 한반도에너지개발기구(KEDO: Korean Peninsula Energy Development Organization)에 대한 자금제공을 동결하는 등의 제재조치를 결정하였다. 10월의 한일정상회담을 앞두고 자민당 의원들은 한일공동선언에 북한 미사일 문제에 대한 강력한 대응을 포함시킬 것을 요구하였다. 일본 정부는 공동선언문 교섭 과정에서 한국 측에 북한의 미사일 발사에 대한 강력한 반대의 뜻을 포함시킬 것을 강하게 요구했는데, 특히 한일 간의 안보협력의 강화와 대북 정책에 대한 한일 협조를 강조했다.[37]

이에 대해 한국 정부는 북한과의 대화와 협력의 필요성을 일본 측에 설명하고, 대북 포용정책에 대한 일본 정부의 지지를 확보하는 데 역점을 두었다. 대북한 정책을 둘러싼 한일 정부 간의 입장 조율 과정에서 한국 측은 북한 미사일에 대한 일본의 위협 인식에 최대한 배려하는 전략을 택했다. 양국 정부의 입장은 최종적으로 다음과 같이 조율되었다.[38]

---

36 木宮正史, 2021, 앞의 책, 85쪽.
37 조세영, 2018, 앞의 글, 3쪽.

양국 정상은 한반도의 평화와 안정을 위해서는 북한이 개혁과 개방을 지향하는 동시에 대화를 통한 보다 건설적인 자세를 취하는 것이 매우 중요하다는 인식을 공유했다. 오부치 총리대신은 확고한 안보체제를 유지하면서 화해와 협력을 적극적으로 추진한다는 김대중 대통령의 대북한 정책에 대한 지지를 표명했다. 이와 관련하여 양국 정상은 1992년 2월 발효된 '남북사이의 화해와 불가침 및 교류·협력에 관한 합의서'의 이행과 4자회담의 순조로운 진전이 바람직하다는 데 의견을 같이 했다. 또한 양국 정상은 1994년 10월 미국과 북한 간에 서명된 '제네바 합의' 및 한반도에너지개발기구(KEDO)를 북한의 핵 계획 추진을 저지하기 위한 가장 현실적이고 효과적인 메커니즘으로서 유지해 가는 것이 중요하다는 것을 확인했다. 이와 관련하여 양국 정상은 북한의 미사일 발사에 대하여, 국제연합 안전보장이사회 의장이 안보리를 대표하여 표명한 우려 및 유감의 뜻을 공유하는 동시에 북한의 미사일 개발이 중지되지 않는다면 한국·일본 및 동북아시아 지역 전체의 평화와 안전에 악영향을 미친다는 데 의견을 같이했다. 양국 정상은 양국이 북한에 관한 정책을 추진함에 있어서 상호 긴밀히 연대해 나가는 것이 중요함을 재확인하고, 각급 차원에서의 정책협의를 강화하는 데 의견을 같이했다.

공동선언문은 일본의 대북 강경론과 한국의 대북 유화정책 간의 타협의 결과물이었다고 할 수 있다. 양국은 대북한 화해협력 기조의 유지와 한일 안보협력 및 대북한 공조의 강화를 병행하는 데 합의했기 때문이다.[39] 오부치 총리는 확고한 안보체제를 유지하면서 화해와 협력을 적극

---

38 21세기 새로운 한·일 파트너십 공동선언 (전문), 1998.10.12.
39 이주경, 2019, 앞의 글, 21쪽.

적으로 추진한다는 김대중 대통령의 대북 정책에 지지를 표명하였다. 또한 양국 정상은 1994년 10월의 제네바 합의 및 KEDO가 북한의 핵 개발을 저지하기 위한 가장 현실적이고 효과적인 제도로 유지해 갈 것을 확인하였고, 양국이 대북 정책에서 긴밀한 연대와 정책협의를 강화해 나갈 것에 합의하였다.

이에 대해 김 대통령은 북한의 미사일에 대한 일본의 위협인식에 동조하고, 일본의 안전보장에 대한 우려를 표명하였다.[40] 양국 정상은 북한의 미사일 발사에 대한 UN 안보리의 우려 및 유감표명에 뜻을 같이 하고, 북한의 미사일 개발이 중지되지 않는다면 한국, 일본 및 동북아시아 지역 전체의 평화와 안전에 악영향을 미친다는 데 의견을 같이하였다. 김 대통령은 일본 의회에서의 연설 중에 북한의 미사일 개발능력이 이 지역의 평화와 안정을 심각하게 위협하고 있으며, 이러한 사실에 대한 일본 국민의 충격과 우려를 충분히 이해하고 있다고 발언했다.

대북한 정책의 공조 강화와 관련해서는 공동선언의 부속서에서 국제사회의 평화와 안전을 위한 협력 항목으로 북한 핵무기 개발 억지를 위한 협력을 포함시켰다. 양국은 북한의 핵비확산조약(NPT), IAEA 안전조치협정 등의 의무이행을 계속 요구하는 한편, 북한이 포괄적 핵실험금지조약(CTBT) 및 화학무기금지협약(CWC)에 가입토록 촉구해 나가기로 했다. 대북정책에 관한 한일 간의 안보정책협의회를 최소 연 1회 개최하고, 대북한 정책, 북한의 핵무기 개발 문제, 미사일 개발 배치 및 수출, 미사일 관련 물자와 기술의 이전 문제, 그리고 대북한 경제관계 등을

---

40 윤석정, 2018,「글로벌 및 아시아 정세 변화 속에서의 한일 파트너십 공동선언: 종합적, 중층적 한일협력」, 9쪽, 현대일본학회 하계학술회의 "한일 파트너십 공동선언의 평가와 전망" 2018년 8월 20일.

논의하기로 했다. 양국 간의 안보교류의 강화 조치로서 한일 국방정책 실무회의를 비롯한 각종 대화채널의 확충, 유학생 교환 등의 교육교류, 해군 함정의 상호 방문 등 부대 간의 교류를 추진해 나가기로 했다.

파트너십 공동선언은 한미일 3국 간의 대북한 정책 협의를 강화시키는 계기가 되었다.[41] 김대중 정부는 일본은 물론 당시 제2기 클린턴 미국 정부에 대해서 대화를 통한 북한과의 관계 개선을 유도한다는 입장이었다. 1998년에 시작된 한일 간의 대북한 정책 공조는 다음 해 10월에 '페리 프로세스'로 불리는 미국의 대북한 정책의 전환을 가져오는 촉매제가 되었다. 1999년 4월에 한미일 3국은 대북정책 조정을 위해 국장급 회의로서 3자 대북정책조정그룹회의(TCOG: Trilateral Coordination and Oversight Group)를 결성하기로 합의하였다. 동 회의는 1999년 5월 도쿄에서 1차 회의가 개최된 이후 2003년 8월 6자회담으로 대체되기까지 활발하게 개최되었다. 동 회의는 현재까지 이어지고 있는 한미일 간의 대북한 정책 공조의 시발점이 되었다.

VII. 맺음말

한일 파트너십 공동선언은 양국 정부가 한일관계의 개선이라는 대승적인 목표를 위해 과거사는 물론 북한 및 경제 문제와 같은 핵심적인 사안에서 상충하는 이해관계를 조율해 낼 수 있었기에 가능했다.

탈냉전 이후 한일 간의 과거사 문제는 양국의 국내정치에서 민감한

---

41 니시노 준야, 2020, 앞의 글, 213-214쪽.

사안이었고, 일방의 양보는 자칫하면 해당 정권의 지지율 하락으로 이어질 수 있었다. 김대중 정부는 한국 사회에 뿌리 깊게 남아 있는 반일 여론을 의식하여 파트너십 선언에서 식민지배에 대한 일본의 사죄를 공식화하고자 하였다. 반면 오부치 내각으로서는 역사 사죄의 문제는 국내 보수세력의 비판을 초래할 수 있었다. 김대중 정부는 전후 일본이 걸어온 길에 대한 한국 측의 긍정적인 평가 외에 일본 문화의 개방 등 제반 분야에 걸친 한일 간의 미래협력을 제시함으로써, 오부치 내각이 사죄의 문서화를 받아들일 수 있는 명분과 실리를 제공하였다.

아시아 금융위기가 발생하자 한국은 일본 측의 금융지원을 절실히 필요로 하였다. 아시아 금융위기에 대응하기 위해 일본 정부는 자국 주도로 이른바 AMF로 불리는 국제금융기구를 설립하고자 하였지만, 미국의 반대로 무산되었다. 이후 아시아 국가에 대한 일본 정부의 독자적인 자금지원은 실현되지 않았다. 한국에 대해서도 1997년 12월의 IMF 주도의 금융지원에 일본 정부가 참가한 것을 제외하면, 하시모토 내각 하에서 한국에 대한 금융지원은 없었다. 그런데 1997년 말부터 아시아 금융위기가 일본 경제에도 직접적인 타격이 될 수 있다는 위기의식이 일본 사회에 확산되었다. 이듬해 출범한 오부치 내각은 신미야자와 구상을 발표하였고, 여기에는 한국에 대한 독자적인 금융지원이 포함되었다. 금융위기에 대한 한일의 위기의식이 수렴하면서 한국에 대한 일본의 직접적인 금융지원이 가능해졌다고 할 수 있다.

김대중 정부는 북한에 대한 포용정책을 추진하였고, 미국과 일본에 대해서도 북한과의 대화를 통한 관계개선을 권고하는 입장이었다. 그런데 1998년 8월 말 북한이 대포동 미사일을 발사하자, 일본에서는 북한에 대한 제재의 강화를 포함한 강경론이 우세해졌다. 북한의 군사적 도발을 계기로 한일 간에 대북 정책의 차이가 커지고, 한국의 대북한 포용정책의 추진이 곤란해질 수 있는 상황이 초래되었다. 한국 측은 일본이 느끼는 안보위협에 대해 동조하고, 대북한 정책 관련 한일 간의 협조체제, 실질적인 대북 견제 조치, 한일 및 한미일 안보협력 등을 약속함으로써 한국의 대북 포용정책에 대한 일본 정부의 지지를 얻어 낼 수 있었다.

정치 지도자의 리더십은 파트너십 공동선언 합의에 불가결한 요소였다. 역대 한국의 지도자들과 달리, 김대중 대통령은 전후 일본의 국제적 역할을 긍정적으로 바라보았다. 김 대통령은 취임 첫해의 방일에서 한일협력의 분위기를 조성하는 데 성공했다. 그는 한일 안보협력의 실시, 일본 문화의 개방, '천황' 호칭의 공식 사용 등 건국 이래 한일관계사에서 획기적인 일련의 조치를 결단하였다. 오부치 총리의 경우, 탈냉전 이후의 일본 외교에서 아시아 국가와의 신뢰관계 형성을 중요 과제로 설정하고, '인간의 안전보장'이라는 이념적 토대 위에 아시아 국가들에 대한 금융지원에 적극적으로 대응하였다. 그는 특히 지리적, 문화적으로 가까운 한국과의 관계를 단순한 '외교'를 넘어 '린교(隣交)'로 격상시키고, 파트너십 선언의 성공을 위해 정치력을 발휘하였다.

한편 국제체제나 국내정치 차원의 구조요인 역시 파트너십 선언에 유리한 환경을 제공하였다. 금융위기와 북한 위협의 발생이 한일 간에 위기의식을 공유하게 함으로써 한일협력의 제약요인(역사·영토 마찰의 대결구도, 상호반감의 여론)이 억제되어 평소에는 불가능했던 역사 관련 양보가 가능하게 되었다고 할 수 있다. 외환위기가 발생하자 한국에서는 일상적인 상황에서라면 '대일 적대적'이었을 국내 여론이 '대일 타협적'으로 변화하였다. 북한의 미사일 도발은 김대중 정부로 하여금 일본과의 대북정책 공조 및 안보협력에 보다 적극적으로 나서도록 하는 역설적인 결과를 초래하였다. 국제적인 위기 상황의 발생은 일본으로 하여금 아시아 금융위기의 관리, 지역정세의 안정화 및 일본의 대한반도 영향력 확대를 위해 한국의 신정부와 관계개선에 적극적으로 나서도록 했다. 즉, 안보와 경제 분야에서 한일 양국이 위기의식을 공유하게 될 때, 이러한 위기의식은 양국 내의 역사 강경론을 억제함으로써 양국 정부에게 더 큰 양보와 타협의 공간을 제공하였다고 할 수 있다.

1990년대 이후 한일관계가 비대칭 관계에서 대칭 관계로 구조적인 변화를 보인 결과, 한일 간에 역사 갈등이 표면화하였다. 냉전기에는 비대칭적이며 상호보완적인 관계에서 역사보다 경제나 안보 문제를 중시했다면, 탈냉전 이후에는 역사문제의 중요성이 커지면서 역사 갈등을 억제하기 어렵게 되었다. 그럼에도 불구하고 김대중 정부의 출범을 전후한 시기에 아시아 금융위기와 북한의 도발이라는 국제 위기의 발발은 한일관계 개선을 가능하게 하는 환경을 제공했고, 여기에 '미래지향적 한일관계'를 지향하는 정치적 리더십이 작용하여 파트너십 공동선언이 가능했다고 할 수 있다.

본고가 제시하는 이러한 가설을 현재적 상황에 적용한다면, 한일관계에 내재하는 갈등 억제의 취약성을 극복하기 위해서는 정치 지도자의 의식적 선택이나 위협인식에 대한 공유가 필요하다는 결론에 이르게 된다. 지난 반세기의 한일관계가 식민지배의 가해자와 피해자, 혹은 선진국과 개도국이라는 수직적인 특수 관계의 성격이 강했다면, '포스트 1965년 체제'의 한일관계는 수평적인 보통의 국가 간의 관계를 특징으로 할 것으로 예상된다. 그에 비례해서 한일 간의 우호협력을 위해서는 더 큰 의식적인 관리 노력이 요구된다고 하겠다.[42] 역사인식을 둘러싼 한일 갈등이 국내정치의 맥락에서 이용되거나 그것이 타 영역까지 파급되지 않도록 정부가 통제력을 가지고 억제할 수 있어야 하는데, 이는 정치적 선택의 문제로 귀결된다.

위기의식의 공유라는 관점에서 볼 때, 한일이 상대방의 전략적 가치에 대한 재평가를 통해 상호협력의 필요성을 인식하게 된다면 역사 갈등을 억제할 수 있는 공간이 확대된다고 할 수 있다. 미국과의 동맹관계와 자유무역체제에 이해관계를 공유하는 한일은 안보와 경제 분야에서 국제정세의 불투명성이 증가할 때 상호협력을 강화해 왔다. 북한 문제, 국제경제의 불투명성, 한중관계의 냉각, 미중 간의 전략경쟁의 심화와 같은 최근의 국제정세는 한일협력의 필요성에 대한 논리적 근거를 제공하는 구조적 요인이라고 할 수 있다.

---

42 기미야 다다시, 2020, 앞의 글, 130쪽.

참고문헌

강경식, 2010, 『국가가 해야 할 일 하지 말아야 할 일』, 김영사.
기미야 다다시, 2020, 「한일 역사 화해를 둘러싼 정치학: 역사 갈등의 억제 메커니즘과 그 기능부전」, 양기호·기미야 다다시 편, 『역사 화해를 위한 한일대화 정치편』, 동북아역사재단.
김호섭, 2009, 「한일관계 형성에 있어서 정치 리더십의 역할」, 『日本研究論叢』 Vol. 29.
니시노 준야, 2017, 「한일공동선언의 역사적 의의」, 『한일관계 50년의 성찰』, 아시아연구기금.
_____, 2020, 「왜 화해는 필요한가: '21세기 새로운 한일 파트너십 공동선언' 이후의 한일관계」, 양기호·기미야 다다시 편, 『역사 화해를 위한 한일대화 정치편』, 동북아역사재단.
류상영, 2012, 「김대중의 일본에 대한 인식과 전략: 주요 저작과 어록을 통해 본 인식의 진화와 정치적 선택」, 류상영·와다 하루키·나리히코 편, 『김대중과 한일관계』, 연세대학교김대중도서관.
문정인·서승원, 2013, 『일본은 지금 무엇을 생각하는가?』, 삼성경제연구소.
양기호, 2017, 「한일관계 50년의 성찰-1998년 한일파트너십 공동선언의 합의와 경과」, 『한일관계 50년의 성찰』, 아시아연구기금.
윤석정, 2018, 「글로벌 및 아시아 정세 변화 속에서의 한일 파트너십 공동선언: 종합적, 중층적 한일협력」, 현대일본학회 하계학술회의 "한일 파트너십 공동선언의 평가와 전망" 2018년 8월 20일.
이원덕, 2006, 「한일 과거사 갈등의 구조와 해법 모색」, 김영작·이원덕 편, 『일본은 한국에게 무엇인가』, 한울아카데미.
이주경, 2019, 「한일 파트너십 공동선언의 정치과정: 일본정치의 구조변동과 대한외교 전략의 상관」, 『한일군사문화연구』, 제27집.
조세영, 2018, 「김대중-오부치 공동선언의 탄생 과정과 그 의의」, 『EAI 이슈브리핑』.
조양현, 2019, 「제5공화국 대일외교와 한일 역사 갈등: 1982년 일본 교과서 왜곡 사건을 중심으로」, 『일본연구논총』 제49호.
_____, 2020, 「동아시아 지역질서 재편과 한일 역사 갈등」, 양기호·기미야 다다시 편, 『역사 화해를 위한 한일대화 정치편』, 동북아역사재단.

Calder, Kent, 2010, *The Making of Northeast Asia*, Stanford University Press.

木宮正史, 2021, 『日韓關係史』, 岩波書店.
曺良鉉, 2020, 「國際危機と日韓關係-日韓パートナーシップ宣言の促進劑としての國際危機」, 保城廣至編, 『國境を越える危機』, 東京大學出版會.
田中明彦, 2007, 『アジアのなかの日本』, NTT出版.
中北浩爾, 2014, 『自民黨政治の變容』, NHK出版.
宮城大藏, 2016, 『現代日本外交史-冷戰後の模索, 首相たちの決斷』, 中央公論新社.
李鍾元, 2019, 「金大中政權の『東アジア共同體』構想と日中韓協力」, 『アジア太平洋討究』 No. 36.
李鍾元·木宮正史, 2017, 『戰後日韓關係史』, 有斐閣.

제7장

일본 시민사회의 역사문제 인식과 글로벌화 과정(1980~1999)

– 일본 시민사회의 '피해자' 인식을 둘러싼 문제

| 한혜인 ▪ 아시아평화와역사연구소 연구위원 |

I. 머리말

II. 일본 역사운동 속의 '피해자' 인식의 분화

III. 한국인, 일본인 사할린 잔류자 귀환운동의 국제인식

IV. 맺음말

I. 머리말

일본의 1982년 역사교과서 기술문제로 1980년대에 일본과 중국, 한국 간의 역사문제가 본격화되었다. 그러나 이 사건이 갑자기 일어났던 건 아니다. 1962년 이에나가 사부로(家永三朗)에 의해 집필된 고등학교 일본사용 『신일본사』(삼성당)가 검정으로 불합격되었고, 이에 대해 이에나가는 1965년에 교과서 검정제도에 대하여 위헌소송을 시작했다. 이 소송은 32년이나 걸려, 결국 국가의 교과서 검열은 합헌이라는 판단을 받았다. 그러나 이 소송에서 매우 유의미한 결과들도 얻어 냈다. 1982년 시작된 제3차 소송은 최종선고가 1997년에 이루어졌다. 여기에서 난징대학살, 중국전선에서의 일본군의 잔학행위, 구만주 731부대의 기술에 관한 검정은 위반으로 판단했다는 점이다. 그러나 청일전쟁 시의 조선인민의 반일저항, 난징전에서의 일본군의 중국인 부녀폭행, 오키나와전에 관해서는 각하했다. 이러한 과정 속에서 일본 내의 역사논쟁의 전선이 성립되었다고도 볼 수 있다. 즉, 난징대학살의 문제, 중국전선에서의 일본군의 잔학행위, 구만주 731부대, 청일전쟁 시의 조선인민의 반일저항, 일본군의 중국인 부녀폭행, 오키나와전에 관해서 어떻게 판단하는가에 대한 일본 시민사회의 역사인식 전선의 최전방이 만들어졌다고 볼 수 있다. 1980년대와 1990년대에 걸친 이러한 논쟁은 한국, 중국과의 역사인식의 문제까지 퍼졌고, 그것이 사건으로 나타난 것이 1982년 일어난 역사교과서 문제의 발발이라고 생각된다.

일본의 우익은 내부로는 전후역사학을 자학사관이라고 비판하면서, 중국에 대항해서는 난징대학살의 문제, 한국에 대해서는 강제동원, 위안부의 문제, 일본 내에서는 오키나와 문제로 전선을 간략화했다. 1980년대, 1990년대는 이 전선 속에서 역사운동이 진행되면서 일본 우익의 영역을 공고히 하는 역할이 되기도 했지만, 역으로 진보 리버럴 진영에서는 한국, 중국을 피해자의 영역에 두고, 이들과의 연대를 통해 보다 글로벌한 운동을 전개했다. 글로벌한 운동의 전개 배경에는 냉전의 해체도 큰 영향을 끼치고 있었다. 1960년대 이후 지속되어 오던 사할린 한인의 문제도 풀리게 되었다. 사할린 한인을 둘러싼 문제를 풀어 가면서, 피해자를 한인으로 한정했다.

이에나가 재판에서 논쟁점이 되었던 문제가 역사인식의 전선이 되었고, 그 전선이 1980년대, 1990년대의 일본 시민사회의 피해자 의식에 대한 분화와 진보 리버럴 진영의 타자화된 피해자를 둘러싼 역사운동을 가져왔다. 본 글은 이와 같은 일본 시민사회의 양면성에 대하여 고찰하고자 한다.

II. 일본 역사운동 속의 '피해자' 인식의 분화

1. 일본 우익 역사운동 속의 '자학사관' 논리의 태두

일본은 1995년 전후 50년체제 속에서 주변국들과의 역사문제를 해결해 감과 동시에 일본 우익의 보다 본격적인 역사적 백레쉬를 배태하게 되었다. 일본 우익의 공격 방법은 역사해석을 둘러싸고 있다기보다는 역사를 바라보는 시각에 중점을 두고 있다. 이렇게 과거사 문제를 역사사료의 해석의 차이의 문제라기보다 단순한 어떤 '사실'로 역사를 바라보는 시각을 문제 삼은 것은 잘 알려진 바와 같이 1997년도에 결성된 '새로운 역사교과서를 만드는 모임'에서 출발한다. 이들은 일본 전후역사학 중 전쟁책임론을 사실이 아닌 사건을 가지고 일본을 악으로 만드는 '자학사관'이라고 비판하면서, 일본 내에서는 안으로는 코민테른을, 중국에 관해서는 '난징대학살의 문제'를, 한국을 향해서는 '위안부 문제'에 초점을 맞추어 공격 프레임을 짰다. 이러한 현상의 원인, 그 내용에 대한 분석은 여기에서 더 거론할 필요가 없을 정도로 많은 연구를 축적하고 있다.[1] 역사학계에서는 이들의 비역사적 논증방법 때문에 논쟁이 불가능한 것으로 치부하고 무시하고 있는 상황에서 세력은 점차 조직화, 공고화되어 가고 있는 것이 사실이다. 역사학자들이 이러한 자유주의사관의 본질을 '허상의 일본사'[2]라고 규정 짓고, 교과서 운동 역시, 한국과 일본의 불채택운동으로 인해 '새로운 역사교과서를 만드는 모임(이하 새역모)'의 교과서는 그다지 힘을 발휘하지 못하는 등, 그 열품이 꺼지는 듯 보이기도 하고, 후지오카 노부카쓰(藤岡信勝)를 비롯한 새역모 그룹이 내부 분열 등을 보이기도 하여, 일견 자유주의사관 운동은 사그라들어 가는 것처럼 보였지만, 실제적으로는 아베 정권 속에서 일본회의라는 정

---

1 자유주의 사관에 대한 전체적인 개관을 한 연구로는, 개번 맥코맥, 1997,「일본자유주의 사관의 정체」,『창작과 비평』1997년 가을; 정재정, 1998,『일본의 논리』, 현음사; 김봉식, 2000,「자유주의사관에 대한 일고찰」,『일본학연보』Vol. 9와 이신철, 2007,『한일 근현대 역사논쟁』, 선인과 이규수의 일련의 논문이 있다. 이규수, 2006, 「일본중학교 교과서의 보통일본인 만들기」,『아시아연구』 8-2; 이규수, 2008,「일본의 신민족주의 역사학과 강요된 애국심 만들기」,『한국고대사연구』 52, 2008.12; 이규수, 2013,『일본의 전쟁책임문제와 네오내셔널리즘』, 아시아문화연구. 자유주의 사관을 둘러싼 움직임에 대하여 일본의 우익본류의 움직임과의 관계를 새로운 민족주의 움직임으로 판단하고 있는 연구로는 정진성, 1998,「일본의 신민족주의 운동」,『국제지역연구』 1998 가을호; 한상일, 2000,「일본사회의 우경화」,『일본우익연구』, 중심; 최영호, 2010,「전후일본 우익의 동향과 자유주의 사관의 태동」,『한국독립운동사연구』제35집 등이 있다.
2 部落問題硏究所, 1997,『「自由主義史觀」の本質』, 部落問題硏究所.

치권력으로 보다 강력하게 국내외적으로 역사수정주의를 시행하고 있다. 그 일환으로 세계를 향해, 일본의 역사를 주입하려는 유네스코를 둘러싼 역사전도 그 일환이다. 자유주의사관 운동 그 자체가 가시적인 헤게모니를 갖지는 못했지만, 실질적으로 역사 갈등을 일으키는 역사관으로 작용하게 된 원인은 일본의 역사인식의 '결핍'에 영합하면서 형성되었다. 그 '결핍'은 패전에 대한 일본인들의 공통인식의 부재라고 생각한다. 일본 우익의 근본인식은 미국에게의 패전은 인정하면서도 연합군의 일부였던 중국에 대하여 패했다는 패전의식을 애써 가지려 하지 않는 것이다. 이러한 굴절된 패전의식이 일종의 르상티망이 되어 있어, 국내에서 '역사 바로 세우기'운동을 적극적으로 실시하게 된 것이라고 생각한다.

전후역사학이 1994년에 들어서서 갑자기 '자학사관'이나 '도쿄재판사관', '코민테른사관'이라고 비판받기 시작한 것은 아니다. 이 자유주의사관 논쟁 이전에도 몇 차례 중요한 논쟁이 있었다. 그 논쟁들이 전후역사학의 어떤 점을 지적하고 있는지, 그런 균열은 자유주의사관과 어떻게 연결되는지를 우선 살펴볼 필요가 있다. 우선 1955년의 『쇼와사(昭和史)』논쟁을 살펴볼 필요가 있다. 도야마 시게루(遠山茂樹), 이마이 세이이치(今井淸一), 후지와라 아키라(藤原彰)의 공저로 『쇼와사』가 이와나미서점에서 출판되어, 전후 역사 붐을 일으키는 문제작이 되었다. 이 책은 1926~1955년까지의 역사를 서술한 것으로, 15년전쟁(만주사변부터 태평양전쟁까지)을 중심으로 하고 있다. 저자 면면이 마르크스주의자로, 마르크스주의 역사학을 바탕[3]으로 1950년대 당시 역코스, 즉 전쟁을 일으킨

---

[3] 천황, 원로, 군의 상층부, 즉 당시 재벌이 전쟁주도자로 전쟁책임의 당사자로 민주주의를 요구하는 피지배계급(그 전위로서 일본공산당)이 그 전쟁주도자에게 속아서 전쟁의 피해를 입게 되었다는 논지.

당사자가 정권을 잡게 된 것을 비판하면서 나온 책이다. 논쟁은 당시 문예비평가였던 가메이 가쓰이치로(龜井勝一郞)[4]가 『문예춘추』 1956년 3월호에 비판 기사를 싣는 것으로 시작되었다. 가메이는 유물사관(마르크스주의 역사학)에 관해서 "전전의 역사(황국사관)에서는 인민의 역사가 숨겨졌고, 왜곡되어 왔었던 것에 대해 유물사관은 그 숨겨지고 왜곡되어 있었던 면을 발견한다는 점에서 새로운 시야를 가져다주었다"라고 평가하면서도 그들의 역사서술에는 "인간이 없고", 역사를 "계급투쟁"의 산물로만 보는 것은 문제가 있다고 지적했다.[5] 즉, 가메이는 좌파에게도 우파에게도 그 시대 전체를 관통하는 감동이 있고, 그 안에 "인간과 심리"가 있다고 지적한다. 그 한 예로 중일전쟁을 평가하는 방법을 들었다. "유물론자는 일본의 중국침략의 원인을 자본침투라고 보는데, 사실은 그렇지 않다. 일본인이 서양에 대한 열등감을 해소하기 위해 중국인을 열등민족시 했기 때문에 침략이 가능했다"고 말하고 있다.

『쇼와사』 논쟁은 일색이었던 전후역사학의 역사인식 및 서술방식에 일정한 균열을 가지고 왔다. 가메이의 역사비판은 마르크스주의 역사가인 이로카와 다이키치(色川大吉)의 민중사 기술에도, 이후 대중적으로 크게 인기를 얻게 되고 또한 자유주의사관에도 깊게 연관되어 있는 시바 료타로(司馬遼太郞)의 역사 기술에도 영향을 끼치게 된다. 즉 역사에 '인간'과 '인간적 요소 및 심리'가 기술되게 되었다는 것과 그런 기술로 인해 역사에 '공감'이 가능해지고, 그로 인해 역사의 대중화라는 측면에

---

4 가메이는 프롤레타리아 문학에 경도되었다가 중일전쟁기인 1942년에는 일본문학보국회의 평론부회 간사를 맡아 전쟁협력자가 되기도 한다.
5 竹繩亮一, 1999, 「自由主義史觀と過去の歷史觀論爭との關わり」, http://nagaikazu.la.coocan.jp/2semi/takenawa.html.

서 가메이의 문제제기는 중요한 계기가 되었다.

전후역사학에 대한 쇼와사 논쟁은 일본 사람들에게 일본의 근현대사를 '국민(공산주의자)과 지배층의 대립관계'로 인식하던 것에서 국민이든 지배층이든 하나의 인간으로 인식하게 할 수 있게 되었다는 점, 그리고 세계 하부구조적 인식을 '상황'이라는 것으로 일상화할 수 있으며, 과학적 언어가 아닌 일상적 언어로 역사를 대할 수 있다는 가능성을 열어 준 것이다. 이것은 후에 자유주의사관론자들이 주장하는 근현대사는 실증을 토대로 하는 인간학이라는 것에 국민들이 공감대를 형성하는 토대가 되었다고 볼 수 있다.

『쇼와사』 논쟁 이후의 중요한 논쟁으로 일본 '근대화론'을 둘러싼 논쟁을 들 수 있다. 1961년 미국의 일본사학자 에드윈 라이샤워(Edwin O. Reischauer)에 의해 제기된 일본 '근대화론'은 일본 역사학계에 큰 영향을 주었다. 라이샤워는 일본사학자로 하버드대학 교수로 있다가 1961년 주일 미대사로 와 강연 등에서 일본 근대화론을 펼쳤다. 라이샤워는 근대사에 있어서 비서양제국 중 근대화를 성립한 나라는 일본뿐이고, 그것도 서양에서는 수세기가 필요했는데 일본은 메이지와 쇼와 시대에 걸쳐 단기간에 도달했다고 평가했다.[6] 이 특징은 사실상 일본만의 특징이라고 할 수 없는 것들인데도 불구하고 일본만의 특징으로 여겨 일본은 아시아의 다른 국가들과 다른 경제성장에 대한 '특별한 역사적 우월감'을 가질 수 있었다. 라이샤워는 특히 메이지의 정치, 문화 지도자와 민간 기업가의 성공을 높이 평가했다. 그는 '전전의 일본사 전체가 암흑사적인 것이 아니기 때문에 마르크스주의사관에 기반해서 메이지 초기

6　竹繩亮一, 1999, 위의 글.

에서 절대주의를 구하는 것은 무의미하다. 제2차 세계대전의 패배는 메이지 이후 지도자에게 공동의 목적의식이 결여되었던 것이 주된 책임이지 메이지 체제의 불완전성이 직접적 결과는 아니다. 따라서 메이지 정치지도자에게 파국의 책임을 묻는 것은 잘못이다'라고 주장했다. 이런 라이샤워의 일본 근대화 평가는 일본의 독과점 자본가 및 전시경제체제의 수탈 등에도 면죄부를 주는 평가였다.

또한 근대화와 민주주의의 관계에 관해서도 라이샤워는 '민주주의는 근대화의 부산물이지만 근대화 요소에 민주주의를 포함하는 것은 적당하지 않다. 독일, 이탈리아, 일본, 러시아와 같이 급격한 근대화가 일어난 나라에서는 역으로 전체주의 국가가 성립한다'고 주장했다. 일본의 천황제 전체주의에 대한 면죄부를 주는 발언이었던 것이다. 라이샤워의 논지는 일본의 아시아 침략을 경제적 진출로 해석하여 정당화할 수 있게 했다. 동시대에 등장하는 대동아전쟁긍정론의 밑바탕이 되었다고 말할 수 있겠다. 후지오카가 한일합방을 조선 근대화를 위한 것으로 보는 것도 앞서 설명한 바와 같이 라이샤워가 메이지유신 자체 또한 높이 평가하고 있다는 측면에서 자유주의사관에 직접적인 영향을 끼쳤다고 볼 수 있다.

라이샤워의 근대화 논쟁과 거의 비슷한 시기인 1963년 9월부터 1965년 6월까지 잡지 『중앙공론』에 하야시 후사오(林房雄)는 「대동아전쟁긍정론」을 연재했다. 전후역사학이 가지고 있었던 '폐쇄적 역사인식'과 딱딱한 문체를 벗어난 형태의 글이었고, 매우 반향이 컸다. 하야시는 이 글에서 전후역사학이 정한 명칭인 '태평양전쟁'을 '대동아전쟁'이라고 일부러 바꾸고 이것을 '동아백년전쟁'이라고 부를 것을 제안했다. 아시아에 진출한 서양과 일본이 접한 19세기 중반 이후부터 다른 아시아국들이 대부분 무저항으로 식민지화되는 과정에서, 일본은 아시아를 식민화하려는 서양제국에 저항하는 백년전쟁을 계속해 왔다는 것이다. 그런 의미에서 정한론, 청일전쟁, 러일전쟁, 중일전쟁, 태평양전쟁에 이르기까지 그 모든 것이 서양에 대한 반격이었다고 생각하는 것이다.

하야시는 이러한 논의를 전개하면서 메이지유신 지사들을 미화했다. 정한론으로부터 시작된 백년전쟁은 서양에 대항하여 동양을 지키는 성전이었으므로 천황이 중심이 된 전쟁이었다는 논지로, 도쿄재판사관과는 또 다른 천황 전쟁책임론을 구사했다.[7]

하야시의 논리는 일반 대중에게는 또다른 논리로 받아들여지고 있었다. 바로 일본인들의 전쟁체험으로서 받아들여지는 방법이다. 즉, 겉으로 표현할 수 없었던, 스스로 입었던 피해에 대한 의미부여를 어떻게 해야 할 것인가에 대한 대답을 해 준 것으로 인식한 것이다. 일본은 전쟁으로 2백수십만 명의 인명을 잃었다. '그들이 죽은 이유가 무엇이고 그들의 죽음과 막대한 손실은 정말 아무 의미없다고 생각해도 좋은가'라는 의문에 대한 그들의 죽음의 의미를 알려 주었다는 점이다. 그동안 억압되었던 일본인 자신들의 희생에 대한 '의미'를 갖게 해 준 것이다. 따라서 일본 대중에게는 이성적으로는 최대의 우익논리라고 배척하더라도 감성적으로 받아들이는 이중성을 띠게 했다.

후지오카 등 자유주의사관론자들은 이 대동아전쟁긍정론을 가장 우익적인 사관의 대표로 보고 좌익 이데올로기 사관인 도쿄재판사관과 같이 배척해야 할 대상이라고 선언했다. 그리고 본인들의 사관을 우익에도 좌익에도 속하지 않는 '자유주의'사관이라고 칭했다. 하지만, 내용적으

---

[7] 竹繩亮一, 1999, 위의 글; 林房雄, 2001, 『大東亞戰爭肯定論』, 夏目書房.

로 보았을 때는 대동아전쟁긍정론보다 치밀하다.

하야시가 대동아전쟁긍정론을 전개할 때, 가장 힘을 기울여 설득한 말이 "좌익도 우익도 없다. 진실만이 진실이다. 대동아전쟁의 해석에 관해서도 과장되게 추하게 묘사하지도 않고, 과장되게 미화하지도 않고, 있는 그대로 썼다"라는 것이었다. 그러면서도 "대동아전쟁을 비난하는 자는 일본의 자위를 인정하지 않는 자"라고 강하게 비판하고 있다.[8]

자유주의사관론자 역시 역사적 상황을 "사실 그대로 묘사한다"는 중립적 입장을 자임하면서도 반대편이라고 생각되는 역사관은 단순화하고 편협하게 왜곡하여 "좌익적 역사가들에 의해 자학적으로 기록되고 왜곡된 일본역사의 해석에는 단호하게 저항한다"고 선언한다. 대동아전쟁긍정론과 자유주의사관은 위와 같은 유사점을 가지고 있으면서도 상이점 또한 존재한다. 그것은 러일전쟁에 대한 해석과 내셔널리즘에 관한 정의이다. 대동아전쟁긍정론은 근대의 일본의 전쟁을 모두 서양제국의 아시아(일본 포함) 식민지화에 대한 반격이라고 규정한다. 따라서 조선과 만주의 점령은 서양열강과의 결전에 준비한 국력신장을 위한 것으로 보고 있다. 따라서 러일전쟁은 러시아의 아시아 진출을 퇴치한다는 측면에서 '방위전쟁'임과 동시에 조선지배권 싸움이라고 인정한다. 그리고 한국병합의 동기는 일본이 이익을 얻기 위한 것이라고 인정한다.

일본의 확장정책의 원동력이 제국주의가 아니라 내셔널리즘으로 인식하고 있는 것은 대동아전쟁긍정론이나 자유주의사관론이나 같지만, 대동아전쟁긍정론은 "내셔널리즘은 태생이 발톱을 가지고 있어, 대외확장주의로 전화(轉化)할 위험성을 본원적으로 내포하고 있다"고 생각하는

---

8   林房雄, 2001, 위의 글.

데 반해, 자유주의사관은 "선한 내셔널리즘"을 주장한다.

앞에서 본 바와 같이 자유주의사관은 사회적 요인인 일본의 우경화라는 외적요인 외에도 역사학 속에서의 역사인식의 논쟁 속에서도 '탄생'의 맥락을 보았다. 전후역사학이 황국사관 비판을 과제로 하는 것으로 인해, 전전의 '국체'론을 의식적, 무의식적으로 거부하면서, 변화하는 세계 질서 속에서 일본이라는 공동체를 아우를 수 있는 그 무엇이 공동화되어 있었다는 것은 사실이다.

누노가와 히로시(布川弘)는 실제로 미군정으로부터의 독립, 전후 청산 등 새로운 국가로 탈바꿈해 갈 때도, 소련의 붕괴로 인해 더 이상 보혁 논쟁이 의미를 갖지 못하게 되었는데도 새롭게 역사를 재해석할 새로운 역사관을 갖지 못했다고 당시의 상황을 비판한다. 그에 덧붙여 1990년대 그 시기의 역사학계는 '체계적인 역사인식을 형성하기는커녕, 체계성이나 역사인식, 역사관을 묻지 않았다. 더더욱 노골적으로 이야기하자면, 역사관이라는 차원 이전에 역사인식 방법조차 묻지 않았고, 역사 연구회 석상에서 방법적 문제제기 자체를 싫어하고 "선입관을 가지지 말고 사료를 그대로 보라"라는 등의 무의미한 이야기들을 했다'[9]고 반성했다. 이렇게 역사학계가 무력화되었던 배경에는 전후 역할을 해 오던 혁신과 보수, 호헌과 개헌 등의 구조가 전후 50년 이상 아무것도 생산하지 못한 채로 풍화되어 갔지만, 그 상태를 이데올로기 비판으로 그 공간을 메꾸어 갈 수 있었기 때문이었다.

그러나 소련이 붕괴된 이후 그 이데올로기 비판이 더 이상 역할을 하지 못하게 된 상태 속에서, 달리 대안을 발견하지 못한 채, 전후역사학

---

9   布川弘, 2014, 『近代東アジア社會における外來と在來』, 清文堂出版, 15쪽.

은 '자학사관'이라는 비판에 직면하게 된 것이다. 전후역사학 속에서 무화(無化)되었던 '국체'가 '자학'이라는 말로 비판되면서, 역설적으로 일반 대중들에게는 그간 무화되었던 '자(自)=일본'이라는 국가 속에서 자신을 발견하게 하는 계기를 주었다고 생각한다. 자유주의사관은 이러한 방식으로 대중에 침투되어 갔다고 보인다.

후지오카 등 자유주의사관론자는 '자=국가'의 문제로 '근현대사라는 것은 무엇보다도 국민과 국가의 내력 이야기'로, 국가나 국민을 대결로 소외시키는 것이 아니라 상호작용 속에서 구성된 이야기로 보았다. 더욱이 그 '근현대사를 생각하는 데 있어서 가장 필요한 것은 자국의 생존권과 국익 추구의 권리를 확실히 인정하는 것'이라고 주장한다.[10] 무엇보다도 일본의 생존권, 일본의 국익 추구를 위해 근현대사가 재구축될 수 있다는 것을 의미한다고도 볼 수 있다.

후지오카에게 있어서 그렇다면 생존권과 국익 추구의 권리를 인정할 실체적 '국가'는 어떤 것을 말하는가? 후지오카는 그 국가의 원형을 '메이지유신이 만들어 놓은 국가'로 상정한다. 근대국가로서 아시아 유일 독립국가로서의 일본이라고 평가한다. 전후역사학이 구축했던 메이지유신관은 자학사관이라고 비판하면서 근대국가의 형성기인 메이지유신을 "하나의 탄환도 없이 한 방울 피도 흘리지 않고" 봉건제도를 철폐하고 세계사적으로 예가 없는 위대한 혁명적 변혁으로 묘사하고 있다. 폐번치현도 "일본 국내가 번으로 분열되어 통일이 이루어지지 않았다면 다른 아시아 제국과 같이 일본도 구미의 식민지가 되었을 가능성이 있다. 그

---

10 波田永實, 1997, 「日本近代における'滿州'認識」, 奈良歷史硏究會編, 『戰後歷史學と自由主義史觀』, 青木書店.

위험을 피하기 위해 일본은 서둘러 중앙집권적 통일국가를 만들 필요가 있었다"는 것을 강조하고, 아시아에서 유일하게 국가의 독립을 지킨 위대한 혁명이었다고 적극적으로 평가하고 있다.[11]

후지오카는 현재 일본에서 가장 필요한 것은 '건강한' 내셔널리즘이라고 주장한다. 그가 말하는 '건강한' 내셔널리즘이란 무엇인가? 후지오카는 시바 료타로의 소설 『언덕 위의 구름』의 한 장면을 들어 설명한다. 일반 민중이 예상 외로 빠른 속도로 열심히 일하는 노동자의 모습을 보고 "그 노동자의 마음가짐을 '국가'라는 개념을 근원적으로 빼앗긴 전후의 일본인은 솔직하게 바라볼 수 없게 되었다. 일본인이 소박하게 국가를 믿었던 시기가 있었고, 건강한 내셔널리즘이 넘쳤던 시대가 있었다는 것을 실감할 수 없게 되었다"고 평했다.[12]

후지오카는 "역사는 사회과학이 아니다. 실증적인 사실에 근거한 인간학이다.(사회과학적 성과는 역사 개개의 부분의 설명에 원용하는 데 지나지 않는다)"[13]라고 주장한다. 전후역사학이 역사적 사실이라고 하는 것들은 자유주의사관의 역사에서는 개개의 부분을 설명하는 것에 지나지 않는다는 것이다. 이러한 인식은 역사를 구성하는 데 있어서 '사실'을 선택적으로 받아들일 수 있다는 것을 의미하기도 한다. 자유주의사관, 자학사관에서는 '자'를 국가로 치환하면서, 역사적 사실에 대한 비판을 국가, 자에 대한 비판으로 여기게 되었다. 여기의 자=국가는 현재의 일본이자, 메이지혁명을 이룬 '대일본국가'이다.

11　小路田泰直, 1997,「明治維新觀について」, 奈良歷史研究會編, 『戰後歷史學と自由主義史觀』, 青木書店.
12　波田永實, 1997, 앞의 글.
13　波田永實, 1997, 위의 글.

자유주의사관은 종래의 역사관을 도쿄재판=코민테른사관이라고 단정하고, 그런 역사관은 미국과 소련의 압력에 의해 생긴 것으로 해석하고 있다. 자유주의사관 자체는 그런 외국의 압력이 아니라, 스스로 일본사를 구축하려는 의도라고 하고 있다. 이런 시점에는 앞에서 본 바와 같이 식민지, 혹은 외국이라는 시점을 완전히 배제한 자국사를 형성하고 있다는 점, 그들은 마치 내적인 자국사만이 자기의 아이덴티티를 결정하고 있는 것처럼 생각하고 있다. 이러한 의도를 가지고 만든 역사는 공동적 언어로 말하고 있지만, 자기의 아이덴티티의 일관성이 상처받지 않는 방향으로 진행될 수밖에 없다.

2. 진보, 자유진영의 타자화된 피해자: 강제동원, '위안부'의 문제

1) 배봉기에서 김학순으로

일본군'위안부' 문제는 1990년대 이후 인지되어 왔던 것처럼 생각되지만, 사실은 한일 양국에서 역사적 사건으로 공공의 기억을 형성해 왔다. 잘 알려진 바와 같이 일본에서는 패전 후 군인들의 회고록 속에서, 전쟁 재현물 속에서 등장했다. 한국의 경우는 해방 직후부터, 신문 등 미디어에서 삼일절이나 광복절을 전후로 일본 식민지 피해로 전쟁에 끌려간 군인, 군속, 노동자, 정신대 피해를 언급하면서, 정신대를 일본 군대에 끌려가 '몹쓸 짓'을 당한 위안부도 포함해 지칭했다. 1963년 8월 14일 "광복전야, 일제의 발악. 8.15에 생각나는 말들"이라는 기사에서 정신대를 "속칭 여자공출이라고도 했다. 나이 찬 처녀들을 전선으로 끌고 가 위안부로 삼았다. 일제 병사에 인신을 공양한 것이다."라고 설명했다.

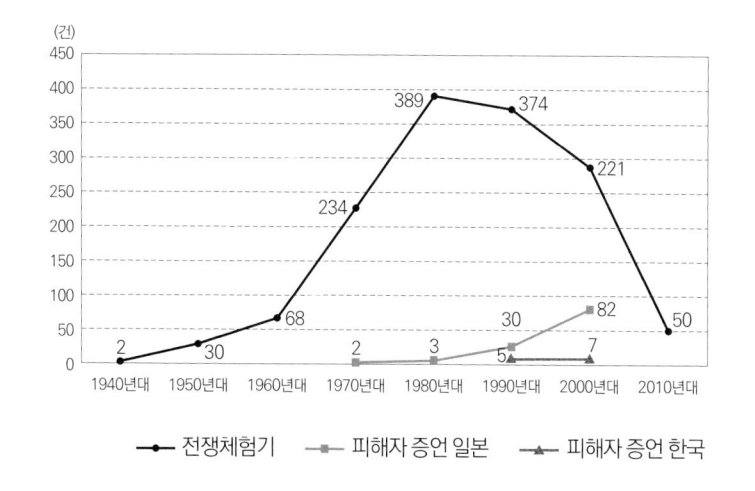

〈그림 1〉 남성의 전쟁체험기, 피해자 증언 생산 추이

1982년 한일 간의 역사교과서 문제가 처음 불거졌을 때 역시 '위안부' 문제는 정신대라는 이름으로 제기되었다. 한국에서는 공식적으로 민족의 수난, 식민지 피해라는 관점에서의 '위안부' 피해는 군인, 군속, 노무자 및 정신대와 구분되지 않는, 가시화된 피해, 공공의 기억으로 인지되었다.

일본에서는 '위안부'의 존재는 군인의 전쟁체험기 속에서 비공식적으로 회자되었다. 일본에서의 전쟁체험기는 1940년대부터 생산되어 계속 증가세를 보이면서 1980~2000년대 중반까지 많이 생산되었다. 그에 비해 '위안부' 피해자 당사자의 증언은 1970년대부터 나타나기는 하지만, 절대적 소수였다. 이와 같은 사정으로 일본에서는 일본군'위안부'에 대한 정보는 남성들의 전쟁체험기에서 남성적 시선으로 그려진 모습으로 각인, 고착화되어 갔다. 전쟁체험기에서는 자신이 겪은 전쟁의 참혹함과 함께 '위안부'가 회고되기는 하지만, 남성을 '위로'하는 대상, 성적 대상 등 정신적·육체적 모든 것이 남성을 위한 존재로, 성(性)이 강조되는 경향이 강하게 나타났다. 전쟁체험기를 통해 창작되는 재현물에서는 보다 더 노골적으로 성이 강조되는 형태로 만들어졌다. 대표적 작품이 1965년 출판된 다무라 다이지로(田村泰次郎)의 『춘부전(春婦傳)』이다. 원작(1950년)에서는 조선인 '위안부'였는데, GHQ의 검열로 일본인 위안부로 바꾸었다. 일본에서는 일본군'위안부'는 대중적으로는 '창부'의 이미지로 만들어져 갔다. 한국에서도 비공식적 대중의 이미지에서는 위의 『춘부전』의 영향을 받아, 1974년과 1985년에 〈여자정신대〉라는 제목으로 성이 부각되는 스토리로 재현되었다.[14]

일본인 '위안부' 피해자 시로타 스즈코(城田すず子)는 1962년에 『사랑과 육체의 고백(愛と肉の告白)』(櫻桃社)과 1971년에는 『마리아의 찬가』라는 자서전을 내기도 했다. 시로타는 1985년에 『마리아의 찬가』를 재출판하면서 자신의 피해가 일본국가의 책임이라는 생각을 하게 되었고, 일본의 여성계에서는 그 목소리를 듣고 있었다. 1986년에는 시로타의 희망을 받아 전시 중의 위안부를 위한 위령비를 세우기도 했다. 하지만, 일본군'위안부'의 문제가 여성인권의 문제로 부각되지는 못했다.

1982년 일본의 역사교과서 문제로 반일감정이 높아져 있을 때, 일본군'위안부' 피해자가 『레이디 경향』 기자에 의해 발굴되어 세상에 나왔다. 1982년 이남님이, 1984년 배옥수, 노수복이 공개증언을 했다.[15] 그러나 이들의 공개증언은 공공성을 획득하지 못했다. 모두 여성지를 통해

---

14 한혜인, 2017, 「일본군'위안부'관련 문화 컨텐츠 해제」, 『일본군'위안부' 문제 관련 국내외 사례조사 및 향후과제 종합보고서 5』, 여성가족부.
15 한혜인, "우리가 잊은 할머니들…국내 첫 커밍아웃 이남님, 타이에서 가족 찾은 노수복", 『한겨레21』, 2015.8.7.

소개되어 사회문제로까지 인식하기에는 역부족이었다. 물론 피해자 노수복의 경우, 해방 후 귀국하지 못하고 태국에서 살다가 가족을 찾는다는 이유로 대대적인 보도를 하지만, 결국 여성지에서만 적극적으로 취급했다. 위안부 피해자가 증언을 하게 된 계기는 일본의 역사교과서 도발이지만, 개인의 피해에 집중한 사적인 여성의 문제로 취급되면서 널리 퍼지지 못하고 잊히게 되었다.

일본에서 일본군'위안부'가 문제가 된 것은 배봉기의 발견이었다. 1975년 교도통신의 보도로 알려졌다. 하지만, 이때의 배봉기는 '위안부'의 피해자로 발견되었다기보다는 오키나와 반환에 따른 재일조선인 외국인등록문제로 발견된 것이다. 즉 이 당시 발견된 배봉기는 재일조선인의 문제였던 것이다.

이러한 구도를 깬 것이 바로 1991년 8월 14일 김학순의 공개증언이다. 김학순의 공개증언은 지금까지 알려진 바와는 달리, 최초의 공개증언으로의 의의가 아니라, 피해사실에 대해 국가가 책임을 져야 한다는, 사적 여성의 기억을 공공의 기억으로 끌어 올렸다는 데서 그 의의를 찾을 수 있다.

일본의 시민사회는 시로타 스즈코, 배봉기를 발견하고 있었음에도 이 문제를 '위안부'의 문제로, 일본 시민사회의 역사문제로 만들어 가지 못했다. 그러나 한국사회는 김학순을 피해자의 대표로 만들어 가면서, 한국 시민사회와의 연대라는 방식으로 국제화된 운동으로 전개했다고 볼 수 있다.

2) 강제동원문제, 재일조선인의 운동에서 한국의 과거사 청산운동으로

나리타 유이치는 일본의 역사학 중 1970년대 중반부터는 민중사 연구의 고조기로 강좌파 마르크스주의와의 공존의 시기라고 규정했다.[16] 일본의 민중사의 확산은 마이너리티 역사에 대한 관심이 높아져, 각 지역에서 재일조선인 사회 역사는 지역의 농민, 노동자의 역사와 동등하게 취급되기 시작했다.

이러한 움직임과 함께 일본의 역사학계에서 민중사의 일부분으로 조선인 강제연행의 문제를 다루게 되었다. 재일조선인 사회에서도 한일청구권협정 반대운동으로 조선총련에서 조선인강제연행의 기록을 출판하면서, 조선인의 문제로 인식되기 시작했다. 1980년대는 자료집『조선문제자료총서』(박경식 편)의 1권(1981)과 2권(1982)이 전시강제연행, 노무관리정책 등을 수록해 편찬해 내기도 했고, 연이어 일본의 민중과 함께 조사된 수많은 연구서들이 출판되었다.[17] 1972년 조선총련의 '조선인강

---

16 成田龍一, 2006, 『歷史學のナラティヴ-民衆史硏究とその周邊』, 校倉書房.
17 당시 출판된 저작은 다음과 같다. 森岡武雄, 1982, 『はるかなる海峽 蔡晩鎭物語』, 旭川出版社; 掘る編集委員會, 1988, 『續 掘る』, 民衆史道連; 空知民衆史講座編集, 1986, 『笹の墓標 朱鞠內・ダム工事掘りおこし』, 空知民衆史講座; 石田眞弓, 1985, 『故鄕はるかに 故鄕はるかに: 常磐炭礦の朝鮮人勞動者との出会い』, アジア問題硏究所; 埼玉縣滑川高校鄕土部, 1984, 「比企地方の地下軍事施設」, 『比企』3; 和田登, 1987, 『圖錄松代大本營』, 鄕土出版社; 澤田猛, 1985, 『石の肺—ある鑛山勞動者たちの叫び』, 技術と人間; 金浩, 1989, 「日本輕金屬(株)による富士川水電工事と朝鮮人勞動者動員」, 『在日朝鮮人史硏究』19; 東南海地震・舊三菱名航道德工場犧牲者調査追悼實行, 1988, 『悲しみを繰り返さないようここに眞實を刻む』, 東南海地震舊三菱名航道德工場犧牲者調査追悼實行委員會; 川瀨俊二, 1987, 『もうひとつの現代史序說』, ブレーンセンター; 兵庫朝鮮關係硏究會, 1985, 『兵庫と朝鮮人』, 明石書店; 金慶海・徐根植・宋成一・鄭鴻永・洪precision, 1987, 『鑛山と朝鮮人强制連行』, 明石書店; 縣北の現代史を調べる會, 1989, 『戰時下廣島縣高暮ダムにおける朝

제련행진상조사단'은 1972년 8월에 재일본조선인총연합회와 일본의 법률가, 학자, 문화인들에 의한 조일합동조사단으로서 발족되었다. 그리고 조선인 측 중앙본부를 결성하였다. 조선총련의 이런 일련의 움직임은 1972년 7.4남북공동성명과 연관되어 있다고 볼 수 있다. 1990년 여름부터 시작한 조선인·중국인 강제연행·강제노동을 생각하는 전국교류집회는 10년간 지속되었다.

제1회 집회는 나고야(名古屋市)에서 개최되어 강제동원의 문제를 다루었다. 1991년 제2회는 1991년 효고현(兵庫縣)에서, 제3회는 히로시마(廣島縣), 제4회는 나라현(奈良縣), 제5회는 나가노(長野縣), 제6회는 도쿄, 제7회는 기후현(岐阜縣), 제8회는 시마네현(島根縣), 제9회는 이시가와현(石川縣)에서 집회를 개최하였다. 각 회마다 각 지역의 강제동원뿐 아니라, 그 시기에 화제가 되는 과거사 문제를 다루었다. 다만, 이 전국교류집회는 1999년에 10년을 맞이하면서 다음과 같이 일본인들이 중심이 되었던 세화회를 종료하면서, 운동의 또 하나의 방향을 선정하였다. 조선인·중국인 강제연행·강제노동을 생각하는 전국교류집회 세화회는, 10년 간의 교류집회는 각지에서 강제연행·강제노동의 조사활동 등을 진행하던 동료가 매해 1회 만나서 정보를 교환하고 새로운 방법을

鮮人强制勞動の記錄』, 三次地方史硏究會; 內藤正中, 1989, 『日本海地域の在日朝鮮人』, 多賀出版; 梶村秀樹, 1982, 「海がほけた」, 『在日朝鮮人史硏究』 10長生炭鑛; 林えいだい, 1981, 『强制連行强制勞動-筑豊朝鮮人坑夫の記錄』, 現代史出版會; 林えいだい, 1989, 『消された朝鮮人强制連行の記錄-關釜連絡船と火床の抗夫たち』, 明石書店; 上野英信·趙根在, 1986, 『アリラン峠 寫眞万葉錄筑豊9』, 葦書房; 李興燮, 1987, 『アボジが越えた海』, 葦書房; 林えいだい, 1988, 『朝鮮海峡-深くて暗い歷史』, 明石書店; 山田ゼミ, 1989, 『生きぬいた證に』, 多摩全生園での聞き取り; 樋口雄一, 1986, 『協和會-戰時下朝鮮人統制組織の硏究-(天皇制論叢5)』, 社會評論社; 田中直樹, 1984, 『近代日本炭鑛史勞動史硏究』, 草風館 등이 있다.

배워 가져감으로써 교류집회의 풍부한 내실을 만들어 올렸다고 평가하면서, 이 교류회의 성과를 공유된 자산과 전국에 걸친 조사활동이라고 평가했다. 즉, 각지의 경험이 공유하는 재산이 되고 그것이 또 각지의 조사활동을 추진했고, 또 교류집회는 일본 정부가 강제연행관련정보를 극력 숨기려고 하는 중에 정보공개를 일본 정부에 요구해 가는 하나의 힘이 되었다고 평가했다. 특히, 제4회 나라집회(1993년)에 후생성 명부가 공개되었고, 강제연행의 역사는 일본 정부도 인정하지 않을 수 없는 상태로 몰려 교과서에도 강제연행 종군위안부 등 기술이 나오게 되었다고 평가했다. 그리고 교류집회 세화인은 제4회 나라집회 이후 1. 전국교류집회의 운영에 관해서 협의한다 2. 교류집회를 내실이 있는 것으로 하기 위해서 지역에서 조사활동을 진행하고 있는 사람들과 적극적으로 연락을 해서 네크워크를 넓혀 각지에서의 조사활동의 성과가 교류집회에 반영되도록 노력하기 위한 모임으로서의 역할을 마치고, 2000년 이후의 교류집회 개최방법 등에 관해서 협의한 결과 제 10회 규슈집회를 가지고 해산했다. 그간의 성과를 나열했지만, 홍상진 등 조선총련의 그룹이 한국과 활발한 교류를 하면서 한국 내에서의 법제화 운동에 보다 힘을 쏟고 있었고, 전국 각지에서 제10회까지와 같은 형식으로 개최하는 것이 지역에 큰 부담이 되는 것 등 곤란한 상황이 있었던 것도 있었다. 그리고 1990년대는 강제연행, 전쟁책임, 식민지 지배책임 전쟁피해자 개인에의 배상 등에 관해서 문제가 제기되어 역사인식이 물어지는 시기였다. 연행 피해자의 소송과 재판에서의 증언, 시민 차원의 지원으로 인해 일본 정부도 1993년 고노 담화로 위안부 문제를 인정하고 1995년 무라야마 담화에서 식민지 지배에 사죄의 뜻을 표했다. 전쟁피해자의 목소리가 시대를 움직이기 시작했다. 다른 한편 1990년대 후반부터는 역사 부정이 일어나 강제연행 부정 선전이 강해졌기 때문이기도 했다.

한국에서의 과거청산의 움직임 속에서 1990년의 노태우 방일 때, 일본 측에 명부조사를 요구했다. 그 결과 발견된 명부류가 한국에 제공되었다. 제공된 명부는 후생성 근로국의 『조선인노동자에 관한 조사(朝鮮人勞務者に關する調査)』 1946년, 육군 『유수명부(留守名簿)』, 육군 『군속명부(공원명부)』, 해군의 『군인군속명부(군인이력원표, 군속신상조사표)』, 『임시군인군속조사표』, 『병적전시명부』, 『군속선원병부』, 『병상일지』, 『부로명표』 등이었다.

그러나 일본 정부의 명부는 일본 국내에서는 공개되지 않았다. 후생성 근로국 『조선인노동자에 관한 조사』 명부는 한국 민단이 일본 국내에서 공개해 1993년 NHK에서 〈조사보고, 조선인강제연행 처음 공개, 6만 7천 명의 명부에서〉가 제작되었다. 이 명부 공개로 한국사회에서는 민족문제연구소 등 시민사회에서 강제동원 피해에 대한 관심이 높아졌고, 과거사 청산에 대한 법제화 운동도 활발해지기 시작했다.

그러나 일본에서는 강제연행이라는 용어를 사용하고, 한국에서는 강제동원이라는 용어를 사용하면서, 일본운동에서의 범주와 한국의 범주가 다르다는 것을 인식하게 되었다. 일본에서 사용하는 조선인 '강제연행'이 전쟁범죄로서의 의미를 지닌다면, '강제동원'은 식민지 지배 피해로서의 의미를 지닌다. 강제연행이 폭력적·불법적이라면, 강제동원은 체제적·합법적이다. 전후 재일조선인 사회가 강제연행의 기억으로 수렴되었다면, 전후 한국사회는 강제동원으로 수렴되었다.[18] 역사적 사실로서

---

18 한국은 1965년 이전까지 신문에서 쓰인 용어를 조사해 보면, 징용, 강제징용, 강제동원이라는 말로 표현되어 있고, 강제연행은 많이 쓰지 않았다. 그것에 비해 재일조선인 사회에서는 일본인의 타고베야나 수인노동, 중국인 노무동원에 관련해서 강제연

전쟁에 가담되었다는 것은 공유하지만, 조어되는 방법은 자신이 속해 있던 체제와의 관계에서 생겨난다. 그런 의미에서 재일조선인 사회 속에서 형성된 강제연행은 그만큼 전후 일본사회가 얼마나 배외주의적이었는가, 그리고 재일조선인이 그 체제 속에서 얼마나 동떨어져 있었는가를 읽어 낼 수 있는 단초로도 볼 수 있다.

III. 한국인, 일본인 사할린 잔류자 귀환운동의 국제인식

일반적으로 사할린 한인의 문제는 일본의 전후 책임의 일환으로 논의되어, 기본적으로 "사할린 한인은 일제에 의해 강제동원 되었기 때문에 미귀환의 책임이 있다"라는 전제에서 피해자 및 피해자 지원단체가 귀환운동을 전개해 왔다. 강제동원 피해에 관한 부분과 미귀환의 부분이 일원화된 문제로 거론되어 왔다. 따라서 피해자 및 피해자 지원단체는 한국과 일본 정부 사이의 전후 문제 해결이었던 한일청구권협정과는 별도의 문제로 인식해 왔다. 한국 정부 역시, 2005년 한일협정 문서 공개에 따라 위안부의 문제, 원폭피해 문제와 더불어 사할린 한인의 문제는 한일협정 미해결 과제로 선언했다.

사할린 한인의 귀환문제는 한국과 일본 정부가 한일청구권협정이 끝난 직후 1960년대 중반부터 논의를 시작했다. 이후 답보 상태로 있다가

행이라는 말리 전시기 공식적 문서에도 쓰였던 영향도 있지만, 강제연행이라는 말이 보편적으로 사용되었다.

1989년 모국방문사업을 시작으로, 1994년 한국과 일본 정부의 합의에 따라 양국 적십자사가 실무를 맡아 '한일영주귀국시범사업'을 시작했다.

사할린 한인의 귀환을 둘러싼 외교적 교착 이외에도 한국사회 내부의 균열 구조 또한 존재했다. 즉, 한국 정부는 사할린 한인에 대하여, 일본의 식민지배의 피해문제로서의 사할린 한인이라는 표상 외에 한국사회는 그들을 '반공'의 기재로도 사용했다. 다시 말하면, 한국 정부는 사할린 한인 귀환문제를 북한에 대한 비판여론을 조성하는 장치로 이용했다. 1972년 '7.4남북공동성명' 등 표면적으로는 남북한의 화해무드가 조성되는 듯했으나, 외세에 의존하지 않는다는 것을 핑계 삼아 남한은 '10월 유신'을 선포하고 북한은 사회주의 헌법을 채택하여 주체사상을 확립하여 권력기반 강화에 이용하였다. 뿐만 아니라 남북한 체제를 공고히 하기 위한 각 체제비방은 여전히 공고하게 자리하고 있었다. 북한은 1973년 6월 10일 대남 비난방송을 재개하였고 무장 간첩 남파, 휴전선상의 도발 등을 격화시켜 갔다.[19] 남한 또한 반공을 앞세우고 있었고 사할린 한인 귀환문제 또한 그러한 맥락 속에서 반공의 이념을 공고히 하기 위하여 이용되었다.

한국 정부가 사할린 한인을 어떻게 생각하고 있었는지를 단적으로 드러내는 사건은 홍만길 일시귀국 사건이다. 이 사건에 대해서는 이미 다른 글에서 다룬바 있지만, 여기에서 다시 한 번 언급하도록 하겠다. 홍만길은 한국의 중앙정보부의 심문 보고서 속에서 발굴된 사람이다. 홍만길은 1927년 출생으로 1943년 5월 충남 논산에서 사할린의 삭조로스크로 강제동원되었다. 그는 해방 후, 1969년 11월 일본인 여성과

---

19 "7.4공동성명이 제대로 발휘되지 않고", 『동아일보』, 1973년 7월 4일.

결혼하여 사할린에서 살다가, 1973년 2월 2일 일본 요코하마로 귀환했다.[20] 이후 1973년 7월 1일 한국으로 일시귀국하게 되었다. 이 홍만길을 중앙정보부를 비롯해 "9개 전문기관의 신문관(訊問官) 15명이 합동 심문한 보고서"[21]가 발간되어 외무부에 보고되었다.

중앙정보부가 발간한 19쪽짜리 보고서『사할린 귀국동포홍만길합신첩보(歸國同胞洪萬吉合訊諜報)』는 다음과 같은 내용으로 구성되어 있다. "1. 중요첩보 (가. 사할린동포 실태, 나. 사할린 주재 북한 공관원의 활동양상, 다. 교포의 북한 내왕 사항, 라. 조총련계의 접촉시도, 마. 사할린 교포들의 남북한관, 바. 사할린의 지역적 특징, 사. 군사시설, 아. 홍만길의 사할린 거주 및 귀환연역) 2. 분석비판, 3. 대책, 별첨으로 홍만길의 인적 사항과 거주지이동 및 귀환경로"[22]가 첨부되어 있다.

이 보고서를 보면 중앙정보부, 즉 한국 정부에게 있어서 사할린 한인은 '잠정적 대남침투공작원'으로밖에 인식하고 있지 않는다는 사실을 읽어 낼 수 있다. 보고서에 홍만길의 인생이 일본제국주의에 의해 어떻게 왜곡되었는지에 대한 내용은 한 줄도 없다. 홍만길과 같은 사할린 한인, 일본에 귀환한 한인들을 위해, 한국 정부로서 일본에게 어떤 피해보상을 요구할 것인지에 대해서는 대책도 없다. 한국 정부로서 해 줄 수 있는 대책이라고는 지금까지 해 오던 적십자사를 통한 귀환노력과 고국의 소식을 전하는 KBS 방송을 활성화하는 것뿐이었다.[23]

반공의 기재로 사용한 또 한 예로는 영화를 통한 선전이었다. 1974년

---

20 중앙정보부, 1973, 『사할린 歸國同胞洪萬吉合訊諜報』, 199쪽.
21 중앙정보부, 1973, 『사할린 歸國同胞洪萬吉合訊諜報』, 185쪽.
22 중앙정보부, 1973, 『사할린 歸國同胞洪萬吉合訊諜報』, 186쪽.
23 중앙정보부, 1973, 『사할린 歸國同胞洪萬吉合訊諜報』, 200-201쪽.

에는 국책 영화 〈사할린의 하늘과 땅〉을 제작하여 널리 흥행을 시켰다. 이 영화는 1948년의 사할린 한인의 귀환을 소재로 하고 있으나, 내용은 일본의 강제동원 사실보다 그들이 귀환을 하게 되는 이유는 소련과 북한의 강제노역의 야만성 때문이라는 것을 더욱 강조하고 있다. 그리고 아내인 일본 여성은 제국 일본을 표상하기보다는 조선인을 도와주는 선량한 처로 묘사하고 있다.[24] 이와 같이 한국 정부는 사할린 한인을 일본에 귀환한 한인을 '국민'으로 포섭하려는 노력은 하지 않았다. 오히려 보고서의 서문에서 밝히고 있듯이, 그들을 한국 "국가안보와 대공산당권 외교에 기여하는" 한국 밖의 존재로 두고자 했다.[25]

1970년대부터 1980년대 초반까지 외교적 교착상태와 한국 내부의 정치구조로 인해, 실질적으로 귀환은 이루어지지 못했다. 그러나 1971년부터 시작된 남북이산가족찾기에 힘입어 사할린 한인의 이산가족 상봉 또한 논의되기 시작했다.

일본에서는 한국 정부로부터 일정 정도 지원을 받으며 활동했던 화태(사할린)귀환재일한국인회가 지속적으로 귀환활동을 했다. 1974년부터 시작된 KBS의 〈사할린으로부터 온 편지〉 프로그램에 화태귀환재일한국인회는 사할린으로부터 온 편지들을 정리하여 한국에 보내는 활동을 하였다. 이 편지들은 한국에서 박노학 씨의 아들 박창규 씨가 받아 전달했으며, '가라후토 억류교포 귀환촉진회'(이후 '중소이산가족회')가 만들어지면서 이어졌다.[26] 이러한 서신왕래가 1960년대 가능해지고, 일본에서

---

24 김묵 감독, 1976, 〈사할린의 하늘과 땅〉, 삼영필름.
25 한혜인, 2011, 「사할린 한인 귀환을 둘러싼 배제와 포섭의 정치」, 『사학연구』 102호.
26 고 박노학 회장의 장남 박창규 씨의 증언(2013년 2월). 이들을 통해 전달된 편지들로 생사를 확인할 수 있었고, 수취인 불명으로 되돌아 오는 편지는 면장 앞으로 다

의 귀환운동이 진행되면서 1970년대에 사할린 한인의 귀환문제가 대두되기 시작하였다.

이러한 일본에서의 귀환운동이 자극이 되어 한국에서는 1970년에 중소이산가족회가 만들어졌다. 중소이산가족회에 따르면 국내 이산가족은 2,184세대 26,076명(직계가족, 1982년 8월 현재)이며 그동안 7만여 통의 편지가 오고 갔다.(중소이산가족회로 온 편지 28,393통, 가족회가 보낸 편지 43,863통)[27] 또한 회장 이두훈은 1975년부터 일본에서 시작된 '사할린 재판'[28]의 원고로 참가하여 일본에서의 귀환운동에 적극 동참하였으며, 1990년대에는 대한변호사협회의 협조를 통해 '사할린동포 법률구조회'를 구성하여 일본에서의 재판지원을 조직하기도 하였다.

냉전 시기 한국에서 사할린 한인문제를 다루는 것은 이산가족과 유가족도 어려운 환경이었다. '적성국가'에 있는 존재이기에 국내 가족들 스스로가 자기 검열을 하는 경우도 있었다. 어렵게 사할린에서 전달된 편지조차 연좌제 등 신원조회가 무서워 받기를 거절하는가 하면 관계기관으로부터 국내 가족들이 고초를 당한 적도 있었다.[29] 언론 역시 '억류된 동포'임을 강조하는 반공주의가 대부분이었다. 이러한 환경에서 국내

시 보내어 사정을 설명했고, 이를 들은 면사무소직원들이 일일이 마을 사람들에게 수소문을 하여 이산가족의 행방을 찾아 소식을 답장하기도 하였다. 한국에서는 검열을 한 후에야 체신부에서 편지를 받을 수 있었고, 사할린 현지에서는 아예 다 개봉된 편지를 받아야만 했다고 한다.

27 법무부, 1986, 『재외국민현황』, 국가기록원, 121쪽.
28 1975년 일본에서 시작된 '화태잔류자 귀환청구재판'. 소위 '15년 재판'으로 명명되는 이 소송은 원고의 사망과 영주귀국 사업으로 한국에 귀환하게 되는 등 소송의 취지가 현저히 개선된 점을 들어 1989년 소송을 취하했다.
29 장민구, 1985, 「사할린 거주동포의 조국관과 국내이산가족」, 『공산권연구』 74, 92쪽.

에서 사할린 한인에 관한 운동은 피해자 당사자들이 중심이 된 귀환운동이었다. 그리고 이것은 일본에서 진행된 귀환운동과의 연계를 통해 촉발되고 지속되었다. 당시 국내 귀환운동은 비록 그 주무대는 일본이었지만, 서신왕래와 사할린 재판의 한 축이 되었으며, KBS 방송 등으로 소식을 주고 받으며 사할린 한인의 귀환에 대한 집념을 유지하게끔 하는 역할을 하였다.

1983년 대한변호사협의회는 사할린동포 귀환추진위원회를 구성하여, 실태조사 및 유엔인권위원회에 건의문을 제출하였다. 그리고 1983년 일본 중의원 구사카와 쇼조(草川昭三)[30]는 소련의 조건부 가족상봉 허용의사를 사할린동포 귀환추진위원회에 전달하였다. 그 진정사항은 사할린 재주 한국조선인과 본국의 이산가족과의 재회를 보다 더 많이 할 수 있게 하고 사할린 재주자가 고향에 가서 이산가족과 재회가 이루어질 수 있도록 계획해 달라는 내용이었다.

이후 1990년대에 들어서서는 일본 정부의 '50년 파일럿 프로젝트'가 실시되었다. 실질적으로 원폭피해자 문제 해결과 한일영주귀국을 위한 시범 사업이었다. 이 프로젝트는 단순히 귀환문제가 아닌, 미불금, 강제저축 등 보상문제를 표면적으로 요구했다.

1986년에 소련의 출입국관리규칙이 개정 완화되어 사할린 한인과 한국에 있는 그 이산가족이 일본에서 재회하는 사례가 늘기 시작한 것 외에 1988년 9월에는 일본을 경유하여 한국으로의 일시귀국도 실현되었고 그 한 달 전인 1988년 8월에는 영주귀국자 제1호가 탄생, 1989년부

---

30 草川昭三(1928.8.16.~), 일본의 정치가. 1983년 5월 국회에서 징용에 의해 사할린에 잔류된 귀환문제에 관해 질문하여 사할린 한인 잔류 문제가 일본 국회에서 논제가 되어 해결의 실마리를 찾는 계기가 되었다.

터는 영주귀국이 상태화되기 시작했다.[31]

동년에는 한일 적십자가 귀국 지원을 위한 '재사할린한국인지원 공동사업체'를 설립했다. 1995년에 일본 정부는 영주귀국자용 주택건설 자금의 거출을 결정했고, 1999년에는 한국 인천시에 양호원인 '사할린동포복지회관'을 건설, 이어서 같은 해 한국 안산시에도 900명을 수용할 수 있는 영주귀국시설 '고향마을'이 완성, 다음 해 2000년부터는 입거가 시작되었다. 기타 지역 시설도 포함해서 2011년 7월까지 약 3,500명이 '귀국'을 이루었다. 1975년부터 시작된 '가라후토재판'은 이러한 일시·영주귀국의 실현을 반영하여 1989년 6월에 1심판결도 내리지 않은 채 취소라는 형식으로 막을 내렸다.

전술한 바와 같이 본 장의 중심주제인 사할린잔류일본인에게는 부모 중 한쪽이 한인이라는 경우가 포함되어 있다. 따라서 사할린잔류일본인이면서도 동시에 사할린잔류한인이었던 사람들도 존재한다. 실제로 냉전기 귀국자를 제외한 잔류일본인 중 38명이 한국으로 영주귀국했다.

한일청구권협정 체결(1965년) 이후, 1970년대 초반 소련, 일본, 한국의 외무회담에서 사할린 한인 귀환문제에 대해 별 성과 없이 끝난 후, 화태귀환재일한국인회는 1971년 사할린 잔류 한인 귀국희망자 명부를 작성하여, 본격적인 귀환운동을 전개했다. 이산가족 상봉과 영주귀국을 위한 청원 또한 계속되었다.

그 결과 일본과 소련은 한국 도항 희망자의 경우, 일시도항을 허가하는 방침으로 정해 가고 있었으나 북한의 항의로 소련이 입장을 바꾸어 출국금지 조치를 취해 1970년대의 도항은 끝내 이루어지지 못했다. 이

---

31 髙木健一, 1990, 『サハリンと日本の戰後責任』, 凱風社, 176-177, 211-212, 219쪽.

후 1980년대 일본의 변호사연맹, 일본 중의원 구사카와 쇼조 등이 노력하여 일본에서 이산가족 상봉을 할 수 있도록 제도를 만들어 갔다. 마침내 1980년대 초에는 일본에서 한국가족과 사할린 억류자가 상봉할 수 있게 되었다. 한소수교 이후인 1989년 2월부터는 사할린 억류자가 일본을 통해, 한국으로 일시방문이 가능하게 되었다.

어렵게 마련된 일시방문(이산가족상봉)은 상당히 제한적인 조건 속에서 진행되었다. 우선 자격조건이 엄격했다. 친족재회 등을 위해 방일 혹은 일본 경유로 방한하는 일시방문자 중 국가예산으로 지원되는 자의 자격은 1945년 8월 15일 이전 출생자로 전전(戰前)부터 사할린에 거주하고 있던 자로 한정했다.

절차 또한 매우 복잡하고 까다로웠다. 이 과정에서 화태귀환재일한국인회와 중소이산가족회가 큰 역할을 하였다. 우선 재회절차를 간략하게 살펴보겠다.

먼저 사전에 조사해 둔 사할린 한인 귀환희망자에게 초청장을 보낸다. 초청장은 러시아어 및 영어로 작성하되, 특별한 형식은 없지만 누구를 어떤 목적으로 초청하는가를 적어야 한다. 초청장을 공증사무소에서 공증 받아 법무국에 제출한다. 법무국에서 다시 공증을 받아 외무성 영사사증부 영사정책과 증명반에서 다시 인정 받아야 한다. 이와 같은 과정을 통해 공증사무소, 법무국, 외무성 영사사증부 영사정책과 증명반에서 인정 받은 초대장은 소련의 재회 희망 당사자에게 보내진다.

소련의 재회 희망 당사자는 그 초대장을 가지고 여권과 비자를 신청한다. 신청이 수리되면 일본 외무성으로 연락한다. 일본 외무성 외국인과에서는 소련의 재회 희망자의 신분을 보증하는 신분보증인에게 신분증명서, 입국 이유서, 체재 일정표, 재직증명서, 원천징수표, 호적등본 제출을 요구한다. 일본 외무성은 신분보증인이 제출한 6종류의 서류를 7~10일간 심사하고, 심사에 통과하면 비자를 허가한다. 재회 희망 당사자는 그 이후 소련의 비자를 받아 일본으로 입국한다.

이러한 절차 속에서 화태귀환재일한국인회와 중소이산가족회는 사할린 잔류 한인에게 초청장을 발급하거나 신분보증을 해 준다. 이외에도 사할린 잔류 한인으로부터 귀환희망편지 및 연고자 재회신청서를 받고, 초청신청을 받는다.

사할린 잔류 한인으로부터 재회신청, 초청신청을 받은 화태귀환재일한국인회는 직접 한국의 도청, 시청에 연락해 연고자를 찾기도 하지만, 주로 중소이산가족회와 연락하여 한국의 연고자 확인 작업을 한다. 이렇게 해서 연고자가 확인되면 화태귀환재일한국인회는 초대장을 발부하여 일본 외무성과 소련 정부를 통해 사할린 잔류 한인을 초대한다.

한편, 한국의 연고자는 사할린 잔류 가족을 맞이하는 데에 있어서 책임을 질 수 있는지에 대한 조사로 공증 받은 재정보증서를 제출해야 한다. 이렇게 해서 서류가 완성이 되면, 사할린 잔류 한인과 한국의 연고자는 일본에서 재회할 수 있게 된다.

이러한 까다로운 과정을 거치고도 사할린 잔류 한인의 국적에 따라 또다른 절차를 밟아야만 했다. 소련 국적자의 경우는 비자만으로도 도항이 가능했지만, 무국적자의 경우는 비자를 받을 수 없기 때문에 소련과 일본으로부터 이동증명서 및 도항증명서를 발급받아야 했다.

화태귀환재일한국인회는 이산가족 재회 사업을 진행하면서 한편으로는 일본사할린잔류한국조선인문제 의원간담회와 연대하여 영주귀국 정책협의도 실시했다. 1989년 한일 정부 간 영주귀국 결정이 내려지고, 한국 외교부는 '사할린교포 영주귀국업무처리 지침(1990.1)'을 정하여 영주귀국자 자격조건에 '국내연고자초청'을 필수조건으로 했다. 이후 1994년 일본의 자민당, 사회당 정권에서 전후 처리 문제에 관한 '여당 전후 50년 문제 프로젝트'를 구성하여 원폭피해자 문제와 한일 영주귀국 시범 사업을 실시했다. 한일영주귀국 시범 사업은 1994년에 실시되어 1997년부터 2001년까지 1,300명이 귀국하였다.

IV. 맺음말

일본의 1980년대와 1990년대는 한일 과거사 문제 조선인 강제동원의 문제, 사할린 한인의 문제, 그리고 '위안부' 문제 등 각각 다른 의미에서 기존의 인식에서 질적 변화를 일으켰던 시기라고 볼 수 있다. 해방 직후 문제시되었던 중국인 강제연행의 문제와는 달리, 조선인의 강제연행의 문제는 한일청구권협정 이후 본격적으로 문제제기가 이루어졌다. 그 배경에는 잘 알려진 바와 같이 냉전체제의 붕괴로 세계적인 질서 재편이 있고, 일본의 버블 붕괴, 한국의 민주화 등과 같이 거대 담론의 변화 속에서 사회를 주도하는 세대 변화 등도 기인한다.

일본은 한국과의 과거사 청산에 관해서는 1952년부터 1965년까지 지속되었던 한일기본조약, 한일청구권협정으로 '최종적이고 불가역적'으로 종결된 것임을 선언했지만, 이후에도 한국과는 유골반환 문제, 사할린 한인의 귀환에 관한 문제 등은 현안으로 지속적으로 논의하면서 해결해 갔던 것도 사실이다. 이러한 과거사 현안이 현재(顯在)화 된 배경에는 일본의 민중사 운동이 큰 자리를 차지하고 있다. 일본의 민중사 운동은 일본 내의 마이너리티의 문제와 연동되면서 재일중국인, 재일조선인의 역사운동과 결합되어 활성화된 측면도 있다. 1965년 재일조선인 사회의 한일청구권협정 반대, 재일조선인 지위문제 등의 운동에 일본 시민사회가 함께하거나, 1972년 오키나와 반환문제와 재일조선인 외국인등록문제로 일본군'위안부' 피해자 배봉기가 발견되는 등, 조선인에 대한 전후 청산의 문제가 일본 내의 전후 처리의 문제와 연동되면서 시민사회의 연대가 중요한 역할을 해 왔다.

이러한 과정에서 일본의 재일조선인 사회에서는 한일청구권협정 반대 운동으로 일본의 식민지, 전쟁의 문제를 해결하지 않으면 안 된다는 주장으로 강제연행의 문제를 들었다. 일본의 역사학계는 전후역사학 이후, 1970년대 중반부터 확산된 '민중사'의 움직임 속에서 일본 내의 노동자, 약자, 마이너리티 등에 대한 관심이 높아지면서, 재일조선인사회의 연대가 이루어졌다. 이러한 움직임은 조선인 강제연행 문제뿐 아니라, 중국인 강제연행 문제, 사할린 한인의 문제 등에서도 일본의 시민사회와 연대가 이루어졌다. 본 글에서는 패전 이후, 일본의 시민사회가 1980년대와 1990년대를 거치면서 일본의 과거사 문제를 어떠한 방식으로 해석하고 피해자(국)와 연대하는지, 그리고 어떻게 보편적인 문제로 확산되어 가는지에 대하여, 강제동원문제, 사할린 한인문제, 위안부 문제로 나누어 고찰했다. 일본의 시민사회는 패전 이후 전후역사학을 비판하면서, 일본의 우익이 성장해 왔다.

이에나가 재판은 일본 국가가 역사인식에 어떻게 개입하느냐에 대한 매우 중요한 재판이기도 하지만, 일본의 진보 리버럴세력과 우익세력 간의 역사인식의 전선이 성립되었고, 그 성립된 전선이 한국과 중국과의 역사인식의 문제로 연장되었다는 것을 보았다. 이 안에는 '피해자'라는 범주를 어떻게 정하느냐도 문제가 되었다. 일본 우익은 자학사관이라는 말로, 실질적으로 일본인 전체를 역사학의 피해자로 두고, 한국과 중국에 대한 역사인식의 피해자 의식을 갖게 했다. 그에 반해 일본의 진보, 리버럴 영역에서는 피해자에서 일본인의 피해자를 소거하면서 이민족 피해자를 앞세우는 경향으로, 일본시민운동이 피해국의 지원운동으로 변모했다고 볼 수 있다.

참고문헌

장민구, 1985, 「사할린 거주동포의 조국관과 국내이산가족」, 『공산권연구』 74.
한혜인, 2011, 「사할린 한인 귀환을 둘러싼 배제와 포섭의 정치」, 『사학연구』 102호.
_____, 2017, 「일본군'위안부'관련 문화 컨텐츠 해제」, 『일본군'위안부' 문제 관련 국내외 사례조사 및 향후과제 종합보고서 5』, 여성가족부.

『동아일보』.
중앙정보부, 1973, 『사할린 歸國同胞洪萬吉合訊諜報』, 『재사할린동포귀환문제』, 외교사료관.
법무부, 1986, 『재외국민현황』, 국가기록원.

部落問題硏究所, 1997, 『『自由主義史觀』の本質』, 部落問題硏究所.
成田龍一, 2006, 『歷史學のナラティヴ-民衆史硏究とその周邊』, 校倉書房.
高木健一, 1990, 『サハリンと日本の戰後責任』, 凱風社.
林房雄, 2001, 『大東亞戰爭肯定論』, 夏目書房.

竹繩亮一, 1999, 「自由主義史觀と過去の歷史觀論爭との關わり」, http://nagaikazu.la.coocan.jp/2semi/takenawa.html.
波田永實, 1997, 「日本近代における『滿州』認識」, 奈良歷史硏究會編, 『戰後歷史學と自由主義史觀』, 靑木書店.
小路田泰直, 1997, 「明治維新觀について」, 奈良歷史硏究會編, 『戰後歷史學と自由主義史觀』, 靑木書店.

찾아보기

ㄱ

강제동원 피해 285, 286
걸프전쟁 218, 219, 223, 229
걸프전쟁 112, 133
경제협력개발기구(OECD) 194
고노 담화 248
고병익 153, 156, 162~164, 167~170, 176, 177, 182
고보리 게이이치로(小堀桂一郎) 47, 49
고이즈미 준이치로(小泉純一郎) 31
고토다 마사하루(後藤田正晴) 35
공식참배 27, 29, 31, 33, 35, 41
교과서정상화국민회의(教科書正常化國民會議) 50
교육개혁 62, 63
교육개혁국민회의 80
교육기본법 72
교육칙어(教育勅語) 76
국가정체성 81
국방회의(안전보장회의) 216
국제국가 195~197, 206, 210, 215, 218, 228
국제국가 일본 69

국제통화기금(IMF) 243, 250~252, 259
귀환문제 286, 287, 290, 291, 292
근린제국조항 30
글로벌 경제위기 244
기시 노부스케(岸信介) 197
김달수 147, 148, 150, 153, 155~157, 159, 160, 163~168, 170, 175, 176, 183
김대중 227, 230, 234, 237~248, 251, 253~257, 260
김대중·오부치 한일 파트너십 공동선언 227
김성한 154, 157, 161, 163, 171~173
김영작 184, 186, 187
김은국 184, 185

ㄴ

나카가미 겐지(中上健次) 185
나카무라 아키라(中村粲) 48
나카소네 야스히로(中曾根康弘) 31, 62, 143, 195, 208, 210, 243
나카소네 정권 28

나카소네 총리 27, 33
네오 내셔널리즘 62, 63
닉슨 쇼크 195

ㄷ

다나카 가쿠에이(田中角榮) 199
다나카 노부마사(田中伸尙) 24
다나카 마사아키(田中正明) 52
다나카 아키라(田中明) 154, 156, 159
다케우치 히로시(竹內宏) 184
대동아전쟁 48
대포동 미사일 240, 255~257, 259, 260
대포동 쇼크 224
도조 히데키(東條英機) 34
도쿄 쇼콘샤(東京招魂社) 25
도쿄재판 49, 67
도쿄재판사관 49

ㄹ

로널드 레이건 209, 211, 212, 228, 229
록히드 사건 116
론-야스 68
린교(隣交) 249, 260

ㅁ

모리 고이치(森浩一) 153, 156, 158
무라야마 담화 226, 228, 246, 248

무라야마 도미이치(村山富市) 51
무라카미 시게요시(村上重良) 23
문부과학성 71
미일동맹 197, 209, 212, 224, 226~230
미일방위협력을 위한 지침(가이드라인) 197, 224, 229
미일안보공동선언 224, 229
미쓰치 슈헤이(三土修平) 22
미키 다케오 33, 201, 214

ㅂ

방위계획의 대강(방위대강) 216, 221, 222, 224, 229
방위력의 증강 230
버블 붕괴 112
보수운동 46, 54, 65
보수의원연맹 47
보수혁명 62
보통국가(론) 218, 220, 225
부전결의안 51
부트로스 갈리 196
불침항모 229
빌 클린턴 224, 229, 252

ㅅ

사토 에이사쿠(佐藤榮作) 201
사할린 한인 267, 286~293, 295, 296
새로운 역사교과서를 만드는 모임(새

역모) 130, 132, 267, 268
선우휘   153~157, 160, 161, 163,
    164, 168, 170, 172, 173, 179,
    180, 182, 185, 189
『세카이』 156, 165
쇼와 천황 145
수정주의 역사관 65
스즈키 젠코(鈴木善幸) 31, 209
시바 료타로(司馬遼太郎) 153~155,
    156, 158, 277
식민지 피해 278, 279
신미야자와 구상 253, 254, 259
신용하 189
신한일어업협정 242, 249, 250, 254
쓰지진사이사건(津地鎭祭事件) 32

ㅇ

아베 신조(安倍晋三) 31, 46, 248
아세안(ASEAN: 동남아시아 국가 연합)
    201~203, 205, 222, 226, 228
아시아 금융위기 250~253, 259,
    261
아시아·태평양전쟁 39, 49
아시아통화기금(AMF) 227, 229,
    251
아프가니스탄 침공 217
야마나카 사다노리(山中貞則) 47
야마모토 유지(山本有二) 51
야스쿠니 관계 3협의회 47
야스쿠니 문제 30

야스쿠니사관(靖國史觀) 49
야스쿠니신사 25, 29, 31~33, 35
야스쿠니신사 참배 214, 215
야스쿠니신사국가호지법안(靖國神社
    國家護持法案) 27
야스쿠니신사법안 36
에히메 공물비용소송(愛媛玉串料訴訟)
    41
여유 교육(유토리 교육) 87
역사검토위원회 47, 51
역사교과서 문제 50, 122, 123, 136,
    143, 146, 148, 178, 188, 214,
    230, 266
역사인식 198, 214, 226, 227, 230
오모이야리(배려)예산 210
오무라 마스지로(大村益次郎) 25
오부치 게이조(小淵惠三) 234, 237~
    239, 242, 243, 246~250, 253,
    254, 256, 260
오사카 야스쿠니소송 42
오시마 나기사(大島渚) 185
오카모토 다로(岡本太郎) 184
오쿠노 세이스케(奥野誠亮) 53
오하라 야스오(大原安男) 53
오히라 마사요시(大平正芳) 28, 31,
    208, 214
와타나베 길용(渡邊吉鎔) 154, 159,
    181
외교청서 197, 204, 222
요시다 독트린 111

원호법제화실현국민회의(元號法制化實現國民會議) 46
「위기에 선 국가(A Nation At Risk)」 85
인적 공헌 218
일본국헌법 72
일본군'위안부' 278, 279~281, 296
일본군'위안부' 문제 124, 136, 227, 230
일본을 지키는 국민회의(日本を守る國民會議) 46
일본을 지키는 회(日本を守る會) 46
일본회의(日本會議) 46, 54
임시교육심의회(임교심) 71, 72, 125

ㅈ

장쩌민(江澤民) 227, 228, 230
재팬 애즈 넘버원(Japan as Number One) 68
전두환 144, 145, 155, 184, 213
전수방위 221
전쟁책임 268, 269, 273, 284
전후 정치 총결산 108, 125
전후 정치의 총결산 62
전후배상문제 230
전후의 총결산 28
전후청산 296
정교분리정책 40
정책기획자 66
제9조(일본 헌법) 221, 222, 230

제국주의 274, 288
제네바 합의 255, 256
종전 50주년 국민위원회(終戰50周年國民委員會) 46
종전 50주년 국회의원연맹(終戰五十周年國會議員連盟) 53
주변사태 225
주변사태법(주변사태안전확보법) 225
주요국(G7) 정상회의 194
중국위협론 224
중앙교육심의회 71
중일공동선언 227
지미 카터 202, 212
지스카르 데스탱 194
지쿠시 데쓰야(筑紫哲也) 185
집단적자위권 210, 225

ㅊ

참배문제 33
천관우 150, 154, 157, 161~163, 165, 172, 173
총합(종합)안전보장 197
최인호 184, 186

ㅌ

타이완해협위기 197, 227, 229
탈식민지화 198
통화위기설 243

ㅍ

페리 프로세스 258
평화유지활동(PKO) 196
플라자 합의 68, 212, 216

ㅎ

하시모토 류타로(橋本龍太郎) 31, 224, 229, 245, 252
하타 쓰토무(羽田孜) 51
학력주의 86
한·소 수교 235
한·중 수교 235
한국전쟁 244
한반도에너지개발기구(KEDO) 255, 256
한반도에너지개발기구(KEDO) 257
한일 국교정상화 234, 238, 239, 242, 247
한일군사정보보호협정(GSOMIA) 235
한일기본조약 238, 247
한일어업협정 237
한일월드컵 237
한일정상회담 255
해외파병 226, 230
핵비확산조약(NPT) 224, 257
햇볕정책(sunshine policy) 255
헌법 개정 63

호소카와 모리히로(細川護熙) 45
후지나미 다카오(藤波孝生) 29
후쿠다 다케오(福田赳夫) 31, 194, 201
후쿠다 독트린 196, 197, 202, 203, 205, 228

기타

21세기 새로운 한일 파트너십 공동선언 238
21세기의 새로운 한일 파트너십을 위한 행동계획 240
55년체제 77, 133, 118, 137
AMF 252, 253, 259
ARF(아세안지역안보포럼) 222, 227, 230
ASEAN+3 정상회의 227, 230
A급 전범 30, 35
EC(유럽공동체) 205, 207, 209
IMF사태 250
NICs 213
NIEs 213
PKO참가 5원칙 223
PKO협력법(국제평화협력법) 223
UN 안보리 257
UNTAC(유엔캄보디아 잠정통치기구) 223

동북아역사재단 연구총서 111

한일 역사 갈등과 역사인식의 변용
(1980~1999)

초판 1쇄 인쇄　2021년 12월 20일
초판 1쇄 발행　2021년 12월 31일

엮은이　　이원우
지은이　　유지아, 최은봉, 이종국, 박삼헌, 조진구, 조양현, 한혜인
펴낸이　　이영호
펴낸곳　　동북아역사재단

등　록　제312-2004-050호(2004년 10월 18일)
주　소　서울시 서대문구 통일로 81 NH농협생명빌딩
전　화　02-2012-6065
팩　스　02-2012-6189
홈페이지　www.nahf.or.kr
제작·인쇄　(주)동국문화

ISBN　978-89-6187-707-7　93910

- 이 책은 저작권법으로 보호를 받는 저작물이므로 어떤 형태나 어떤 방법으로도 무단전제와 무단복제를 금합니다.
- 책값은 뒤표지에 있습니다. 잘못된 책은 바꾸어 드립니다.